大人の教養

面白いほどわかる

地理

JN048773

瀬川 聡

河合塾講師

＊この本には「赤色チェックシート」がついています。

はじめに

▶地理は最高に面白い！そして，地理を学べば人生が楽しくなる！

こんにちは。河合塾地理科講師の瀬川聡です。本書は，これまで地理を学んだことがある方々，そしてほとんど初めて地理に触れる方が，懐かしさと，新鮮さをおぼえ，地球上のありとあらゆるモノに対する好奇心を復活させていただければという思いを綴らせました。こんな時代だからこそ，**Geography**！！！

「**地理**」は，人類の未知なことに対する憧れから出発しました。未だ見ぬ世界に思いをはせ，見果てぬ夢を追いかけたのです。カバーイラストのアレクサンダー・フォン・フンボルト*もその１人です。でも，新しい知識を獲得することだけが地理の目的ではありません。地表のできごとを関連づけ，理論的に解明する「地(ち)」の「理(ことわり)」なのです。

そして**地理**（**Geography**）を学べば，国際社会を生き抜くための人間力（生き抜く力）を身につけることができます。自然災害から身を守る防御力を獲得できます！

さらに，地理との出会いは，competence（人生を勝ち抜く力）を磨き，真のグローバル人材になるための，大きな助けになると確信しています。ということで，みんなで地理を楽しく学びましょう！！！

▶高等学校の教育における「地理」

読者のみなさんが，おいくつなのかによって学校での地理教育のありかたや地理との出会いが大きく変わってきます。ということで，少しばかり第二次世界大戦後の日本の高校地理教育の変遷についてお話をしておきましょう。

第二次世界大戦後，高等学校での地理教育は大きく変化してきました。読者の方々は，それぞれの年齢に応じてご自分の経験を思い出してください。

1960年代から1970年代まで（だいたい60代から70代の方）は，「人文地理」，「地理Ａ（系統地理）」，「地理Ｂ（地誌）」などの名称で，ほぼ必修状態！つまり「高校生になれば，地理はみんなが学ぶ教科」でした。

ところが，1980年代（およそ50代以下の方）になると，高校地理教育にとって「暗黒の時代」が訪れます。現代社会や世界史の必修化によって，地理は「選択科目」，つまり学んでも，学ばなくてもよい教科になってしまったのです

（絶対に学ぶべき教科だと思うのですが…）。

　その結果，地理の選択者は減り，それとともに地理の大学受験者も減少，さらに大学の受験科目としても減少するという悪循環に陥りました。みなさんはいったいどの世代に当たりますか？

　私と同じような老年人口（65歳以上）に属する方なら，「学校で地理を習うのはあたりまえ！」ってなるでしょうし，20代から50代の方は，「世界史，日本史は勉強してきたけど，地理は…」みたいな感じが多いのではないでしょうか（違ったらごめんなさい）。このまま「暗黒時代」が続くのか…と思っていたら，ついにやってきました，地理の必履修化！！！

　2022年から，高等学校では「**地理総合**＊＊」が新設・必履修化，そしてさらなる探究学習の「**地理探究**＊＊＊」も新設されました。つまり，日本中の高校生全員が地理を学ぶ時代になったのです。もちろん，これは多くの地理に携わる方々の尽力があっての実現でした。これが，戦後から今日までの高等学校地理教育の流れです。

　私は，高等学校の専任教諭ならびに予備校講師として，40年以上地理教育に携わってきました。これからの若い世代に対する地理教育もまだまだ楽しみですが，読者の方々のように，ずっと昔に地理を学んだ方々や中学の社会科までしか地理に触れることができなかった方々と，いっしょに学び直すことができることに感謝の気持ちでいっぱいです。

　では，お待たせしました。**楽しくて不思議な地理の世界へ！！！**

＊アレクサンダー・フォン・フンボルト（Alexander von Humboldt：1769-1859）カール・リッターとともに近代地理学の祖といわれ，大著であり名著『コスモス』を著した。
＊＊GIS（地理情報システム），自然災害と防災，地球環境問題などを学ぶことに加え，地理的な見方・考え方を身につける教科。高等学校で必ず習得しなければならない。
＊＊＊「地理総合」の学習を踏まえ，系統地理と地誌の主体的な探究学習を行う教科。地理総合の学習後の選択科目。

もくじ

人文地理の系統的考察

本文デザイン：長谷川有香（ムシカゴグラフィクス）

地図作成：佐藤百合子

第 **1** 章　**Ⅰ　地図と地理情報**

われわれが暮らす世界

1 緯度と経度　緯度と経度っていったいなんだろう？

　先日，『007』（懐かしのショーン・コネリーのボンドです）の「サンダーボール作戦」を見ていると，なにかの作戦会議の場面が出てきました。どでかい地図を指示棒でさしながら，「北緯20度，東経60度を目指せ！」という命令が…。ところが，実際に指しているのは，当時のビルマ（現在のミャンマー）の西に位置するベンガル湾のどこかだったのです。「？？？？？」とびっくり！東経60度は，ちょうどロシアの北極海に浮かぶノヴァヤゼムリャからウラル山脈，アラル海，アラビア海を通過するラインです。たまたま吹き替え版で見ていたため「日本語訳が間違っているのかなー？」って思ったので，英語版にして聞いてみたのですが，何度聞いても「東経60度（60 degrees）」。これが実際の軍事作戦だったら，大変な事態です！

　緯度と経度は，**地球上での位置を示す重要な座標です**。緯度は，赤道を緯度０度として南北90度の位置関係を示し，経度はイギリスのロンドン郊外にある旧グリニッジ天文台を０度（**本初子午線**）として，東西180度の位置関係を示します。緯度，経度を使用した座標のことを，**絶対位置**とよんでいます（**図1**）。われわれが，ある国や都市の位置を相手に伝えたいときには，「フランスの北」とか「東京の西」っていう表現をよくしますよね。これは，**相対位置**とよんでいます。どちらも大切ですが，絶対位置はより正確な位置関係を示しているのです。

　緯度は，おおよその気温を知りたいときにはとっても便利で，緯度が同じならだいたい気温が似たようなモノになります。もちろん，**低緯度ほど高温，高緯度ほど低温**になりますね。

　経度は，やっぱりグローバル化が進む現代人には不可欠な知識です。国境を越えた経済活動や海外旅行をする際には，時差を考えないわけにはいかない！　地球は24時間かけて一周（自転）しているので，地球一周分の経度，つまり**経度360度（東経180度＋西経180度）**が

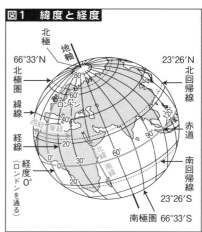

図1　緯度と経度

北極

地軸

66°33′N
北極圏

緯線

経線

経度０°
（ロンドンを通る）

ロンドン

23°26′N
北回帰線

赤道

南回帰線

23°26′S

南極圏 66°33′S

8

24時間に対応しています。ということは，360÷24＝15となり，経度15度で１時間の時差が生じることになる。原則として，各国の標準時*は15の倍数の経度を利用しています。日本は，**兵庫県明石市**付近を通過する東経135度を標準時子午線としていますが，アメリカ合衆国，ロシアなどのように広大な国土を持つ国では，複数の標準時を採用しています。アメリカ合衆国では本土で４つとアラスカ州，ハワイ州の２つを加えて**6つ**の標準時，世界最大の国土面積をもつロシアはなんと**11**も標準時があります。ロシアの西部と東部では，10時間の時差がある！！！**(図3)**

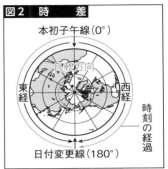

図2　時差

本初子午線(0°)

自転方向

東経　　西経

時刻の経過

日付変更線(180°)

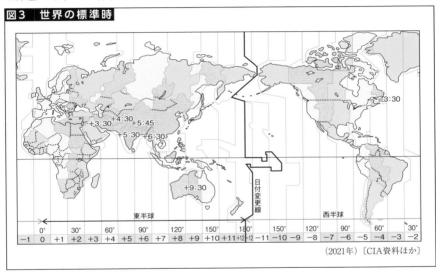

図3　世界の標準時

+3:30　+4:30　+5:45
　　　+5:30　+6:30

-3:30

+9:30

日付変更線

東半球　　　　　　　　　　　　　　　　　　西半球

0°	30°	60°	90°	120°	150°	180°	150°	120°	90°	60°	30°
−1　0	+1	+2　+3	+4　+5	+6　+7	+8　+9	+10+11+12	−12−11−10−9	−8　−7	−6　−5	−4　−3	−2

(2021年)〔CIA資料ほか〕

　ところで，サマータイムという用語をしばしばみかけますよね。これっていったいなんなんでしょう？　サマータイムは，20世紀初めにイギリスで考案されたと言われています。高緯度地方では，夏季にものすごく早く日が昇り，遅くまで日が沈みません。たとえば，北欧のスウェーデンでは７月初旬の日の出は午前３時半頃，日没は午後10時前！！！　朝の３時台に朝日が昇り，夜の10時頃まで明るいなんて信じられない！　そこで，夏季に日光浴の時間を楽しんだり，退社後の時間を有効に使えるようにするためと，点灯時間を短くするなど省エネのために，始められたのがサマータイムです。つまり，**夏季には国中いっせいに時計の針を１時間進める**のです。ただ，日中の活動時間が増えるので消費電力が増えたり，突然時計の針を進めるので体調が崩れたりする

などの問題も指摘されていて，日本では戦後の一時期を除いては採用されていません。欧米に旅行に行くときなどは気をつけましょうね！

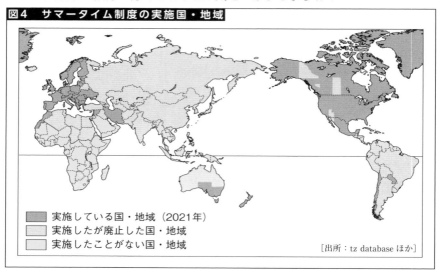

図4　サマータイム制度の実施国・地域

■ 実施している国・地域（2021年）
□ 実施したが廃止した国・地域
□ 実施したことがない国・地域

［出所：tz database ほか］

＊国や地域で設定された共通の時刻。経度1度で4分の時差があるため，国内でも時差が生じてしまい，時間設定が難しくなることから，標準時が決められている。1884年に本初子午線（経度0度）をグリニッジ標準時（GMT:Greenwich Mean Time）として世界標準時が定められると，各国がそれぞれ標準時を定めるようになった。日本は東経135度を標準時子午線に採用しているため，GMT＋9と表すことがある。現在は，原子時計によって決められるUTC（Coordinated universal time：協定世界時）が標準時の基準として用いられているが，実生活上はGMTと同様に使用して問題がない。

2 地球儀と世界地図　　丸い地球儀と平らな紙に描かれた世界地図

みなさんは，地球儀をお持ちですか？　または，過去に持っていたという経験はないでしょうか？　地球儀とは地球を縮小した模型で，経緯線，陸地と海洋，地名などが表記されています。**球面上での距離や面積の比，方位，角度の関係がそれぞれ正しく表されている**ため，地球を観察するにはとっても便利なツールなのです。しかし，作業や持ち運びなどの利便性を考えるとどうでしょう？　地球儀は，ちょっと面倒ですよね（それでも持っていてほしいですが…）。家やオフィスでも場所をとるし，世界を一目で見ることはできないし（地球儀の裏側は見えない），マーカーなどでチェックをしたり，線を引くのも難しい。

そこで，平面に描かれた世界地図が登場するのです。持ち運びや作業にも便

利だし，場所もとらない！　いいことずくめのように思えますが，実は…すごい弱点を持っています。さぁ，学生時代を思い出してみてください。地図の弱点ってなんでしょう？？？

　かなり荒っぽい言い方をすると，すべての地図は誤っているのです。球面である地球を，平面の地図にすると，地図にとってすごく大切な要素である距離（比），面積（比），方位，角度を同時に正しく表すことができなくなります。つまり，地図は距離（比），面積（比），方位，角度のいずれかが間違って表現されているということになる。ちょっとは驚いていただけましたか？（笑）

　そこで必要になるのが，どんな事柄を表現したいのかによって，適切な図法を選択するということ。地図の使用目的に合わせて，実にさまざまな図法が作成されているのです。では，その一部を紹介してみましょう。きっと，中学や高校で習った懐かしい名前が出てくるはず。

① 正積図法

　正積図法とは，地図上での面積関係が正しく表されている図法のことで，「アメリカ合衆国の面積は，日本の約25倍だ」ということが正しく表現されているのです。主に，ドットマップなどの分布図（何が，どこに，どれぐらいあるかを示す地図）として使用されています。分布図を作成する時に，面積がデタラメな地図を使うと，地図を読む人に誤った印象を与えてしまうから要注意です！（図5）

② 正角図法

　つぎは，正角図法であるメルカトル図法について説明してみましょう！　メルカトル*という地理学者が作成しためちゃめちゃ有名な図法なので，小学校の地理で習った方もいると思います。

　正角図法というのは地球上での角度の関係が地図上でも正しく表現されている図法です。地球儀を見ると，どこを見ても，球面上で経緯線が直交しています。それを平面でも，任意の線と経線との交わる角度が地表面と同じになるように描き表されているのです。

　図6を見てください！　メルカトル図法は，経線と緯線が常に直交していますよね。だから地球の表面で測った角度は，地図上でも同じ角度になるため，任意の2点を結んだ直線は角度が等しいコース，つまり等角航路になるのです。これによってコンパス（羅針盤）を使用すれば，経線に対して船の舵の角度（舵角）を常に一定に保って航行する等角航路を直線で表すことができるから，航海図としてはとても便利なんですね。

図5　正積図法

●サンソン図法（円筒図法）

緯線は等間隔の平行線で，経線は正弦曲線（サインカーブ）。中低緯度は比較的正確だが，高緯度地方のひずみが大きい。

●モルワイデ図法（円筒図法）

経線が楕円曲線（ホモロ），緯線は平行線で，サンソン図法よりも高緯度地方のひずみが小さい。

●ホモロサイン（グード）図法

モルワイデ図法
—— 40° 44'
サンソン図法
—— 40° 44'
モルワイデ図法

低緯度でサンソン図法，高緯度でモルワイデ図法を用い，緯度40度付近で接合したもの。さらに大陸の形のひずみを小さくするために，海洋の部分に断裂を入れた。船舶航路や等値線図，流線図を描くには不適当である。

●エケルト図法（円筒図法）

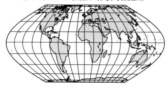

高緯度地方のひずみを小さくするために，極を赤道の2分の1の長さの直線とした。緯線間隔は面積が正しくなるように，緯度が高まるほど狭くしてある。

●ボンヌ図法（円錐図法）

緯線は等間隔の同心円で，中央経線を離れるにつれ形のひずみが増すため，世界図や半球図には不適当であるが，大陸図や地方図にはよく用いられている。

　ただ，みなさんも気づいておられるように，この図法にはとっても大きな弱点があります。一目でわかってしまったと思いますが…。さてどこがおかしいでしょう？　中学入試や高校入試ではよく出題されていますよ。

　本来は，**赤道上の経度1度と他の緯度における経度1度は距離が違う**はずなのに，この図法ではすべての経度を赤道上と同じ長さに表しているから，**高緯度になるほど距離や面積が著しく拡大**してしまっているのです。たとえば，北緯60度における経度1度分の距離は，なんと2倍に拡大※※されていることになるので，**図6**のメルカトル図法で見るロシアやカナダは，実際よりとんでもなく大きく表されているのです。ただでさえデカイのに！（笑）

*16世紀のオランダ（現在のベルギー北部・フランドル地方）の地理学者。メルカトル図法は，航海図として優れていたため，世界中の海軍が一斉にメルカトル図法を採用したと言われる。

＊＊地球全周は約40,000kmであることから，緯度1度分の距離と赤道上での経度1度分の距離は，40,000km（全周）÷360度＝約111kmと求められる。また，緯度θ度における経度1度分の距離は，111km × cos θ° で求められることから，北緯60

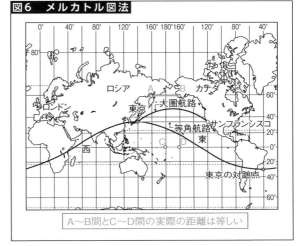

図6　メルカトル図法

A〜B間とC〜D間の実際の距離は等しい

度における経度1度分の距離は，111km ×1/2＝約55km となるが，メルカトル図法では，赤道上での経度1度分の距離である111km と北緯60度での経度1度分の距離である55km を同じ長さで示している。

③ 正距方位図法

　図7は，東京を中心とする正距方位図法で，**中心からの距離と方位が正しい**図法になります。みなさんは，小学校の社会科で習った地図上での方位軸っておぼえていますか？　私も習いました（笑）。「**上が北**」，「**下が南**」，「**右が東**」，「**左が西**」というやつです。小さい子どもの吸収力ってすごいですよね。そこで，われわれはこれを身につけました。

　すると，どの地図でもついつい地図の上が北，右が東と思いこんでしまうのですが，この方位軸は**方位が正しい図法でなければ使えない**のです（地形図など大縮尺の地図なら使えますが）。ちょっとびっくりしたでしょう？　たとえば，さっきお話をしてきた**図6**のメルカトル図法の世界地図を見てください。そして東京に注目！　では，みなさん，東京から船で真東に向かうとどのあたりを通過するでしょう。ちょっと考えてみてください。高校生にメルカトル図法やミラー図法などの見慣れた図法で，今の質問をすると，「東京から真東に行くと，アメリカ合衆国の西海岸，西に行くと地中海に出ます」という答えが返ってくる！　みなさんがたは高校生ではありません（笑）。

　では，**図7**の正距方位図法を見てください！　東京から真東と真西に進むとどこに行くか一目瞭然！　**真東に進むと南アメリカのチリやアルゼンチン**に出

るし，**真西に進むとアフリカ南東部**に，**真北に進むとブラジルの東部**に行き着くのです。かなり面白かったでしょう？

また，この図法は**中心からの距離も正しい**ので，**図7**に東京からロンドン，東京からニューヨークへ直線を引くと，これが最短（大圏）航路を表していることになり，航空図などにも利用されてきました。

ちなみに東京～ロンドン間は何 km ぐらいあるか，この図から読み取れますか？　そうですね！　約**1万 km** になります。球体上のある地点から最も遠い地点は，その真裏（対蹠点）なので，図の中心から最も遠い外周が対蹠点になります。地球全周は約4万 km ということから，中心から外周までは約2万 km，東京～ロンドン間はその1/2くらいですから約1万 km になります。すごく便利でしょう？　目分量でもおおよその距離が読み取れますね。

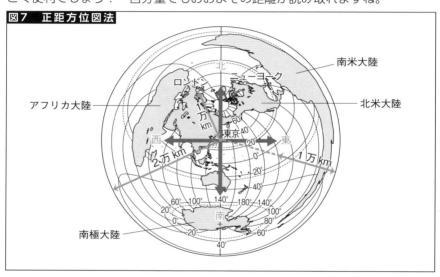

図7　正距方位図法

3　日本の位置と領域　日本人なら，日本の領域くらい知らないとマズイ！！！

日本と他国との国境は海洋ですね。国境には，**海洋**，**山脈**，**河川**，**湖沼**などを利用した自然的国境と経緯線などを利用した人為的国境があります。陸地に引かれた国境に比べて，海洋国境はわかりにくいですが，その分日本の領域[*]をはっきりと理解しておく必要があります。**図8**にあるように，日本の領域はかなり広域です。もちろん，ロシア，カナダ，アメリカ合衆国，中国ほどは大きくありませんが，日本の国土面積は世界でも197か国中60番目くらい！さらに島国ですから，領域も広い！　そして，領海と排他的経済水域 (EEZ)^{**}

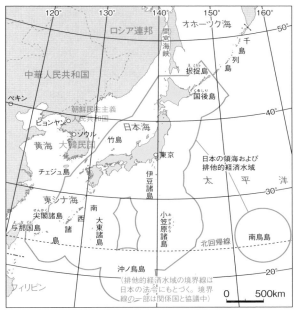

図8　日本の領域と排他的経済水域

ロシア連邦
オホーツク海
間宮海峡
千島列島
択捉島
国後島
中華人民共和国
ペキン
朝鮮民主主義人民共和国
ピョンヤン
ソウル
黄海　大韓民国
竹島
日本海
チェジュ島
東京
東シナ海
尖閣諸島
与那国島
南西諸島
大東諸島
伊豆諸島
小笠原諸島
日本の領海および排他的経済水域
太平洋
北回帰線
南鳥島
沖ノ鳥島
フィリピン

（排他的経済水域の境界線は日本の法令にもとづく。境界線の一部は関係国と協議中）

0　　500km

を合わせた海域は，世界でな・な・なんと6番目！！！　ちょっと驚きませんでしたか？　世界で2番目に国土面積が広いカナダの海域と同じくらいです。

領土の北端は**択捉島**（北海道），南端は**沖ノ鳥島**（東京都），東端は**南鳥島**（東京都），西端は**与那国島**（沖縄県）です。**北端と南端の緯度差は約25度**で，この数値はアメリカ合衆国本土の緯度差に匹敵します。

近年のロシアによるウクライナ侵攻などにみられるような領土・国境問題は，他人事ではありません。われわれ日本もロシア，韓国と領土問題を抱えています。**択捉島**，**色丹島**，**国後島**，**歯舞群島**の北方領土は，**北海道に属する日本固有の領土**ですが，ソ連～ロシアと不法占拠状態が続いていて，ロシアに返還を求めていますが，お互いの主張には大きな開きがあり，話し合いはなかなか進んでいません（**図10**）。日本海に浮かぶ**竹島**も同様です！　**島根県に属する日本固有の領土**なのですが，韓国による不法占拠が続いています。

図9　国家の領域

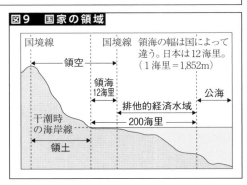

国境線　　　国境線　領海の幅は国によって違う。日本は12海里。（1海里＝1,852m）
領空
領海12海里
公海
排他的経済水域
200海里
干潮時の海岸線
領土

それぞれの国の歴史的解釈には，違いがあるかもしれませんが，**力による国境の変更を許してはいけません！** それをやり始めたら，第二次世界大戦以前の世界に逆戻りしてしまいます。日本としての毅然とした態度と明確な主張を貫いて欲しいです。

領土問題とは言えませんが，尖閣諸島（沖縄県）に対して中国が領有権を主張しています。もちろん，**日本固有の領土**です！

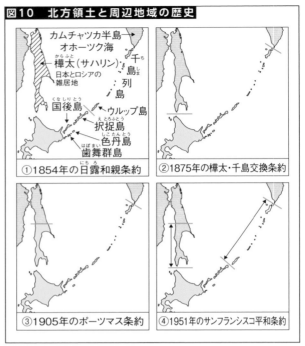

図10　北方領土と周辺地域の歴史

カムチャツカ半島
オホーツク海
樺太（サハリン）
日本とロシアの雑居地
千島列島
国後島
ウルップ島
択捉島
色丹島
歯舞群島

①1854年の日露和親条約

②1875年の樺太・千島交換条約

③1905年のポーツマス条約

④1951年のサンフランシスコ平和条約

他国との領土問題ではありませんが，ちょっと心配なのが日本の南端に位置する沖ノ鳥島（東京都）！　東小島，北小島という2つの小さい島からなり，波浪による侵食が進んでいるため，放置しておくと満潮時に海面に現れなくなり，領土と見なされなくなるおそれが…。これはマズイ！　ということで，現在は侵食防止の消波ブロックとコンクリートを使った護岸工事が行われています。もし沖ノ鳥島が水没すると，40万km²もの排他的経済水域が失われてしまうのです！

＊主権が及ぶ陸地を領土，主権が及ぶ海域を領海，主権が及ぶ空域を領空といい，領海は「海の憲法」とよばれる国連海洋法条約によって，低潮位線から12海里までと定められている。1海里は，約1.8km。

＊＊EEZ（Exclusive Economic Zone）ともよばれる。沿岸から200海里内の水産資源，エネルギー資源など全ての海洋資源について，沿岸国に排他的権利を認めた水域。

I　地図と地理情報
地図と地図情報システム

1　地図の種類　　地図を使わない人はいない！

地図って本当に便利ですよね。特に最近は地図のデジタル化が進んで，会議場の案内，友人との待ち合わせなど，メールや LINE などに地図をペーストするだけで簡単！　地図を使わない人はいません。ということで，現在はさまざまな地図がつくられ利用されています。

地図には，地形図などのように**さまざまな情報が網羅的に表現**されている一般図と，鉄道路線図やハザードマップ（防災地図）などのようにあ

図1　距離尺（スケールバー）

| 1km | 0 | 1 | 2 | 3km |

表1　一般図と主題図

縮尺	一般図の例	主題図の例
大縮尺図	2500 分の 1 都市計画図 5000 分の 1 国土基本図	住宅地図
中縮尺図	1 万分の 1 地形図 2 万 5 千分の 1 地形図 5 万分の 1 地形図	道路地図 土地利用図 活断層図
小縮尺図	20 万分の 1 地勢図 50 万分の 1 地方図 地図帳の地方図	気候区分図 天気図

る**特定の目的のためにテーマや事象を絞って表現**した主題図があります。

地図を読み取るときは，縮尺や方位などのルールを理解していると便利です。縮尺は，**どれくらい距離を縮めてあるか**ということで，1/25,000などの分数の形式で表す場合と距離尺（スケールバー）を使用する場合があります。方位は，**何も示してない場合には上が北**を示していますが，矢印などの記号を用いて北がどちらか示してある場合もあるので，注意しましょう！

2　地形図と地理院地図　　地形図ってどんな地図？

一般図の代表例に，国土地理院発行の地形図があります。地形図については，「地形図を読むのが好き！」っていう人と，「ごちゃごちゃしててよく分からないので，好きじゃない！」っていう人がはっきり分かれます。小学校の時から，教科書にはかなり詳しく書いてあるのですが…。

もともと日本（諸外国も）の地形図は，国防などの軍事利用が可能であったため，第二次世界大戦前は陸軍参謀本部が発行していましたが，現在は国土交通省国土地理院が発行しています。**等高線や地図記号を用いて，地形，水系，土地利用などを表現**したのが地形図ですから，現地に行かなくても，多くの情

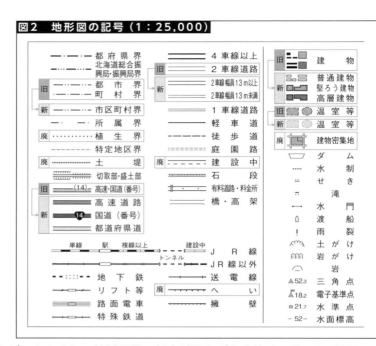

図2　地形図の記号（1：25,000）

報を得ることができますし，地域開発，都市計画などを実施する際にも重要な
ツールになります。特に現在の地形図と古い地形図（明治時代から作成）を比
べると，「今は住宅地になっているけど，かつては○○だったんだ」のように，
実際に土地を購入する際にも，不動産屋さんでさえわからないことを，簡単に
調べることができるのです。ぜひ，土地を購入するときはやってみてください。
絶対に損はしません！

　もちろんトレッキングなどの山歩きでは必需品になります。また，**防災上で
も欠かせない資料**で，**ハザードマップ**（**防災地図**）といっしょに利用するとよ
りいっそう効果的ですね（**図3**）。

　かつての地形図はアナログでしたが，近年ではデジタル化したデータである
電子国土基本図をもとに作成されています。特に便利なのが，電子国土基本図
をインターネットから閲覧できる国土地理院の**地理院地図**です。ソフトウェア
は必要なく，Web サイトで自由に見たり，プリントアウトできるので，ぜひ
気になる場所をのぞいてみてください。**縮尺を自由に操れる**ほか，**新旧の空中
写真**を見たり，**地形断面図を作成**したりすることもできます。操作もそんなに
むずかしくないので，ちょっと遊んでみましょう。今の高校生なら教科書に載
っているし，入試でも出題されるので，みんな知っているかもしれませんが，
昔はこんなモノなかったですからねえ。

◎	市 役 所	血	博 物 館	旧 ⚓	重 要 港		
○	町 村 役 場	⛩	神 社		⚓	地 方 港	
♂	官 公 署	卍	寺 院	新 ⚓	港 湾		
⚖	裁 判 所	⊕	郵 便 局	⚓	漁 港		
♦	税 務 署	⊡	高 塔	‖	田		
⊞	病 院	🎗	記 念 碑	∨	畑		
⊕	保 健 所	‖	煙 突	♁	果 樹 園		
廃 気 象 台		♂	電 波 塔	廃 ⅄	桑 畑		
⅄	消 防 署	⚡	風 車	∴	茶 畑		
⊗	警 察 署	☼	灯 台	廃 ○	その他の樹木畑		
×	交 番	凸	城 跡	竹	林		
廃 自 衛 隊		🡒	墓 地	笹	地		
⋆	小・中学校	∴	史跡名勝天然記念物	荒	地		
⊛	高 等 学 校	⟁	油井・ガス井	広 葉 樹 林			
廃 森 林 管 理 署		⟰	噴火口・噴気口	針 葉 樹 林			
🏠	老人ホーム	♨	温 泉	ハイマツ地			
⚡	発 電 所 等	✕	採 鉱 地	ヤシ科樹林			
廃 工 場		廃 採 石 地					
📖	図 書 館	坑 口					

| 旧 新 | 平成25年の図式の改訂時に変更された記号 |
| 廃 | 平成25年の図式の改訂時に廃止された記号 |

3 さまざまな統計地図　メディアでも職場・大学でも統計地図は大人気！

最近は，テレビのニュース番組でも，企業のプレゼンでも，学会や研究会での発表でも，よく目にするのが統計地図！　**統計地図**とは，**数値データを地図化**したモノで，直接視覚に訴えかけるのでとっても効果的です。都道府県別の新型コロナウイルスやインフルエンザの感染者数，都道府県民所得，事業所別商業販売額，交通事故件数などの数値をただ羅列するのに比べて，一目瞭然なのがよいところ！　ただし，統計地図にはさまざまな種類があって，**表現するテーマや指標に適した統計地図を使用**しないと，読み手に誤解を与えたり，地図化することによってわかりにくくなってしまう場合があるので要注意です。では，今からみなさんが見たことのある，さまざまな統計地図を紹介しましょう（p22-23**図4**）。

① 階級区分図

国別の人口密度や都道府県別の高齢者割合などを，**いくつかの階級**（グループ）**に分け**，**色の濃淡，模様の粗密などで表現**した地図です。1人当たりや割合などの相対値を示すのに適しています。高位の階級を濃，密，低位の階級を淡，粗とするとわかりやすいです。逆にすると，なんだかさっぱりわからない図になってしまうので，要注意！

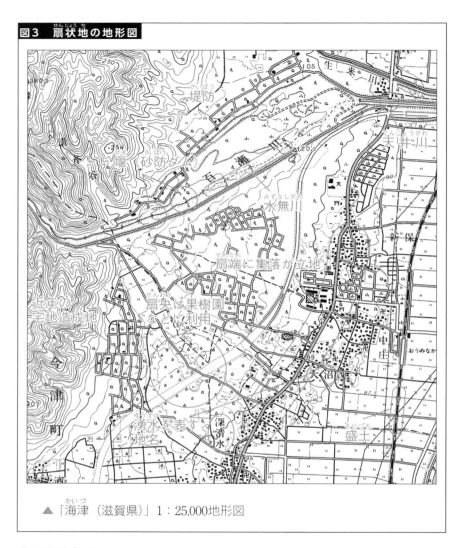

図3 扇状地の地形図

堤防

生米川

砂防ダム

天井川

水無川

扇端に集落が立地

新保

扇央は果樹園などに利用

近年の宅地造成地

中庄

今津町

大沼

湧水を表す地名

深清水

盛土

▲「海津（滋賀県）」1：25,000地形図

② 図形表現図

　円や正方形などの図形の大きさ（面積）などで数値を表現した地図です。国別や都道府県別の人口，製造品出荷額，商業販売額などの**絶対値**を示すのに用いられることが多いです。

③ ドットマップ

　点（**ドット**）で，農作物の生産量，人口，家畜頭数，広告の反響数などを表現した地図です。ドットで描画し，その密度を視覚的にとらえやすいのが特徴です。国境や行政区分を越えて示すことができるので便利ですね。

④ 流線図

　流線を用いて，人やモノの移動方向・量を表現した地図です。人口の移動やさまざまな物流，貿易なんかによく利用されています。これも一目で移動方向や量がわかるのがメリットです。

⑤ 等値線図

　連続する数値を表現するのに適しています。天気予報などで使われる等温線，等圧線，桜前線なんかでよく目にします。

⑥ カルトグラム

　この統計地図は，ちょっと変わっています。ある**指標の数値を，地図上の面積に比例させて表現**した変形地図です。もとの形を知らないと「これっていったいなんなんだ！」ってなってしまいますが。

　すごく便利で，とっても有効な統計地図ですが，かつてはすべて手作業（アナログ）でしたから，作成するのは一苦労！

　ところが，現在は GIS（Geographic Information System：地理情報システム）があります。**デジタル化された地理情報を，さまざまな表現方法で地図化し，分析するシステム**が GIS です。パソコンにインストールするデスクトップ GIS やインターネットを使用する Web GIS がありますが，特に便利で簡単なのが Web GIS ！

　国，地方公共団体，企業，大学，個人などが Web GIS で実にいろいろな情報を提供してくれています。ぜひとも活用してみてください。ちなみに私は，「今昔マップ on the web」が好きです。新旧地形図の比較が面白い！

図4 さまざまな統計地図

階級区分図

就業人口に占める
農林漁業人口比率
- 70%以上
- 50〜70
- 30〜50
- 10〜30
- 10%未満
- 資料なし

(2019年，国・地域による区分)『世界国勢図会 2021/22』による

流線図

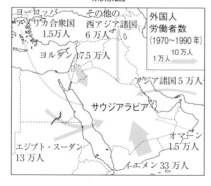

等値線図

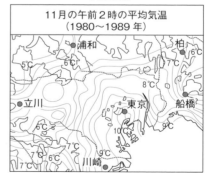

図形表現図

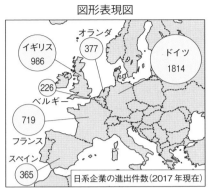

ドットマップ

カルトグラム

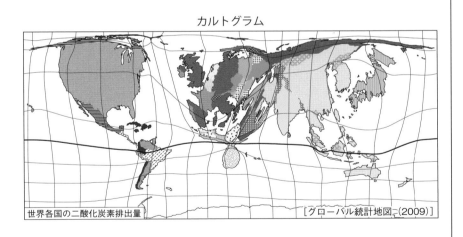

地形と人々の生活

1 プレートテクトニクス　地球表面は凹凸だらけ！　大陸や海洋はどうやってできたのでしょう？

　小中学校の時，地球表面は陸地と海洋で構成されていて，その割合は「**陸が3割，海が7割だ！**」って習ったのをおぼえていますか？　きっと，この数値は，みなさんの心の中に深くきざまれているのではないでしょうか？

① 大陸移動説

　われわれがなにげなく見ている大陸や海洋の分布は，46億年前の地球誕生以来ずっと同じ状態であったかというと，そうではないのです。20世紀の初め，ドイツの地球物理学者の**ウェゲナー***が，「**かつて大陸は一つの塊**（パンゲア**）**であったが，やがて裂け目ができて分裂し，移動することによって現在の大陸になった**」という「大陸移動説」を発表しました。

　図1④の大西洋両岸にあるアフリカ大陸と南アメリカ大陸の海岸線を見てください！　かなり似ていますよね？　ハサミで切って重ねたらピタッとはまりそう。ウェゲナーは，アフリカ大陸と南アメリカ大陸がかつては接合していたんじゃないかということに注目して，両大陸の地層，地質構造，動植物の化石などを調査し，大陸移動説にたどり着いたのです。しかし，彼は大陸や海洋が動く原動力を説明できなかったことなどから，いったんこの説は下火になりますが，滅びてはいきませんでした。第二次世界大戦後，急速に海底の調査や研究が進み，彼の学説が脚光を浴びることになりました。これが「**プレートテクトニクス**」という考え方に発展していくことになったのです。

　だからウェゲナーの「大陸移動説」は，地球表面の大陸や海洋の分布を説明する「**最も古くて，最も新しい理論だ**」って言われるようになったのです。

*アルフレッド・ロータル・ウェゲナー（Alfred Lothar Wegener, 1880 - 1930）は，ドイツの気象学者（現在の地球物理学者）。1915年に出版した著書『大陸と海洋の起源』で，一つの巨大な大陸（超大陸，パンゲア）が分裂・移動して現在の大陸の配置になったとする大陸移動説を提唱した。彼の主張は，大陸移動の原動力をうまく説明できなかったため受け入れられず，5度目のグリーンランド探検で遭難し帰らぬ人となった。

**ペルム紀から三畳紀にかけて存在した超大陸で，Pangaea とは，ギリシャ語で「すべての大地」の意。ウェゲナーが「大陸移動説」において命名した。中生代から分裂を始め，北のローラシア大陸と南のゴンドワナ大陸に分かれ，さらにそれぞれの大陸が現在の大陸に分裂していった。

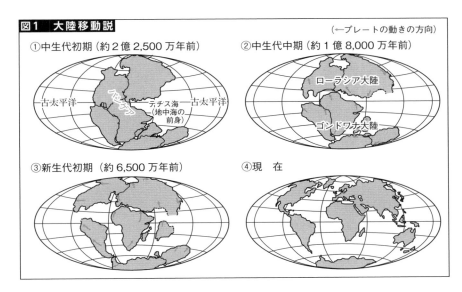

図1　大陸移動説

（←プレートの動きの方向）

①中生代初期（約2億2,500万年前）　　②中生代中期（約1億8,000万年前）

古太平洋　　　テチス海—古太平洋
（地中海の前身）

ローラシア大陸

ゴンドワナ大陸

③新生代初期（約6,500万年前）　　④現　在

② プレートテクトニクス

プレートテクトニクス（Plate tectonics）とは，なぜ大陸が移動するのか，なぜ山脈や海溝ができるのかなどを説明した地球科学の学説です。地震発生時には，テレビのニュースなどでもしばしば登場します。もちろん最新の学説もありますが，**地表の大規模な地形の分布を説明**しているのがプレートテクトニクスと考えてよいと思います。

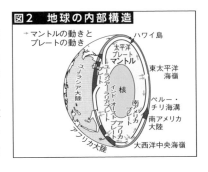

図2　地球の内部構造

→マントルの動きとプレートの動き

ハワイ島
太平洋プレート
マントル
東太平洋海嶺
核
ユーラシアプレート
ユーラシア大陸
ペルー・チリ海溝
インド・オーストラリアプレート
南アメリカプレート
南アメリカ大陸
アフリカプレート
アフリカ大陸
大西洋中央海嶺

　地球の表面は，**図2**，**図3**のように十数枚の固い**プレート**（plate：岩盤）に覆われています。プレートの下には，流動性のあるマントルといわれる物質があり，この上にプレートがのって，それぞれが勝手気ままに移動すると考えればいいですね。**プレートの中央部は安定**しているので，火山噴火や地震がほとんど生じません。ところが，**プレートとプレートの境界部分はすごく不安定**で，**火山活動や地震活動がすごく活発**なため，**変動帯**とよばれています。

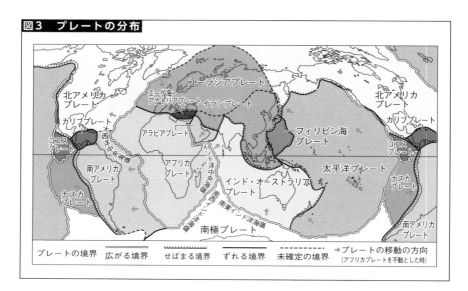

図3　プレートの分布

| プレートの境界 | 広がる境界 | せばまる境界 | ずれる境界 | 未確定の境界 | →プレートの移動の方向 |
| | | | | | (アフリカプレートを不動とした時) |

③ プレート境界

プレートの境界は，大きく三つのタイプに分けられます。二つのプレートが互いに遠ざかる部分は「広がる境界」，近づき合う部分は「せばまる境界」，水平にずれ動く部分は「ずれる境界」とよばれているのです。

図4を見ながら説明していきましょう。まずは，「広がる境界」です。プレートが両側に広がると，ここぞとばかりに内部からマントル物質*が上昇し，マグマとなって海底から噴出しま

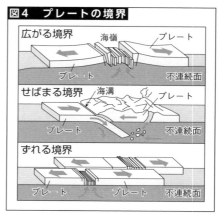

図4　プレートの境界

す。このときできる海底大山脈を海嶺とよんでいるのです。たとえば，南アメリカ大陸とアフリカ大陸は一つの大陸（かつてのゴンドワナ大陸）が引き裂かれてできたので，大西洋の中央部には海嶺（大西洋中央海嶺）が分布しているということになります。つまり，北アメリカ大陸とユーラシア大陸（ヨーロッパ）は陸続きで，南アメリカ大陸とアフリカ大陸も陸続きだった。ということは…，な・な・なんと，かつては大西洋が存在しなかったということになります。まさに驚愕の事実！！！

　また，アフリカ大陸の東部は，今まさに大陸が引き裂かれる瞬間で，リフト

ヴァレー（Rift valley）**とよばれる**巨大な地溝帯**が形成されています。大地の裂け目です！　遠い未来にはアフリカ大陸は引き裂かれ，いくつかの大陸に分裂していくのです。残念ながら，われわれはそれを見ることはできませんが（笑）。

　次は，「**せばまる境界**」の説明をします。プレートには**重い海洋プレート**と**軽い大陸プレート**があります。海洋プレートと大陸プレートが衝突すると，重い海洋プレートが軽い大陸プレートの下に沈み込もうとします（沈み込み帯）。すると，深い海溝（6,000m以上の深度）が形成され，さらに大陸プレート側には日本のような弧状列島（島弧）や大山脈が形成されるのです。

　せばまる境界の沈み込み帯では，二つの興味深い現象が生じます。

　一つは，海溝部分で地震が発生しやすいということですね。海洋プレートは大陸プレートを引きずり込みながら地球内部に進むのですが，大陸プレートは，ばねのように押し曲げられ，その**ひずみの蓄積が大地震につながる**のです（海溝型地震）。

　もう一つは，火山の形成ですね。**海洋プレートがある程度の深度まで沈み込む**と，海洋プレート上の堆積物が高温高圧で溶融し，**マグマが発生**！　そして，そのマグマが上昇することによって，地表には火山が形成されるのです。小中高の地理や理科で学んだことですが，改めて大人になって読むと，けっこう面白いでしょう？　地球表面のプレートの動きで，いろいろな地形ができ，さまざまな物理的現象が生じるのですから。

　せばまる境界の沈み込み帯の説明は以上ですが，せばまる境界にはもう一つのタイプがあります。それが，衝突帯です。**大陸プレートどうしが衝突**するとプレートが押し曲げられ，高度を増し，大山脈が形成されます。たとえば**インド・オーストラリアプレートとユーラシアプレートの衝突**により形成されたのが，標高8,000mを超えるヒマラヤ山脈やチベット高原なのです。大陸プレートどうしの衝突では，火山はできないので，ヒマラヤ山脈やチベット高原には活動が活発な火山はありません。ちょっと，意外でしょう？

　最後は，「**ずれる境界**」にいきましょう。プレートが水平方向にずれるのですが，アメリカ合衆国のカリフォルニア州にあるサンアンドレアス断層***のようにでっかい横ずれ断層が形成され，**地震の多発地帯**になります。

＊ケイ素，マグネシウム，鉄を主成分とするかんらん岩。
＊＊プレートの広がる境界に当たり，アフリカ大地溝帯ともよばれる。アラビア半島・アフ

リカ大陸間の紅海〜エチオピア高原〜トゥルカナ湖〜ケニア・タンザニアに至る東部地溝帯とウガンダ，ルワンダ，ブルンジ〜タンガニーカ湖に至る西部地溝帯などがある。付近の隆起量は大きく，キリニャガ山（ケニア山），キリマンジャロ山などの火山や多数の断層湖が分布している。

＊＊＊1895年，カナダ人のアンドリュー・ローソンが発見・命名した。太平洋プレートと北アメリカプレートの境界をなすトランスフォーム断層で，カリフォルニア州を南北約1,300kmにわたって連なる。

2 地震と火山　日本では，地震の発生や火山噴火はあたりまえ！　だけど世界はそうでもない？

　プレート境界に位置する日本列島では，日々**地震が発生**し，しばしば**火山も噴火**します（**図6**）。私も小学校の時に，地震の際の避難訓練で，なんども机の下にもぐった経験がありますし，みなさんもさまざまな形で，防災訓練を経験してきたと思います。ところが，プレート境界から遠く離れた**プレート内部では，ほとんど地震も火山もありません！**　さらにプレートの内部では，長い時間をかけて地表面が侵食されていますから，日本なんかに比べると平坦化されています。このような地域を安定地域とよんでいて，ヨーロッパや北アメリカ，南アメリカなど**世界の大半の地域が安定地域**になります。だから北西ヨーロッパに居住している人なんかからは，「生まれてこのかた地震とか経験したことがない！」っていう信じられない話を聞きます。

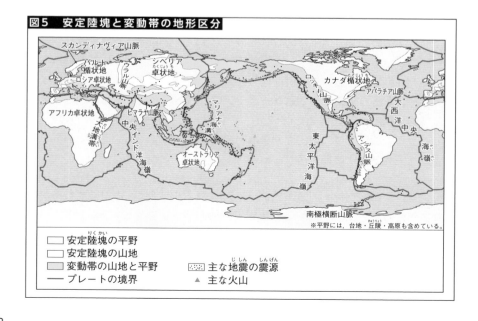

図5　安定陸塊と変動帯の地形区分

※平野には，台地・丘陵・高原も含めている。

□　安定陸塊の平野
□　安定陸塊の山地
▨　変動帯の山地と平野
──　プレートの境界
▦　主な地震の震源
▲　主な火山

図6　世界の主な火山と地震の分布

地震の震源
▲　火　山

Diercke Weltatlas 2008 ほか

　最近の地理学や地理教育では，大規模な地形（大地形）を**安定地域**と**変動帯**に分類することが多くなりましたが，もしかしたら読者のみなさんは，安定陸塊，古期造山帯，新期造山帯と習ったかもしれませんね。では，ちょっとだけ昔を懐かしんでいただきましょう（笑）。

　安定陸塊とは，**先カンブリア時代の造山運動で形成された平原・高原**，古期造山帯とは，**古生代から中生代の初めの造山運動で形成された低くなだらかな山地**，新期造山帯とは，**中生代の後半から新生代の造山運動で形成された高く険しい山地**です。これらの説明は，間違っているわけではありませんが，最近はあんまり使わないようです。

3 平野の地形　扇状地や三角州っておぼえてますか？　ちょっと懐かしいかも。

　平野は，起伏が小さく平坦ですから，居住するにしろ，農業，工業，商業，サービス業などの経済活動を行うにしろ，間違いなく有利ですよね。急斜面ほど商売が繁盛するなんてありえない！（笑）

　南アメリカ大陸には，標高が高い高原などに位置する高山都市*もありますが，世界の大部分の**大都市は平野に位置**しています。交通網も整備しやすいですし，あたりまえかもしれませんけど。

　山がちな国土の日本ですけど，小規模ながら**平野は沿岸部を中心に発達**しています。そのほとんどは，沖積平野**といって，**河川の堆積作用で形成された平野**なのです。ヨーロッパや北アメリカでみられるような，山地が侵食***されて平坦になった平野とは成因が異なっています。

　日本の国土に降った雨は，河川となって山地を侵食します。山肌を削り取った河川は，さらにその**土砂を中下流まで運搬し**，**堆積**することによって，沖積

平野を形成するんですね。山地から平野に移り変わる山麓には扇状地，中下流には氾濫原，河口付近には三角州とよばれる平野ができます（図7）。このあたりは，ちょっと懐かしい用語じゃないですか？（笑）生徒たちから，次のような発言を度々耳にします。「扇状地とか，三角州とか名前だけおぼえてもぜんぜん面白くなかったけど，授業を聞いて，平野の成因や仕組みがわかったら，すごく楽しくなった！」。

　先日も，ある生徒が家で「扇状地とか，氾濫原とかさっぱりわからないし，勉強しても面白くない…」ってもらしたそうです。すると，たまたまそれを耳にしたお母さんが「扇状地はね，…」みたいな説明をすらすらとしたらしいのです。それを聞いて生徒はびっくり！！！「お母さん，いったいどうしてそんな説明ができるの？」そのお母さんは，たまたま私の30年くらい前の教え子で，興味を持ったその子は，私の授業を受けることになりました（笑）。いちばんうれしかったのは，お母さん（かつての教え子）が30年前の話を心に留めてくれていたことでした（泣）。長〜く本気でやっていれば，いいこともあるんだなぁって感動！　ということで，簡単に沖積平野の説明をしておきましょう。

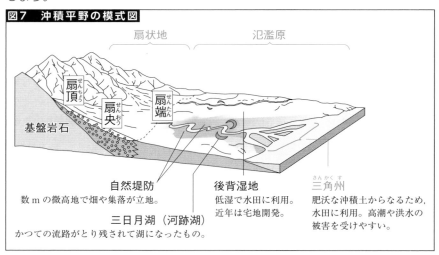

図7　沖積平野の模式図

扇状地　　　氾濫原

扇頂
扇央
扇端
基盤岩石

自然堤防
数mの微高地で畑や集落が立地。

後背湿地
低湿で水田に利用。
近年は宅地開発。

三角州
肥沃な沖積土からなるため，
水田に利用。高潮や洪水の
被害を受けやすい。

三日月湖（河跡湖）
かつての流路がとり残されて湖になったもの。

＊標高の高い山岳地帯の平坦面や高原に位置する都市。低緯度地域では，高温多湿の低地に比して，温和で居住環境に適していることから，中央アンデス，エチオピア高原などで発達している。代表的な高山都市には，ラパス（ボリビア），ボゴタ（コロンビア），キト（エクアドル），アディスアベバ（エチオピア）などがある。

＊＊河川の堆積作用によって形成された平野。河川の上流から下流に向かって，山間部では谷底平野（山地の谷間に土砂が堆積），山麓の谷口では扇状地，中下流では氾濫原，河口では三角州の順に配列するが，土砂の供給量が少ない場合には氾濫原や三角州が形成されない

こともある。

＊＊＊流水（河川，雨），氷河，風によって岩石が削り取られること。地球上に多様な侵食地形を作り出す。

① 扇状地

　扇状地は，**河川が山地から平野に出るところに形成される緩やかな傾斜地**です。たんに「扇形の平野」っていうわけではありません。**河川の侵食力や運搬力は，流速に比例**します。流速は傾き（河川勾配）に比例しますから，山地では傾きが大きく，流速が速いので，粒径が大きい土砂を大量に運搬します。

　ところが，山地から平野に出るところでは，急に流速が衰えますから，**粒径の大きい土砂を運搬できなくなって，山麓にまとめて堆積**し，粒径の小さな土砂だけを下流側に運搬していきます。こうやって，山麓に形成されるのが扇状地です。河川が平野に出ると，いろいろな方向に流れ出るので，扇状の平野ができるんですね。

　図9を見てください。扇状地は大部分が砂利のような土砂（**砂礫や粒径が大きな砂**）で構成されているので，河川は地下に浸透して，一時的に地下水となります。このように**平常は地下水になっている河川**を水無川とよんでいます。

　すると扇状地の中央部（**扇央**）は，**水が得にくい乏水地**なので，ちょっと農業などはやりにくい！　ということで，開発は遅れてしまいましたが，明治から昭和にかけては**桑畑**（絹糸を生産するため，蚕のえさとなる桑を栽培），現

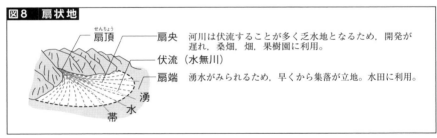

図8　扇状地

扇頂　扇央　河川は伏流することが多く乏水地となるため，開発が遅れ，桑畑，畑，果樹園に利用。
伏流（水無川）
扇端　湧水がみられるため，早くから集落が立地。水田に利用。
湧水帯

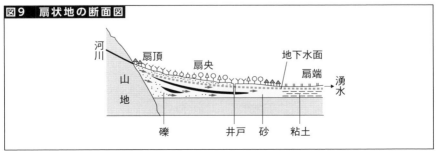

図9　扇状地の断面図

河川　扇頂　扇央　地下水面　扇端　湧水　山地
礫　井戸　砂　粘土

在では畑，果樹園などに利用されています。

　一方，扇状地の末端（扇端）では，**水が湧いてくる**ので，「おー！　ここは，水を得やすいから便利だ！」となり，**古くから集落（農家）が立地したり，水田に利用されてきた**のです。昔から自然環境と上手に向き合いながら，生活を営んできたんですねえ。日本には，たくさん扇状地が発達していますが，胆沢扇状地（岩手県），黒部川扇状地，庄川扇状地（以上富山県），養老山地東麓（岐阜県）などが有名ですね。チャンスがあれば訪ねてみましょう！

② 氾濫原

　氾濫原は，「扇状地」，「三角州」に比べると，若干マイナーな地形用語かもしれません。扇状地を後にした河川は，**中下流域にさしかかると，ほとんど傾斜がない平坦地を流れていきます**。河川は，できるだけ最短コースをたどって，海に向かうのですが，河川ってちょっとだけ「人」と似ています。

　われわれは，目的意識を持ち前向きに戦っているとき，夢に向かって邁進しているとき，つまり気力が溢れているときは，多少の障害でも乗り越えていけますよね。ところが，体調がすぐれなかったり，「なんでこんなことやらなくちゃいけないんだ」といったように目的意識を失ったりしてしまうと，なにをするのも面倒だし，すべてのことから逃げたくなる。**河川も流速が速いときは，目の前の岩盤を貫こうとしますが，流速が衰えると，とにかくすべての高まりから逃げたくなる！**　すると，河川は蛇行し始めます。

　蛇行っていうのは，河川がほんのちょっとの高まりを避けて流れた結果です。蛇行している河川が，一生蛇行し続けてくれればいいのですが（そんなわけないか），上流側で大雨が降るなどすると，突然流速が増して，多少の高まりを乗り越えていこうとします。すると…**河道から水が溢れだし，洪水を起こしてしまう**のです。河川が河道を流れている限り，上流から下流に向かってしか流れないのですが，河道から溢れると，河川の両側に向かっても水が流れる

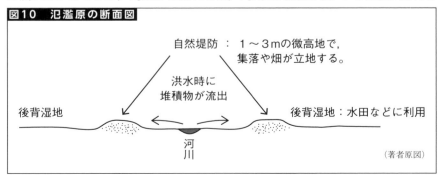

図10　氾濫原の断面図

自然堤防 ： 1〜3mの微高地で，集落や畑が立地する。

洪水時に堆積物が流出

後背湿地

後背湿地：水田などに利用

河川

（著者原図）

ようになります。洪水が治まると，河川の両側に**自然堤防**とよばれる１－３ｍ
程度の微高地（**図10**）や，さらにその外側に**後背湿地**が形成されます。**図7**
のように，これらをすべて含む平野を氾濫原とよんでいるのです。

　新幹線に乗った際や自動車でのドライブの際に，河川の近くを通過したら，
すこしいつもより注意深く周囲を見渡してみてください。**自然堤防は周囲より
ちょっとだけ高いので，洪水の被害を受けにくいため，古くから集落が立地**し
てきました。なかには，水につかりにくいので，畑や果樹園に利用されている
場合も。そして，その背後には，**後背湿地という低湿な平野が広がり，水田に
利用**されているはず，と思って見てみると旅行も一層楽しくなるはずです。も
ちろん，歩いてみるとまた楽しい！！！

③ 三角州

　みなさんは，「扇状地」，「氾濫原」，「三角州」という地理・地形用語のうち，
どれにいちばん親しみをおぼえますか？　または，どれが学生時代の記憶とし
て鮮明ですか？　私の勝手な予想では，三角州！！！（違ってたらごめんなさ
い。）これまで高校や予備校で，合計数十万人以上の生徒たちを教えてきまし
たが（実は教えられてきたのかもしれませんが），ほとんどの子どもたちは，
「三角州」という用語を知っていて，「三角州なんて，いまさら教えてもらわな
くても大丈夫です！」っていう感覚を持っています。ところが，実際に「三角
州って，いったいなんなんだろうね？」って聞くと，かなりしどろもどろに…。
よりましな回答でも「河川の河口部にできる三角形の平野」って感じです。そ
れでは，今から小学校，中学校，高等学校の先生方から学んだ「三角州」につ
いて思い出してみましょう！

　三角州[*]は，**河川の河口付近に形成される低平な平野**です。**ほぼ海面と同じ
高さ**なので，地形図を見てもほとんど等高線は入りません。河川の河口付近は
傾きが非常に緩やかなので，流速も遅く，運搬されてくる土砂も粒径が極めて
小さいです。**シルトとか粘土などのような細粒の土砂**が海に流れ込み，海底に
堆積するようになります。波などによって侵食されたり，別のところに運搬さ
れてしまうこともありますが，海の侵食・運搬を上回るほどの土砂が堆積する
と，そのうちに海面とほぼ同じ高さまで成長し，三角州という平野が形成され
るのです。すごいですよね，まるで河川が，自ら埋め立て地を勝手につくって
くれたみたいなもの！　沖合に向かって三角州が形成されると，その上をさら
に河川が流れます。ただ，すごーく流れが弱いので，やたらと分流（１本の河
川が，数本に分かれて流れる）し，枝分かれした分流路の間にも土砂を堆積し
ていきます。三角州というのは，**分流と分流の間が三角形の土地になるから**，

こうよばれるし，まるで**ギリシャ文字のデルタ**みたいな形をしているので，「**デルタ**」とよばれるようになりました。だから三角州全体の形は，「三角」になっているわけではありません（p30**図7**）。三角州には，とっても良いところと，とってもマズイところがあります。すごーくいいやつなんだけど，ここだけは困ったもんだみたいな（笑）。

メリットとしては，**低平で水が得やすい**ため，農業，特に**水田には最適**！河口までたどり着いた土砂には多くの栄養分も含まれているので，**肥沃な沖積土が堆積**していることが多いです。だから，三角州が発達している地域では，古くから農業が発達してきたんですね。

デメリットは，やっぱり低湿地なので，どうしても**洪水などの水害**に遭いやすい。また，**台風などの熱帯低気圧が襲来**すると，高潮の被害もこわい！！！さらに，地震の際には，液状化も生じやすいので，十分な防災対策が必要になってきます。

世界中のすべての河川に三角州が形成されるわけではなく，まったく三角州が発達していない河川もあります。さてみなさん，どうして三角州が形成される河川と形成されない河川があるのでしょう…？

三角州の形成条件は，河川から十分な量の土砂供給があることです。つまり**河川による土砂の供給量＞潮流・波などの海による土砂の侵食量**！　こういう条件下で三角州が形成されるのです。ということは，やっぱり流域面積**が広い河川は，三角州を形成することが多いですね。だから，みなさんご存じの有名な大河川，アマゾン川，ナイル川，ミシシッピ川，長江，メコン川，ガンジス川，インダス川，ヴォルガ川，ドナウ川，ライン川などは，すべて河口付近に三角州を形成しています。それから，日本のように流域面積が狭い河川でも，険しい山地を流れる場合には，そこそこ土砂を運搬してくるので，小規模な三角州ができます。淀川（大阪平野），木曽川，長良川，揖斐川（濃尾平野），太田川（広島平野）などの三角州が有名ですね。

＊三角州の形態は多様で，代表的なものにナイル川などの円弧状三角州，ミシシッピ川などの鳥趾状三角州，テヴェレ川などのカスプ状三角州がある。
＊＊ある河川に，降水が集まる範囲。河川の流量や土砂の運搬量は，流域面積に比例する場合が多い。

4　海岸地形　　海岸にもいろいろな種類がある！

海岸には，打ち寄せる波や潮の干満，潮流などさまざまな力が働いています。

さらに，海面の上下変動，陸地の隆起沈降などの影響が加わり，実に興味深い地形が形成されるのです。海岸は，その成因によって，大きく**離水海岸**と**沈水海岸**に分類することができます。これも，生徒が「先生ー！　離水海岸と沈水海岸が，またわからなくなっちゃいました」と質問にくることが多いので，ちょっぴりていねいに説明しておきますね。

① 離水海岸

離水海岸は，**海水準の低下**（海面の下降）**や陸地の隆起によって，かつての海底が陸上にあらわれ，海岸になった地形**です。「陸地が，海水から離れてできた海岸」と考えましょう！

ここで，**氷河性海面変動**についてのお話をします。現在は，二酸化炭素などの温室効果ガス増加による地球の温暖化が深刻な問題となっていますが，地球の歴史上，われわれの活動とは無関係に，**温暖化と寒冷化が繰り返されてきました**。たとえば，「中生代は気温が高かったから，恐竜にとっては快適だった」とか，「縄文時代は今よりかなり暖かった」とか，「江戸時代は寒冷だったから，飢饉とかが多かったんだ」とか。地球温暖化のテーマで詳しくお話ししますが，ここでは，**温暖化すると海面は上昇**し，**寒冷化すると海面は低下**すると考えておいてください。これを氷河性海面変動といいます。長くなりましたが，氷河性海面変動による海面の低下や地殻変動などによる陸地の隆起によって形成されたのが離水海岸なのです。たとえば，浅い海底が離水した**海岸平野**や階段状の**海岸段丘**などです。海岸平野は広大な砂浜海岸で，日本では千葉県の九十九里平野が最大の海岸平野だといわれています。私も小学生の時は何度も遊びに行きましたが，昔は海底だったんですねえ。不思議な感じ！

② 沈水海岸

沈水海岸は，離水海岸の逆です！　**海水準の上昇**（海面の上昇）**や陸地の沈降によって，海水が陸地に入り込んで海岸になった地形**です。「陸地が，海水に沈んでできた海岸」と考えましょう！　沈水海岸の海岸線は面白いです。地形図や地図帳などを見ると，**離水海岸は単調**ですが，**沈水海岸は複雑**で，凹凸が激しいことを読み取ることができます。さて，どうしてでしょう？

読者のみなさんは気づかれたと思いますが，離水海岸はかつての海底，沈水海岸はもともと陸地！　**陸地は，海底に比べて侵食，運搬，堆積作用が活発なので，起伏が大きい**んですね。沈水海岸には，すごく大きなメリットがあります。海面が上昇（陸地が沈降）しているので，水深がとっても深くなる。すると大きな船舶が入港できますよね。ということで，**良港が立地**しやすいです。

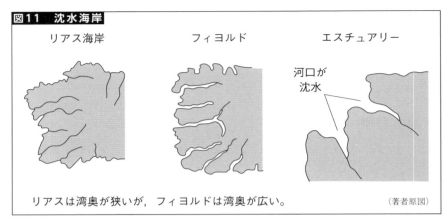

図11　沈水海岸

リアス海岸　　　　フィヨルド　　　エスチュアリー

河口が
沈水

リアスは湾奥が狭いが，フィヨルドは湾奥が広い。

(著者原図)

では，いつものように，生徒・学生の時に学んだ，超有名な沈水海岸を思い出してみましょう（**図11**）！

③ リアス海岸

　「リアス海岸」と聞いて，「そう言えば，習った習った」と思われる方と，「？　リアス海岸？　私は，リアス式海岸って習った気がする」と思われる方に大分裂！　違いますか？　あくまで予想ですが，40代以上の方は「リアス式海岸」，20～30代の方は「リアス海岸」じゃないでしょうか？　検定教科書での記述が変わったので，現在はリアス海岸と表記されています。

　リアス海岸は，沈水海岸の中でも最もポピュラーな海岸です。V字谷を持つ**険しい山地が沈水**し，それぞれの谷に海水が浸入することで形成されます。すると，海岸線がギザギザ（**鋸歯状**）に！　**海水が浸入した湾（入り江）のことを，スペイン語で "ria"** といいます。これに複数形のsを加えて，"rias" です。スペイン北西部のガリシア地方にあるリアスバハス海岸が語源だと言われています。スペイン北西部のコルディエラカンタブリカ山脈が沈水して形成されました。変動帯には，険しい山地がたくさんあるので，日本にも三陸海岸，若狭湾，志摩半島など各地でリアス海岸はみられます。

　リアス海岸には，とっても良い点があります。リアス海岸は，湾（ria）の周囲を山地で囲まれているため，強風が吹いても山地に遮られます。すると，**湾内はとっても穏やか！**　そこで，盛んになったのが海面養殖業です。もう一つメリットが。海が荒れて大変な状況になったときでも，リアス海岸の湾内は比較的穏やか！　ということで，暴風に見舞われたときなどは，船舶が逃げ込む避難港として重宝されてきたのです。リアス海岸って，見かけによらずすごいですねえ（笑）。**津波の際に波高が上昇**するというデメリットもありますが…。

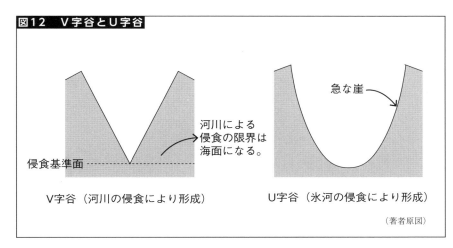

図12　V字谷とU字谷

河川による
侵食の限界は
海面になる。

急な崖

侵食基準面

V字谷（河川の侵食により形成）

U字谷（氷河の侵食により形成）

（著者原図）

④ フィヨルド

「フィヨルド（fjord）」っていう地理用語は，かなり有名ですよね。リアス海岸は，河川の侵食によるV字谷に海水が浸入して ria（入り江，湾）を形成しましたが，フィヨルドは違います。なんとなくギザギザした海岸線であることは同じですが，**氷河の侵食**によるU字谷に海水が浸入してできたのがフィヨルドです。河川の侵食は，下方に向かっての侵食がメインですが，氷河による侵食は，下方だけでなく，側方の侵食も進むことから，U字状の谷が形成されます。このようにしてできたU字谷に海水が浸入すると，**両側が断崖絶壁で細長い湾**ができるのです。**湾口と湾奥の幅があんまり変わらない**のが特徴です。これこそフィヨルド！

フィヨルドは，**かつて大陸氷河が覆っていた高緯度地方**でしかみられないので，ヨーロッパ北西部，北アメリカ北西部，チリ南部などで発達しています。その美しい景観は，**重要な観光資源**となり，ノルウェーのソグネフィヨルド，トロンヘイムフィヨルド，ニュージーランドのミルフォードサウンドなどは一見の価値ありです。チャンスがあればぜひとも行ってみてください。

⑤ エスチュアリー

地理を学生時代に学んでおられなかった方には，ちょっとだけ耳慣れないのが**エスチュアリー**（estuary：三角江）*ではないでしょうか？　**図11**のような**ラッパ状に広がる水深が深い入り江**です。地図を見ると，三角州と逆で陸地側に河口がへこんでいるように見えるはず。リアス海岸やフィヨルドは，水深が深いのですが，周囲を山地に囲まれています。つまり，港湾や工業地域など

に必要な平野に恵まれません。ところが，エスチュアリーは河口付近だけが沈水しているため，周囲の平野は残っていて，**水深が深い割には平野にも恵まれる！**　これは，港湾や工業地域の立地に最適な自然環境です。だから，エスチュアリーが発達している河川の河口付近には，**大規模な港湾都市が発達**しているのです。たとえば，テムズ川（**イギリスのロンドン**），エルベ川（**ドイツのハンブルク**），セーヌ川（**フランスのルアーヴル**），ラプラタ川（**アルゼンチンのブエノスアイレス，ウルグアイのモンテビデオ**）などが，エスチュアリーが発達する河川と港湾都市です。かなり有名な河川や都市でしょ？

　こんなに経済活動に適したエスチュアリーですが，残念ながら**日本にはない**のです。変動帯（新期造山帯）などの険しい山地を流れる河川（たとえば日本の河川）や流域面積がすごく広い河川は，土砂の運搬量が多いため三角州が形成されますが，エスチュアリーにはなりません。逆に安定地域（安定陸塊，古期造山帯）を流れる河川は，河川勾配も緩やかで，運搬される土砂の量が少ないため，エスチュアリーが形成されやすくなります。だから**安定陸塊が広がる北西ヨーロッパには，エスチュアリーの河川が多い**んですね。ちょっとうらやましい…。

＊氷期の海面低下時に，河川の河口部が侵食され，氷期が終わると，再び海面が上昇し，掘り下げられた河口部に海水が浸入するようになり，ラッパ状の入り江が形成される。河川は，陸地を海面の高さ（海抜高度0ｍ）まで侵食しようとするため，このような地形がつくられる。

5 特殊な地形　一度は見てみたい特殊な地形！　そこには大地の歴史が…

　ここまで，みなさんといっしょに地球上のさまざまな地形を観察してきました。今回は，ちょっと変わった地形，ある特定の地域でしか見られない珍しい地形を学んでみましょう！　読み終わったら，きっとその地形を見に行きたくなるはず（笑）。

① 氷河地形　氷河っていったいなんだろう？　そして，氷河はどこにある？

　本書には，みなさんに地理の面白さ，楽しさを伝えるテーマがてんこ盛りなのですが，なかでも「氷河」は特に興味深いテーマです。「氷河」という地理用語自体は，小学校，中学校，高校の地理と理科，英語（英単語の glacier）などの授業中に出てくるのですが，生徒たちに「じゃあ，今から氷河ってなんなのかをやさしーい言葉でかまわないので，ノートに説明してみよう！」って

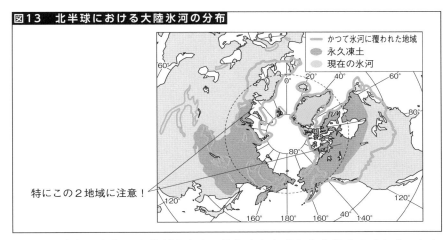

図13　北半球における大陸氷河の分布

凡例:
かつて氷河に覆われた地域
永久凍土
現在の氷河

特にこの２地域に注意！

やると，とんでもない事件が！！！　みなさんならなんと書きますか？　もし良かったら，頭の中でもいいのでやってみてください。生徒たちの回答は，「海水が凍ったモノ」，「河川の水が凍ったモノ」，「寒い陸地」，どうしても出てこない子は「氷の河」などなど…（笑）。小中学校の頃に出会い，テレビなどのメディアでも頻繁に見聞きするのに，地理用語が全く理解されていないのです。

氷河は，海水や河川水などが凍結してできた氷ではありません！　氷河のもとは雪！！！　雪が降ります。でも，日本のように温暖な地域では，そのうち融けてしまいますよね。ところが，**寒冷であったり**，**融雪量を上回るほど降雪量がある地域**では，積雪の上にまた積雪が。そして積雪が数十ｍ堆積すると，**上層の雪の圧力で**，**下層の雪が圧縮されて氷に変化**します。これこそが「氷河」！　これでみなさんは，もう氷河のプロ！（笑）氷河が大地を侵食するパワーはすごくて，氷食ならではの特殊な地形が世界各地にみられます。

氷河には，大陸氷河（氷床）と山岳氷河があります。

大陸氷河というのは，英語で "continental glacier" とか "ice sheet" ともよばれるように，大陸や低地をべたーっと面的に覆うような大規模な氷河です。寒冷な南極大陸やグリーンランド（デンマーク領）などでみられます。**大陸氷河は，低地でも寒冷な高緯度地域にしか発達しません**，現在は！！！

意味深な私の発言に，みなさんはきっと「？？？」ですよね（笑）。現在は，間氷期（interglacial period）とよばれる比較的温暖な時代なのですが，今から約260万年前～数万年前の更新世※には，氷期（glacial period）とよばれる寒冷期がなんどもおとずれました。つまり更新世の氷期には，大陸氷河が現在よりかなり拡大していたのです。**図13**のように，**北西ヨーロッパ**（ドイツ

北部，ポーランド中部あたりまで）**や北アメリカ**（五大湖付近まで）**も，現在の南極大陸のように大陸氷河に覆われていた**んですねぇ。

　すると氷河に覆われていた地域には，氷河の侵食によってできた凹地に水がたまった氷河湖，氷河堆積物が丘のように堆積したモレーン，海岸まで大陸氷河が移動してきたところにはフィヨルドなどの氷河地形がみられることになります。**氷河の侵食によって表土が削剥**されていますから，大陸氷河に覆われていた地域は「うーん，ちょっと土地がやせているからなぁ…，小麦を育てるのは厳しいので，牧草栽培と乳牛飼育をやろう！」，となることがあり，アメリカ合衆国の五大湖地方のように酪農地域になってしまうのです。「氷河」と牛乳・バターの生産の関係性をかいま見ることができるなんて，地理って素敵でしょ？（笑）

　山地で発達する氷河は，山岳氷河とよばれています。大陸氷河と違って，標高が高ければ気温は低下しますから，たとえ赤道直下であっても，めちゃめちゃ標高が高い山には氷河が存在しています。たとえば，低緯度地方に位置するキリマンジャロ（ケニア・タンザニア国境），ニューギニアの山地などでもみられます。山地では，山頂付近の雪がたまりやすいところにできた氷河が，**標高が高いところから低いところに向かって流動**していきます。その流動の過程で，山頂付近をスプーンでえぐるように侵食してできた凹地のカール（圏谷）や，山頂付近に複数のカールができることによって，侵食から取り残されたホ

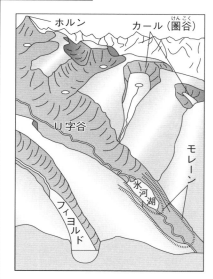

図14　氷河地形

ホルン　　カール（圏谷）

ホルン

U字谷

モレーン

氷河湖

フィヨルド

ルンとよばれる尖った峰などのユニークな地形がたくさんできるんですね（**図14**）。

　近年の温暖化で，**大陸氷河の融解による海面上昇，山岳氷河の融解による氷河湖の決壊**などが問題になっています。大陸氷河が融解し，陸上にあった水が海に流入することで，海水の量が増えるため海面が上昇します。また，山岳氷河が融解すると，氷河より下流側に形成されている氷河湖の水量が増加し，氷河湖を決壊させて大洪水を発生させることがあるのです。温暖化についての詳しい話は，環境問題のテーマでお話ししましょうね。

＊約258万年前から約１万年前までの期間。新生代第四紀の前半にあたる地質時代で，氷期と間氷期を十数回繰り返した。現在は，第四紀の完新世。

② 乾燥地形　日本人にとって，砂漠とはどんなイメージだろう？

「乾燥地形」って言われても，われわれには全くなじみがありませんよね？乾燥地形とは，**砂漠気候でみられる特殊な地形**です。日本は，乾燥気候じゃないので，当然ですが日本にはない！

早速ですが，みなさんの「砂漠」に対するイメージってどんなものですか？授業中に，生徒たちに向かって「さぁ，今から目を閉じて（そのまま眠ったらダメだよー），『砂漠』の映像を思い描いてごらん？」と問いかけることがあります。そしてこの子たちにその映像を表現してもらうと，「見渡す限り砂が広がり，ところどころに砂丘がある！」みたいなイメージ。いかがですか，読者のみなさんは？

砂漠気候というのは，**降水量が極めて少なく，蒸発量も多い気候**で，樹林も草もみられない。このような地域を砂漠とよんでいます。つまり，「砂だらけの土地」という意味ではないのですが，日本語の「砂漠」では，１文字目の「砂」のイメージがあまりにも強く，２文字目の「漠：水がない」ってところまでいかない。すると先ほどのように，「砂だらけの土地」ってなってしまうんですね。

植生がみられないと，地表面には土壌が発達しづらく，岩石が露出してしまいます。だから，実は砂漠の風景は，大部分が岩石や礫（岩石が風化されてできた砂利のようなもの）に覆われている大地なのです。もちろん，さらに風化が進み，**砂が大量に堆積した砂砂漠**もありますけどね。ということで，砂漠っていうのは，**大部分が「岩石砂漠」，「礫砂漠」**なんだという発見が！（笑）

もう一つ，砂漠のイメージとして「シンプルな地形」っていう感じがありませんか？　あんまり凹凸がなく，平坦な感じが。これには，理由があります。日本のような湿潤気候地域では，森林などの植生が豊富だし，土壌もよく発達しています。すると地表に到達した雨は，いったん土壌に浸透し（一部は地表を流下），河川などに集まり，海に向かいます。ところが，乾燥地域ではたまーに降る豪雨が，**地中に浸透せず，そのまま滑るように地表面を海まで這うの**で，全体的に平坦な地形になりやすいんですね（面的浸食）。でも，もちろん険しい山地がみられる砂漠だってありますよ。

乾燥地域には，ユニークな河川があります。日本では，河川の水っていつも流れていますよね。ところが，乾燥気候下では**雨が降ったときだけ，流水がみられる河川**があるのです。これをワジ（涸れ川）とよんでいます。砂漠などの乾燥地域では，ほとんど雨が降らないんじゃないかというイメージがあると思

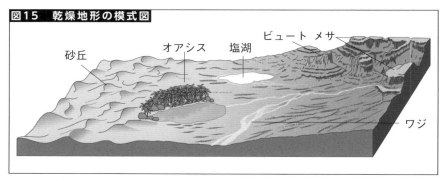

図15 乾燥地形の模式図

砂丘　オアシス　塩湖　ビュート　メサ　ワジ

いますが，意外にもそうではありません。日本やヨーロッパのような湿潤地域と比べると，**降水量の年変動率がめちゃめちゃに大きい！**　つまり，年降水量150mmって言ったって，1年間にときどきパラパラと雨が降るというより，何年間もまともに雨が降らず，ある年のわずか数日の間にどかっと雨が降るみたいに，年降水量の変化がものすごく大きいのです。すると本来は河川であるはずの河道は，通常干上がっていて，河床も平坦なため，**交通路などに利用**されています。不思議な風景です！

「**外来河川**」という地理用語をおぼえておられますか？　基本的に砂漠気候では，河川はワジくらいですが，なかにはいつも水をたたえている河川がみられることがあります。熱帯，温帯などの**湿潤気候地域や山地の融雪水を水源とする河川**には，たとえ中下流域が砂漠気候であっても，砂漠を貫いて外洋まで流出するものがあるのです。これを外来河川，つまり「**砂漠の外から流れてくる河川**」といいます。

みなさんは，アフリカの北東端にエジプトがあるのをご存じですよね？　**エジプト**は，国土の大部分が砂漠気候です。首都のカイロ付近なんて年降水量が10mmあるかないか。とんでもなく少ない。**日本は年平均降水量が1,700mm**程度ですから信じられません！　降水量が少なければ，水資源が乏しいですから，一般的には農業は得意ではないので，食料生産が満足にはできません。だから，**砂漠気候などの乾燥地域は人口も少ない！**　エジプトの西隣に位置する**リビア**は，エジプトと同様に国土の大部分が砂漠気候です。国土面積は，日本の約4倍，エジプトの約1.5倍の167.6万km²とかなり広いですが，人口は，みなさんの予想通りとっても少なくて，たったの687万人。ところが，エジプトは「国土の大部分が砂漠気候である」にもかかわらず，なんと**人口1億人の人口大国**！！！　さて，どうしてだと思われますか？　この問題は，けっこう高校生でもわかっちゃうかも（笑）。お子さんがおられる方は，夕飯の時にでもちょっと聞いてみてください。

それは…，外来河川の**ナイル川**が国土を縦断しているからです。つまり国内での**年降水総量（年降水量×国土面積）は極めて少ない**のですが，**国外から多量の水資源が供給**される。すごいですよねえ。ナイル川は熱帯気候が広がる**赤道付近**（ヴィクトリア湖付近）**から流出**し，白ナイルとなって北流します。さらにエチオピア高原から流出する青ナイルがスーダン付近で合流し，ナイル川となってエジプトに到達するとともに，三角州を形成し地中海に注ぎます。エジプト人がナイル川に感謝を捧げるのも納得ですよね。

このように，乾燥地域であっても，エジプトのナイル川，イラクの**ティグリス・ユーフラテス川**，パキスタンの**インダス川**のような外来河川が貫流する地域では，豊かな水資源に恵まれるということも興味深いですね。

③ **カルスト地形**　カルスト地形といえば，秋吉台かコイリン（桂林）か。

カルスト地形といえば，日本では秋吉台（特別天然記念物，山口県）や平尾台（福岡県），四国カルスト（愛媛県・高知県），仙台平（福島県）などが有名です。小中学校の修学旅行や遠足なんかで訪れた方も多いのではないでしょうか？　私も秋吉台に行って，鍾乳洞（秋芳洞）に入ったときは，「よくわからないけど，とにかくすごい！　とても日本の地形とは思えない！」と感動しました。なにがすごいかよくわかりませんでしたけど（笑）。これが，地理を学んだ後で，カルスト地形を訪れると全く違います。「なるほどー！　そういうことか」っていう感激が新たに。ということで，カルスト地形について学び直してみましょう。

カルスト地形は，石灰岩[*]の特異な地形です（**図16**）。石灰岩は炭酸カルシウムを含む岩石で，**雨水や地下水に含まれた二酸化炭素が，炭酸カルシウムを溶かす**（**溶食**する）ことによって形成されます。化学の授業では，$CaCO_3 + H_2O + CO_2 \rightarrow Ca(HCO_3)_2$と学んだはず（炭酸カルシウムが水に含まれた二酸化炭素で溶かされ，炭酸水素カルシウムとなる）。特に，雨水には多くの二酸化炭素が含まれているので，雨がたくさん降ると石灰岩を溶食します。

ということは，雨水に触れやすい**石灰岩台地**（石灰岩が地表に露出）では，カルスト地形が発達しやすいということですね。台地上に降っ

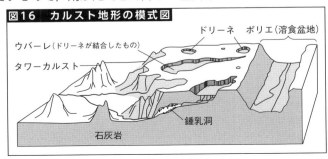

図16　カルスト地形の模式図

ウバーレ（ドリーネが結合したもの）
ドリーネ
ポリエ（溶食盆地）
タワーカルスト
鍾乳洞
石灰岩

タワーカルスト（桂林，中国）

© liyuhanrell

た雨は，台地上で石灰岩を溶かし，カルスト凹地というくぼ地をたくさんつくります。規模が小さい順に，ドリーネ＜ウバーレ＜ポリエです。さらに地下に浸透した水は，地中の石灰岩を溶かし，鍾乳洞とよばれる洞穴を形成します。夏の鍾乳洞は最高！　ひんやりして外に出たくなくなる（笑）。

　カルストという語は，東欧に位置するスロベニアのカルスト（クラス）地方＊＊からきたようですね。**地中海地方は，石灰岩がとっても多く分布**しているので，いたるところでカルスト地形がみられます。

　突然ですが，みなさんは「タワーカルスト」という地理用語をお聞きになったことがありませんか？　景観写真や動画ではよく目にしますが。

　日本では，残念ながらお目にかかることがないのですが，中国のコイリン（桂林）＊＊＊やベトナムのハロン湾のものが超有名です。まるで山水画のような世界で，石灰岩の大部分が溶食され，溶食が進まなかったところが山地のように残った特異な地形です。きっとテレビなどで一度は見たことがあるはず！

　中国の華南から東南アジアのような高温多雨な気候下では，土壌中における微生物の分解活動が活発なため，二酸化炭素の生産量が多くなり溶食が進みます。さらに降水量も多いため，石灰岩台地ごと溶食が進み，タワーカルストが形成されるのです。

＊炭酸カルシウムは，大部分が大昔のサンゴ礁起源で，石灰岩は，セメントの材料として活用される。

＊＊スロベニア西南部からイタリア北東部にかけての石灰岩台地。シュコツィアン洞窟群は世界自然遺産に登録。

＊＊＊中国，コワンシー（広西）チョワン族自治区に位置し，タワーカルストが林立する。

④ **サンゴ礁海岸 輝く太陽と澄んだ海! サンゴ礁海岸でリゾートしたい!**

　サンゴ礁が広がるまばゆいほどきれいな海!!! 家族や友人たちと行きたいですねえ。思いっきり遊べる日が早く来て欲しい…。ところで，サンゴ礁っていったいなんでしょう? サンゴは生物ですが，**サンゴ礁を形成するサンゴは造礁サンゴ**とよばれています。宝石になるサンゴとは違う種類です。サンゴの骨格や遺骸などは炭酸カルシウム，つまり石灰岩をつくりだします。これがサンゴ礁です。サンゴの生育条件は，海水温が18℃以上の**温暖な海域**で，しかも共生する植物が光合成するために，**日光が届く浅い海**でなければなりません。さらに日光が届くためには，濁っている海はダメ! **透明度が高い海**であることが重要です。だから，サンゴ礁が広がる海はきれいなんですね。

　みなさんが，サンゴ礁が広がるきれいな海に遊びに行ったとします。島と大陸のどちらを想像しますか? 私の予想は，「島」です。それは，正しいイメージです。大陸は雨が降った場合に土砂をたくさん流出します。すると海が濁ってしまうのでサンゴ礁が発達しにくい! ところが…，島は土砂の流出量が少ないので，周囲の海の透明度が高くなりやすいのです。「なるほど…」って感じでしょう? もちろん，大陸部分であっても土砂の流出量が少ない地域には，サンゴ礁が発達しているところもあります。

　ついでにお話ししておくと，サンゴ礁海岸に**大規模リゾート開発が行われると，サンゴが死滅してしまう**という話題を聞いたことがないでしょうか? 土木・建築などの工事が行われると，海に大量の土砂が流出します。すると海が濁ってしまって，サンゴに共生している植物の光合成が滞ってしまい，サンゴが死滅してしまうことがあるのです。サンゴはかなりデリケートな生物なんですね。

　サンゴ礁には，いろいろな形態があります。**図17**のように，中央に島があると，島の裾に沿って海岸を縁取るようにサンゴ礁が発達します。これが裾礁(fringing reef) です。**裾礁はサンゴ礁の基本形**で，最初のサンゴ礁はみんな裾礁です。たとえば，氷期が終わって気温が上昇し，海面も上昇したとしま

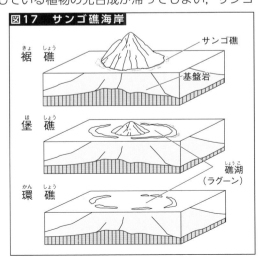

図17　サンゴ礁海岸

裾礁　　サンゴ礁　基盤岩

堡礁

環礁　　礁湖(ラグーン)

す。すると，海面上昇に追いつけないサンゴは死滅しますが，太陽光を求めて海面近くまで成長したサンゴは生き残ります。すると，海岸からやや離れたところにサンゴ礁ができます。これが堡礁（barrier reef）です。障壁（barrier）みたいになっていること，まるで陣地みたいになっていることから，堡（とりでの意）のようなサンゴ礁と名付けられました。みなさんご存じのオーストラリア北東海岸のグレートバリアリーフ（Great barrier reef：大堡礁）が超有名です！

　さらに海面が上昇すると，大半のサンゴは死滅してしまいますが，**海水温が高い赤道付近では，サンゴの成長が速い**ので，多くのサンゴが海面付近まで成長していきます。ところが，中央部の島は水没！　するとサンゴ礁の輪だけが残ります。これが環礁です！　インド洋に浮かぶモルディブは大半が環礁であることから，モルディブ語でアトールとよばれています。堡礁や環礁の内側にある湖をラグーン（礁湖）といい，外海の波の影響が少ないため天然の良港になります。ただ，サンゴ礁は淡水が得にくいこと，**温暖化 * による海面上昇が水没を招く**ことなどの問題も抱えているんですね。

　ところで，話は変わりますが，カルスト地形のお話をした際に，地中海地方には石灰岩が多くて，カルストの語源となったスロベニアのカルスト地方は地中海地方だっていうことを述べました。**なぜ，地中海地方に石灰岩が多いのでしょう？**　現在の地中海は，かつてテチス海とよばれる巨大な海でした。ところがアフリカプレートとユーラシアプレートの衝突によって，どんどんせまくなり，さらに**かつて熱帯地域だった地層が現在の地中海地方に移動**していきました。熱帯の海域といえば，サンゴ礁！！！　そしてサンゴ礁は石灰岩の源！もうわかっちゃいましたね。あらっぽく言えば，地中海地方はかつて熱帯の海で，多くのサンゴ礁が発達していた。そしてサンゴ礁は石灰岩になった。だから，地中海地方には石灰岩が多く，**石灰岩でつくられた遺跡や建造物が多く**，テラロッサ**（石灰岩の風化土壌）が分布しているんだという謎が解けるのです。いやー，地理は本当に面白い！

＊温暖化による海水温の上昇は，共生する植物を死滅させることから，サンゴに栄養分が供給されなくなり，白化現象を起こすようになる。白化現象が継続すると，やがてサンゴは死滅する。
＊＊石灰岩の風化土壌で，薄い腐植層をもち，比較的水はけがよいため，果樹，野菜の栽培には適している。terra rossa は，バラ色の（赤い）土の意。

Ⅱ　自然地理の系統的考察

気候と人々の生活

1 多様な気候と人々の生活　気候っていったいなんだろう？

　われわれ日本人は，天気予報を実によく見るし，いつもチェックしてますよね。世界でもまれにみる国民性のような気が…。それは季節によっても，時刻によっても，気温や降水量など気象状況に大きな変化がみられるからです。だって，「1年中，日中の気温はだいたい30℃くらいだ」，「8月は雨なんか降るわけない」っていう地域では，誰も天候を気にしないはずですから（笑）。

　天気，天候というのは**比較的短い期間での大気の状態**を示します。英語では"weather"というやつです。ところが気候は，**長期間**（現在の統計の取り方は30年間）**のデータに基づく大気の平均状態**のことで，英語では"climate"です。

　気候は，ある地域の気温，降水量，土壌，植生の違いをよく表していて，**人々の衣服，住居，食生活などの生活様式**にも影響を与えます。また，**農業などさまざまな産業の地域性**にも影響を与えるので，これまで学んできた**地形とともに，自然地理の重要な土台**となるのです。地形と気候を学ぶだけでも，かなり世界を理解できるようになります。気候もとっても面白いので，しばらくはまってください（笑）。

2 気温のメカニズムと変化　地球上に暑いところと寒いところがあるのはなぜ？

　最近は，温暖化のせいでしょうか，日本も本当に暑い！　なんだかとっても夏が長くて，快適だった春や秋がとっても短いような気がします。家族や友人と話すと，「昔はこの時期○○だったよね」って言うと「そうそう，あのころと違うよね」という話でもちきりになります。

　地球上でものすごく暑いところ，比較的快適なところ，ものすごく寒いところという違いはどうして生じるのでしょう？　高校生にこの話題を振ると，ときどき，「それは太陽からの距離です！」って答える子がいてマジにびっくり！！！　みなさんは，どう思われますか？

　この子が答えた「太陽からの距離」は，直接は関係ないですね，残念ですけど。**図1**のように，赤道付近は**太陽高度が高く**（地球の接線に対して，ほぼ90度），**1km²当たりに受けとめる太陽の放射熱量（受熱量）が大きくなります**。逆に極付近は**太陽高度が低く，受熱量が小さくなります**。ということは，**低緯**

度ほど高温，高緯度ほど低温になるということですね。だから赤道付近に位置する中央アフリカ，アマゾン地方，東南アジアなどは熱帯気候になるのです。

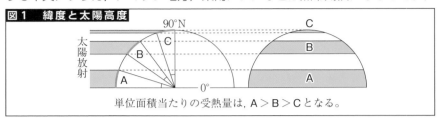

図1　緯度と太陽高度

単位面積当たりの受熱量は，A＞B＞Cとなる。

　ただ，実際には**図2**のように太陽高度は**季節によって変化**しますから，**太陽高度が高い季節（高日季または夏季）は気温が高く，太陽高度が低い季節（低日季または冬季）は気温が低くなる**んですね。あたりまえのように1年を過ごしていますが，実はこのような気温のメカニズムが働いているのです。

　図3は等温線を描いた地図です。等温線とは，**各地で測った気温について，同じ気温の点を線で結んでつくった統計地図**の一種です。**等温線がほぼ緯度に平行**しているのを読み取れますよね。やっぱり同じくらいの緯度なら，同じくらいの気温になるということがわかるでしょう？　でもところどころ曲がっているのは，気温に緯度以外のモノが影響しているからです。参考までに，気候因子＊を**表1**にまとめておきますね。

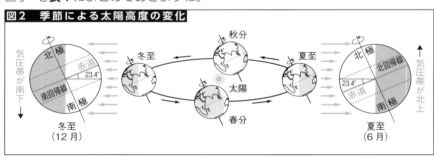

図2　季節による太陽高度の変化

① 気温の日較差と年較差

　ところで，テレビなどで天気予報や気象情報を見ていると，気温の日較差と年較差という用語をしばしば耳にします。日較差は**1日の最高気温と最低気温の差**，年較差は**1年の最暖月と最寒月の平均気温の差**のことですが，いったい地球上のどんなところで日較差や年較差が大きくなったり，小さくなったりするのでしょう？

　気温の日較差は，昼夜間の気温差と考えていいです。低緯度地方，特に砂漠気候地域で大きくなります。砂漠気候地域では，降水が少ないためほとんど水

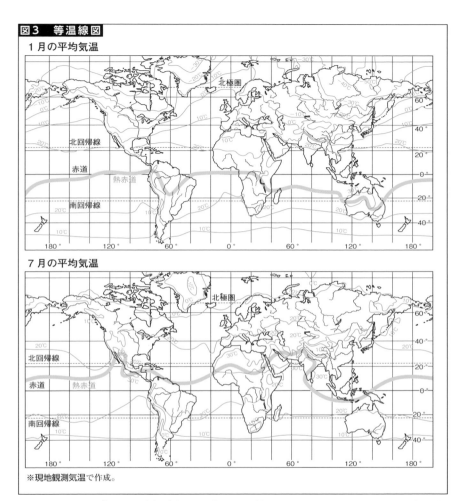

図3　等温線図

1月の平均気温

7月の平均気温

※現地観測気温で作成。

の影響を受けず，**比熱**[**]**が小さい岩石の影響**をもろに受けるため，日中の気温は50℃になるところもあり，逆に夜は0℃近くになることもあるのです。

　世界の最高気温[***]を記録したところは，赤道直下の熱帯地域ではなく，アメリカ合衆国のデスヴァレーにあるグリーンランドランチで，やっぱり砂漠気候！　**雨が多い熱帯地域より，低緯度の砂漠のほうが日中の気温が上昇しやすい**んですねえ。

　気温の年較差は，夏冬の気温差と考えていいです。**高緯度の大陸内部で大きくなります**。高緯度では夏と冬の受熱量の差がとても大きくなるし（**季節による太陽高度と日照時間の差が大きい**），さらに大陸の内部は海洋の影響が少ないから，年較差が非常に大きくなるのです。逆に**年較差が小さいのは，低緯度**

表1　気候因子（いんし）

気候因子	気候要素に与える影響
緯度（いど）	低緯度は高温，高緯度は低温になる。
海抜高度（かいばつ）	海抜高度が100m上がると，気温は約0.6℃低下する。 南米の低緯度には高山都市が発達。
隔海度（かくかいど）	海に近いと，水蒸気の流入が増加し多雨， 海から離れると，水蒸気の流入が減少し少雨となる。
地形	山地の風上側は多雨，風下側は少雨となる。 偏西風に対してペニン山脈の風上側にあるイギリスのランカシャー地方（湿潤）とヨークシャー地方（やや乾燥）。同じく偏西風に対してアンデス山脈の風上側にあるチリ南部は多雨，風下側にあるアルゼンチン南部は少雨。
水陸分布	大陸は海洋より比熱が小さいため， 大陸内部は，気温の年較差や日較差が沿岸部より大きくなる。
海流	暖流の影響を受けると温暖湿潤（北西ヨーロッパ）， 寒流の影響を受けると冷涼乾燥になる（ペルーの海岸～チリ北部）。

の沿岸部ということになりますね。ちなみにシンガポール（1°N）の年較差は1.8℃，東京（36°N）は21.3℃，東シベリアのイルクーツク（52°N）は36.0℃と大きく異なっているのがわかるはず。

　日本の気温の日較差は，だいたい5−10℃くらいですが，「昼間はかなり暖かいのに，夜は冷えるよねー」っていうときは，15℃くらいあるときもあります。**気温の年較差は，日本全域で20℃を超える**くらいですね。シベリアの60℃に比べると小さいですが，それでもかなり寒暖の差があります。

＊気候を構成する気温，降水量，風，気圧，湿度，日照時間，日射量などを気候要素という。さらに気温などの気候要素の地理的分布に影響を与えるモノを気候因子といい，緯度，海抜高度，隔海度，地形，水陸分布，海流などがある。
＊＊比熱容量ともいわれ，ある物質1gの温度を1℃変化させるための熱量を示す。水は，ガス体を除く自然界の物質では最も比熱が大きいため，ある一定の熱量に対する温度変化が小さい。したがって，主に水からなる海洋は温度が上昇しにくく，低下しにくい。一方，主に岩石からなる大陸は，温度が上昇しやすく，低下もしやすい。
＊＊＊世界最高気温の記録としては，イラクのバスラ（58.8℃），リビアのアジージーヤ（58.0℃）など諸説あったが，2012年にWMO（世界気象機関）がアメリカ合衆国・カリフォルニア州のデスヴァレーにあるグリーンランドランチ（56.7℃）とした。上記の地域はすべて砂漠気候（BW）であるため，日中の気温が著しく上昇する。世界最低気温を記録したのは南極のヴォストーク基地（ロシア・−89.2℃）で，北極は大部分が海洋（北極海）であるが，南極は大陸であるため，より低温になる。人間の常住地域（エクメーネ）としては

シベリア北東部のオイミャコン（ロシア連邦内のサハ共和国）で，1926年1月26日に世界最低気温（−71.2℃）を記録し，「北の寒極」と呼ばれている。

3 降水の分布と変化　　恵みの雨には感謝！　だけど…

　世界には，とんでもなく雨が多い地域と，逆に「えーっ！　そんなに雨が少なくって大丈夫？」みたいな地域があります。みなさんは，日本各地いろいろなところにお住まいでしょうけど，ご自分の居住地付近の年降水量*ってどれくらいかご存じですか？　日本の年降水量はおよそ**1,700mm**程度です。太平洋側の高知県，鹿児島県，宮崎県，日本海側の石川県，富山県，南西諸島の沖縄県などは2,500mmを超える**日本有数の多雨地域**ですし，逆に中央高地に位置する長野県，瀬戸内地方の岡山県，内陸盆地に位置する山梨県，そして梅雨がない北海道などは1,000mm前後で**日本の中では雨が少ない地域**というように，かなり地域差が大きいです。

*降水量の観測には，転倒ます型雨量計が使用されていて，ますの中に何mm雨がたまるかで，降水量を観測する。

① 雨はどうして降るの？

　降水量は，どういう条件のもとで多くなるのでしょう？　**図4**にあるように，**水蒸気を含んだ空気が暖められて上昇**すると，空気は膨張し，温度が低下（空気が膨張するという物理的な仕事を行うことによって熱を発し，熱を失う）します。**飽和水蒸気量は気温にほぼ比例**するので，温度が低下すると空気に含まれていた水蒸気は水滴になり，これが雲となって，落下してきた水滴が雨になるのです。小学校の理科で学んだ内容ですけど，意外に奥が深いですよね。ということで，降水のメカニズムは，「**水蒸気を含む空気が上昇すると，雨が降る**」と考えていいです。

　空気が上昇するところは，一般に低圧（低気圧）になって雨が降りやすく，空気が下降するところは高圧（高気圧）になって晴天が多くなるのも納得！天気予報で「低気圧の影響で雨が降ります」，「高気圧に覆われ晴天になります」っていうのを聞いたことあると思いますが，まさにあれ！

　もう一つ，上昇気流ができやすい場合があります。**海から風が吹きつけ，山地に衝突して上昇気流が発生**する場合です。偏西風，貿易風，季節風の風上側は降水量が多くなります。日本でいえば，紀伊山地の南東斜面（**南東季節風**），世界ではマダガスカル島の東岸（**南東貿易風**），ハワイ島東岸（**北東貿易風**），

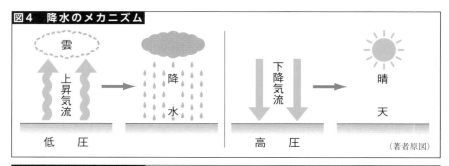

図4　降水のメカニズム

| 上昇気流 → 雲 → 降水 | 下降気流 → 晴天 |
| 低圧 | 高圧 |

(著者原図)

表2　降水の成因別分類

降水の形式	上昇気流の成因	例
対流性降雨	強い日射で地表が急激に暖められ，激しい上昇気流が生じる。	積乱雲が発生。熱帯地域のスコール，夏の夕立。
低気圧（収束）性降雨	気圧の低いところに空気が吹き込み，上昇気流が生じる。	温帯低気圧や**熱帯低気圧**に伴う雨，赤道低圧帯（熱帯収束帯）の雨。
前線性降雨	暖かい空気と冷たい空気がぶつかり，暖かい空気が上昇する。	**梅雨前線**，**秋雨前線**など寒帯前線上の雨。
地形性降雨	貿易風，偏西風，季節風などの山地の風上斜面で上昇気流が生じる。	山地の風上側の雨（ノルウェー西岸，チリ南部，インド半島西岸など）。

インド半島西岸（**南西季節風**），ノルウェー西岸（**偏西風**）などがかなり有名です。すべて，かなり降水量が多い地域ですね。

　ところで，熱帯地域では雨がすごーくたくさん降るのに，砂漠ではほとんど降りませんよね。これも上昇気流や下降気流と関係あるのでしょうか？

　そうなんです！　大いに関係があるのです。熱帯地域が分布する赤道付近は，受熱量がとっても大きいので，**大気は暖められ上昇気流が発生**しやすくなります。赤道付近には，赤道低圧帯（熱帯収束帯）が形成され，その影響を強く受けるために降水量が多くなるのです。

　一方，赤道付近で上昇して雨を降らせたあとの空気が，**緯度20〜30度付近で降下**していくため，亜熱帯（中緯度）高圧帯が形成され，この影響を強く受ける地域に砂漠などの乾燥気候が分布しています。これが理解できただけで，世界地図を見ながら，赤道付近に位置する南米の**アマゾン盆地**，東南アジアのスマトラ島，カリマンタン島，アフリカの**コンゴ盆地**では降水量が極めて多いこと，緯度20−30度付近に位置する北アフリカの**サハラ砂漠**，西アジアのアラビア半島，オーストラリアでは降水量が少なくて砂漠気候が分布していることも容易にわかってしまいます。こうなれば，もう地理のとりこ！　（笑）

表3　砂漠形成の主要因

成　　因	特　　徴	例
亜熱帯高圧帯の影響 （中緯度砂漠）	年中下降気流が卓越するため，上昇気流が生じにくい。	サハラ砂漠 西アジアの砂漠 オーストラリアの砂漠
隔海度が大 （内陸砂漠）	海から離れているため，水蒸気が流入しにくい。	ゴビ砂漠 タクラマカン砂漠 中央アジアの砂漠
卓越風の風下側 （地形性（雨陰）砂漠）	偏西風などの恒常風に対し，山地の風上側で上昇気流が発生し降水がみられるが，風下側では乾燥した空気が降下する。	パタゴニア地方
寒流の影響 （海岸砂漠）	中低緯度の大陸西岸では，寒流によって下層の空気が冷却されるため，大気が安定し（気温の逆転），上昇気流が生じない。	ペルー沿岸〜チリ北部のアタカマ砂漠（ペルー海流），ナミブ砂漠（ベンゲラ海流）

② 砂漠はどうしてできる？

　降水のラストは，**砂漠の成因**について説明しておきましょう！　砂漠は，**表3**にあるように，成因によって大きく4種類に分けることができます。

　最も広範囲にみられる砂漠は，**1年中亜熱帯（中緯度）高圧帯の影響**を受けてできる**中緯度砂漠**です。ちょうど南北回帰線（緯度23度26分）付近に広がるから回帰線砂漠ともよんでいます。北アフリカのサハラ砂漠，アラビア半島のルブアルハリ砂漠，ネフド砂漠，イランのルート砂漠，カヴィール砂漠，インド・パキスタン間のタール（大インド）砂漠，アフリカ南部のカラハリ砂漠，オーストラリアのグレートヴィクトリア砂漠なんかが有名どころです。いくつくらい聞いたことがありましたか？（笑）

　モンゴルと中国の国境付近にあるゴビ砂漠や中国北西部にあるタクラマカン砂漠は，回帰線付近じゃなくて，北緯40〜50度付近に位置しているのに，砂漠になっています。この緯度帯では，年中亜熱帯高圧帯の影響を受けるわけではないし…。さて，どうしてでしょう？　…それは，**海からものすごく離れているから**なのです。上昇気流ができても，水蒸気が少なければ雨が降らない！大陸内部のように隔海度（海から離れている度合い）が大きいと，水蒸気が供給されにくくなって，砂漠になってしまうこともあるんですね。このような砂漠を**内陸砂漠**とよんでいます。

　次は，南アメリカ南部のパタゴニアについて考えてみましょう！　アルゼンチンは，広く温帯が広がるのですが，南部のパタゴニアは大部分が砂漠です。南緯40−60度付近に位置しているから，中緯度砂漠じゃないし，海からすごく離れているわけでもないから，内陸砂漠でもない。…困りましたねえ。

南緯40〜60度付近は，**偏西風**がとっても発達していて，太平洋から大量に水蒸気を運搬してくるのです。水蒸気を含んだ大気は，高峻なアンデス山脈にぶつかって上昇気流になります。すると**風上側にあたるチリ南部では，ものすごく降水量が多くなる！**　気候は**西岸海洋性気候**で，世界的な多雨地域になります。多量の雨を降らせた大気が，**乾燥大気となって風下側のアンデス山脈東側に吹き込む**とどうなるでしょう？　そうです，一年中乾燥大気がアルゼンチン南部に吹き下りてくるので，上昇気流は起きにくいし，東側の海からの水蒸気も運ばれてこない。ということで，パタゴニアは**地形性**（**雨陰**）**砂漠**と呼ばれています。

　最後の1つは，**寒流**の影響を受けて海岸部が砂漠になってしまう**海岸砂漠**です。本来は，海岸付近は砂漠になりにくい！　やっぱり海洋からの水蒸気が供給されやすいからです。

　では，今から海岸砂漠形成のメカニズムを説明してみますね。**中低緯度の温暖な地域の沿岸部に優勢な**（とっても冷たい）**寒流**が流れているとします。本来は受熱量も大きくて暖かい地域なので，暖められた大気は上昇するから，雨が降りやすいはず。しかも，海の近くだったら水蒸気も供給されるから最高の条件！　ところが，ところが……「えっ！」ってなるくらい雨が降らない。

　沿岸を流れる冷たい寒流によって，地表近くの岩盤や大気が冷やされてしまって，**大気下層が低温，上層が高温**という**気温の逆転**が起こってしまうのです。普通は，地表付近の方が気温が高くて，上昇気流が発生するはずですね。ところが，地表付近の方が気温が低くなり，気温の逆転が起こってしまうと，冷たい大気は低いところにじっとしてるから大気は安定し，上昇気流が起きなくなる。せっかく水蒸気は供給されるのに……。こうやってできる砂漠を海岸砂漠とよんでいるのです。特に有名なのが，**ペルー海流**の影響による**ペルー海岸部〜チリ北部のアタカマ砂漠**，**ベンゲラ海流**の影響による**アンゴラ海岸部〜ナミブ砂漠**です。あまりにも降水量が少ないので，ほとんど植生がみられません。

4　風のメカニズムと影響　　風ってどうして吹くのだろう？

　気温，降水，風を**気候の三要素**とよんでいて，それくらい重要な構成要素なのです。では，つぎは**風**についていっしょに考えてみましょう！

　まずは，**図5**を見てください！　この図を見た感想をお願いします（笑）。きっと，いつか，どこかで見たことがあるのでは…。実は，小学校の理科で初めてこの図が登場します。もちろん，中学や高校の地理でも掲載されていますけど。自分で書いておいていうのもなんですけど，すごーくわかりやすいでし

ょう？　つまり，風は高圧部から低圧部への空気の移動なんです。気圧差が大きいと風は強くなるので，天気図などに表示してある等圧線が密になっていると，「うわぁ，明日は風がそうとう強いな！」とわかってしまいます。

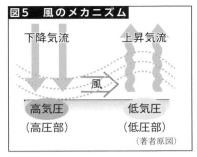

図5　風のメカニズム

下降気流　　　上昇気流

風

高気圧　　　　低気圧
（高圧部）　　　（低圧部）

（著者原図）

これで，風のメカニズムは思い出していただけたと思うんですが，風はそのスケールによって，いくつかに分類できます。風の中で，**年間を通じほぼ一定方向に吹く地球的規模の風**を，恒常風（惑星風）とよんでいます。この風は，本当に偉大な風で，この風によって**低緯度と高緯度の熱交換**が行われ，大気大循環を形成しているのです。もし恒常風が吹いていなかったら，赤道付近は今よりはるかに高温になり，極付近はとてつもなく低温になってしまいます。つまり，中緯度の限られた温帯地域だけしか，人間は居住できなかったかもしれません。そんな恐ろしいことは困ります（笑）。

① 大気大循環と恒常風

図6を見ながら，恒常風や大気大循環を説明していきましょう。

まず，赤道付近を見てください。赤道付近には，赤道低圧帯（熱帯収束帯）が形成され，緯度20－30度付近に亜熱帯高圧帯（中緯度高圧帯）が形成され

るということは，降水のところで説明しましたね。**風は，高圧部から低圧部に吹く**ため，亜熱帯高圧帯から赤道低圧帯に向けて，貿易風が吹き込むことになります。

本来なら貿易風は，北半球では北風，南半球では南風になるはずなんですけど，**地球の自転の影響**（転向力*，コリオリの力という物理的法則）を受けて，**風の進行方向に対して北半球では右**

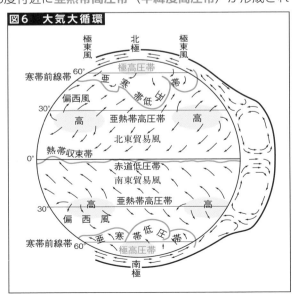

図6　大気大循環

北極
極東風　極東風
寒帯前線帯　60°　極高圧帯　亜熱帯低圧帯
偏西風
30°　亜熱帯高圧帯　高
北東貿易風
熱帯収束帯
0°　赤道低圧帯
南東貿易風
亜熱帯高圧帯
30°　高
偏西風
寒帯前線帯　60°　亜寒帯低圧帯　極高圧帯
南極
南極東風

（時計回り）に，**南半球では左（反時計回り）に曲がろうとする**のです。つまり貿易風は，北半球では北東風，南半球では南東風になります。風向ってけっこう間違いやすくって，「北東風」というと，入試直前まで「北東に吹く風」って思ってる子がいます。それは，違いますね！　**風向は，吹いてくる方向を指している**ので，北東風は「北東から吹く風」です。

　最も受熱量が大きく気圧が低いのが赤道付近だとすると，その逆は極付近となりますね。極付近では受熱量が小さいため，空気は冷えて重くなるはず。そこで下降気流が生じ，極高圧帯が形成されることになります。極高圧帯から低緯度側に吹き出す風を極東風（極偏東風）といいます。

　世界の気圧帯がわかるようになると，恒常風も簡単に理解できるんですね。もう一度，**図6**を見てください。亜熱帯高圧帯と極高圧帯の間では，気圧や風はどんなふうになっているのでしょう？

　今度は，**図7**を見てみましょう！　**亜熱帯高圧帯から高緯度側に吹き出すのが偏西風**なんですけど，ちょうど極高圧帯からの極東風と偏西風が衝突するところができますよね。すると衝突した空気は上昇し，なんと**暖められていないのに低圧帯が形成**されます。奇跡的です！

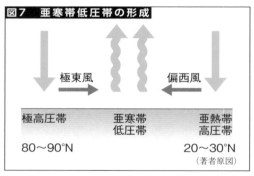

図7　亜寒帯低圧帯の形成

極東風　　　偏西風

極高圧帯	亜寒帯低圧帯	亜熱帯高圧帯
80〜90°N		20〜30°N

（著者原図）

　通常は，暖められることで上昇気流が生じ，低圧帯が形成されるはず。こんなに受熱量が少ない高緯度地方に低圧帯ができるなんて…。

　これを亜寒帯（高緯度）低圧帯とよんでいます。ここは，**寒気団と暖気団の境界**にあたるので，寒帯前線が形成され，雨も降りやすくなるのです。

＊偏西風，貿易風などは転向力の影響で，風の進行方向に対して，北半球では右（時計回り）に，南半球では左（反時計回り）に曲がる。

② 偏西風は不思議な風，そしてその影響は大！

　偏西風*というのは，小学校でも中学校でも高等学校でも必ず学びましたよね？　しかも先生方はかなり強調されていたはず。最近，まったく地理に触れていなかった方でも，貿易風や極東風よりは記憶の片隅に残っているのでは（笑）。大学入試でも頻出ですが，偏西風ってそんなに人間にとって大きなかかわりがあるのでしょうか？　どうして，学校の先生方はあんなにも「偏西風！」

って力を入れて教えておられたんでしょうね。

　それは，大気大循環の**図6**をよーく見ると答えが得られると思います。偏西風と他の恒常風とでは，何か大きな違いがありませんか？　…そうなんです！偏西風だけ，**低緯度から高緯度に向けて吹いている**のが読み取れますよね。つまり，偏西風は他の風と違って，**低緯度側の熱を高緯度側に運搬**する役割を担っているのです。だから偏西風の影響を受けると，ヨーロッパのように高緯度なのに冬季にあんまり寒くはならないのです。なるほどって感じでしょう？

　というわけで，偏西風と気候や人間の生活には大きなかかわりがあるから，学生の時に「偏西風は重要だ！」ということを，先生方から学んできたのです。ここで，みなさん方に1つ質問をしますね。偏西風は，中高緯度地域ではどこでも吹いているはずですが，ヨーロッパでの話題ばかりで，日本での偏西風の話ってあまりでてきませんよね。さて，どうしてでしょう？？？

　図8を見てください！　風は地表と接触することで，摩擦を生じます。特に，**海洋より陸地と接すると摩擦が大きいので，風は弱くなってしまう**のです。**図8**中の①～③のどの地点で偏西風は強いと思われますか？

図8　偏西風

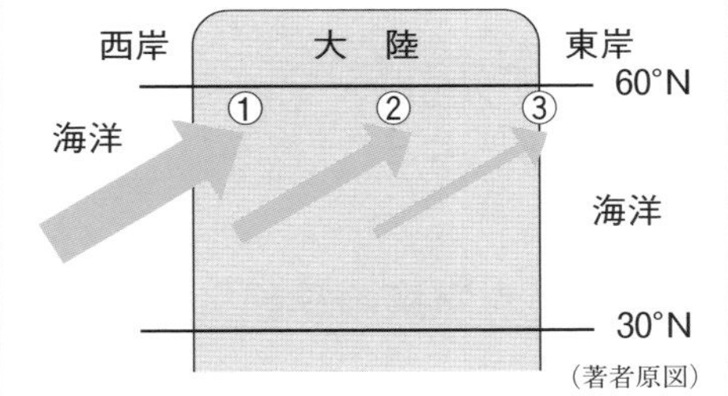

西岸　　大　陸　　東岸
海洋　①　②　③　60°N
　　　　　　　　海洋
　　　　　　　　30°N
（著者原図）

　きっと，みなさんは①の**大陸西岸**を選ばれたはず。偏西風は，中高緯度ではどの地域でも吹いているんですけど，日本など大陸東岸では地表との摩擦でパワーダウンしてしまうのです。特にユーラシア大陸は，東西幅が大きいのでなおさらですね。

　これに対して，**ヨーロッパ**や**北アメリカ西岸**，**ニュージーランド**（南半球は南緯40～70度付近に大陸がほとんどないため，偏西風がすごく発達しています）などでは偏西風が強いため，気候や植生に大きな影響を与えています。偏西風は，**温暖な空気を運ぶだけでなく，海洋から湿潤な空気も運んでくる**ため，年間を通じて温暖湿潤な気候，つまり**西岸海洋性気候**をつくり出すことになるのです。

＊緯度50−70度付近の大陸西岸で優勢。北西ヨーロッパ，アラスカ・カナダ太平洋岸，チリ南部，ニュージーランドなどで卓越する。

③ ジェット気流って何だ？

偏西風が卓越している地域の高層では，**強い西風**が吹いています。これを**ジェット気流**とよんでいます。高層を吹くジェット気流は，地表の影響をあんまり受けないので，**図9**のように大陸西岸〜内陸〜東岸のいずれの上空でも卓越するのです。

みなさんの中には，航空機を使って出張や旅行をされている方もおられるのではないでしょうか？　私も全国いろんなところで，授業をしてきました。激しいときは，年間で地球4－5周分くらい（笑）。福岡空港から羽田空港までは1時間30分で飛べるのに，羽田空港から福岡空港までは2時間かかる！　これは，あきらかに**ジェット気流が航空機に対して追い風になったり，向かい風になったりしている**証拠なんですね。

もうひとつ興味深いお話が…。ジェット気流が吹く緯度帯では，火山噴火の際に噴出した**火山灰やNOx（窒素酸化物），SOx（硫黄酸化物），PM2.5（微小粒子状物質）などの大気汚染物質，放射性物質，黄砂など**も東に運搬されるのです！

④ 気圧帯や風系の季節による変化のしくみは？

世界の風系や気圧帯は，季節により変化します。季節による太陽高度の変化は，偏西風などの恒常風が吹く緯度帯，気圧帯の位置などに大きな影響を与えます。以前お話しした大気大循環を表したp55**図6**は，ちょうど**春分**（**3月20日頃**）や**秋分**（**9月23日頃**）の頃（赤道上に太陽光線が垂直に当たるとき，つまり赤道上で太陽高度が最も高いとき）の図です。**夏至**の頃（北回帰線上で太陽高度が最も高いときで，**6月20日頃**）は，北半球での受熱量が大きいため，赤道低圧帯や亜熱帯高圧帯が**北上**し，**冬至**の頃（南回帰線上で太陽高度が最も高いときで，**12月20日頃**）は，南半球での受熱量が大きく，それぞれの気圧帯が**南下**します。その結果，赤道低圧帯の影響下に入れば雨季になったり，亜熱帯高圧帯の影響を受ければ乾季が訪れたりするだけでなく，偏西風や貿易風が影響を及ぼす範囲も北上したり，南下したりするということになるのです。

⑤ 季節風（モンスーン）ってなんだった？

小学校の時から何度も何度も，地理や理科の授業で登場した**季節風（モンスーン）**っておぼえてますか？　「えっ！　忘れてしまった」？　大丈夫です。超

久しぶりに地理の授業を受けてみましょう（笑）。

　季節風は，恒常風と違って**季節によって風向を変える風**です。夏季は，比熱の小さい大陸部が高温になり，暖められた空気は膨張するため低圧部ができます。すると，**相対的に高圧な海洋から，低圧な大陸に風が吹き込む**ことになります。これが，夏季の季節風です。季節風のことを，モンスーンとよぶことがありますが，これはアラビア語の「マウシム（季節）」からきた用語のようです。

　冬季は，逆に**低温・高圧の大陸部から，海洋に風が吹き出す**ことになりますね。これが冬季の季節風です。夏季の季節風は海洋から吹くため，湿潤な空気を移動させて，**降水の原因**となるのです。季節風のメカニズムから考えると，世界中どこでも吹くことになりますが，すごく強い地域と，とんでもなく弱い地域があって，特に季節風が顕著な地域は，**図10**にある**東アジア，東南アジア，南アジア**などのモンスーンアジアです。もちろん，日本も季節風の影響を強く受けている地域になります。季節風のメカニズムがわかるととっても面白いし，天気予報を見ていても，今まで以上に理解度が高まると思います。

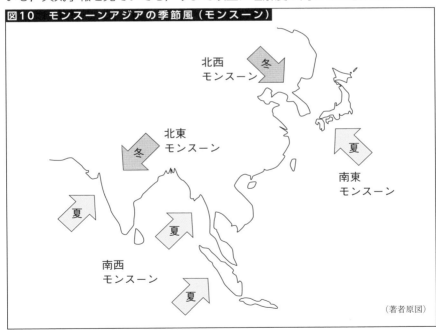

図10　モンスーンアジアの季節風（モンスーン）

（著者原図）

⑥ 熱帯低気圧は，できれば襲来して欲しくない…

　台風に代表される熱帯低気圧は，たびたびわれわれの日常生活や経済活動に影響を及ぼしますよね。そもそも熱帯低気圧ってなんでしょう？

熱帯低気圧は，**熱帯から亜熱帯海域**で海水温が高いときに発生する低気圧のことで，強風，大雨，高潮を伴うため，大きな気象災害をもたらします。海水温が高い熱帯海域では，海水面から蒸発した水を通して，莫大なエネルギーを得ます。海水が蒸発する際に発生する潜熱（せんねつ）がエネルギー源となるので，熱帯地域であっても，陸上では発生しません。さらに，**地球の自転（転向力）の影響**を受け，中心に向かって強い回転を伴うことから暴風雨が発生するのです。ただし，熱帯海域とはいっても，どこでも発生するわけではなくて，**赤道直下**（北半球と南半球の自転の力が釣り合ってしまう）**やとっても冷たい寒流が流れるところでは，ほとんど発生しません**。だから，南アメリカ大陸の西岸（寒流のペルー海流）やアフリカ南西岸（ベンゲラ海流）では，発生しないんですね。

　熱帯低気圧は地域によっていろいろな呼び名がありますけど，基本的には同じモノです！　北西太平洋上で発生して，日本や中国などを襲うものを台風，ベンガル湾やインド洋で発生してバングラデシュ，インド，東アフリカを襲うものをサイクロン，カリブ海などで発生してメキシコ湾岸など北アメリカを襲うものをハリケーンとよんでいます。

　これらの熱帯低気圧は暴風雨を伴うため，洪水や高潮（**低気圧が発生すると，空気が海面を押す力が弱くなるので，海面が上昇する**）によって家屋の倒壊や人的被害を与えるのです。その反面，農業など水の供給に大きな貢献をしていることも忘れちゃいけないですけどね。

　日本は「台風銀座」ってよばれるくらい，毎年のように台風が襲来します。「台風○○号が発生！」って聞くと，日本中の人々が天気予報や台風情報にくぎづけ！　台風は，**低緯度では貿易風に流されて西へ**，**中高緯度に向かうと偏**

表4　スケール別の風の分類

風の種類	性　質	例
恒常風	大気の大循環により，ほぼ一定方向に吹く。	貿易風（亜熱帯高圧帯➡赤道低圧帯） 偏西風（亜熱帯高圧帯➡亜寒帯低圧帯） 極東風（極高圧帯➡亜寒帯低圧帯）
季節風	海洋と大陸の比熱差により，季節によって風向を変える。	東・東南・南アジアで特に発達。 日本付近では夏に南東風，冬に北西風。 インド付近では夏に南西風，冬に北東風。
熱帯低気圧に伴う風	熱帯海域で発生し，高緯度側に移動する。暴風雨を伴う。	東アジアでは台風，南アジアではサイクロン，カリブ海周辺ではハリケーン。 高潮，高波，洪水などの気象災害。
地方風（局地風）	局地的に発生する風で，寒冷乾燥風や温暖湿潤風などさまざまな風がある。	フェーン（アルプス地方の高温乾燥風） やませ（東北地方・太平洋岸の冷涼湿潤風） ボラ（アドリア海沿岸の寒冷乾燥風） ミストラル（フランス・地中海沿岸の寒冷乾燥風） シロッコ（イタリア南部の高温湿潤風）

西風に流されて東へ進みます。「このまま西に進むと，日本には来ないなー」って安心していると，突然カクンと曲がって，東に進み「えーっ！！！　これはまずい。明日の出勤はできるかなぁ」ってなります。学生の頃は，「やったー！　明日は休講だ！」ってなったでしょうけど（笑）。

　この突然鋭角に曲がる地点を転向点とよんでいて，貿易風の影響から偏西風の影響に変わる地点なのです。あれって，本当に驚きますよね！

5 世界の気候　　世界には，びっくりするくらいさまざまな気候がある！

① ウラディミール・ペーター・ケッペン　偉大な気候学者！

　世界には，実にいろいろな気候環境が存在しています。世界の気候を理解しやすくするために，似た気候をひとまとめにして気候帯・気候区が設定されるようになりました。多くの気候学者がいる中で，日本の小学校から高等学校までの地理教育に採用されたのが，ドイツの気候学者，ウラディミール・ペーター・ケッペン（1846－1940）による気候区分です。気象学者，気候学者，そして植物学者でもあったケッペンは，ロシアの歴史研究家であった父（ドイツ系）の子として，ロシアで生まれました。後にドイツに戻り，観測，実験，研究に励み「ケッペンの気候区分」を発表しました。ケッペンの気候区分に関しては，賛否両論ありますが，私は大好きです！　ケッペン先生を尊敬しています（笑）。その理由は，①**気温，降水量などの生徒がイメージしやすい簡単な数値しか用いない②植生に注目したため，視覚的に訴えやすい③植生は，食料生産や土壌の生成にも関連するため，農業などの産業，人口など他の地理的テーマを取り扱う際に極めて有効**である，など地理教育には大きく貢献しているからです。

　ちなみに，彼はずっと以前に地形のテーマでお話しした，アルフレッド・ロータル・ウェゲナーの義父（ケッペンの娘と結婚）にあたります。『大陸と海洋の起源』をウェゲナーが書く際に，手伝ったとか手伝わなかったとか…。

　さきほども述べたように，ケッペンは，植生に着目し，気温の年変化と降水量の季節的配分を考慮して気候区分を行いました。気候区分に植生の境界（限界）を使ったので，自然の景観にも対応し，**農牧業を基盤とする人間の生活と密接に関係**しています。だから地理的に離れた地点の気候を比較したりするのにも，とっても便利なのです。ということはケッペンの気候区分をマスターすれば，世界の農業なんかについても理解しやすくなるのでとっても便利です。

② ケッペンの気候区分

　ケッペンは，世界の気候を樹木（草ではなくて木）が生育するかしないかで，**樹林気候**と**無樹林気候**に大別しました。樹林気候として**熱帯**（**A**），**温帯**（**C**），**亜寒帯**（**D**），無樹林気候として，乾燥が著しく樹木が生育しない**乾燥帯**（**B**），寒冷で樹木が生育しない**寒帯**（**E**）に区分したのです。高校生の頃を思い出した方もおられるでしょう？　学生の頃は，「ケッペンの気候記号をおぼえるのは，本当にイヤだった！」って思ったとしても，意外に面白いですよ（笑）。とは言っても，大学受験が目の前に迫っているわけではないので，**表5**を丸暗記する必要はありませんから，ご安心を！

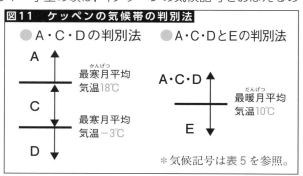

図11　ケッペンの気候帯の判別法

● A・C・Dの判別法

A
最寒月平均気温18℃
C
最寒月平均気温−3℃
D

● A・C・DとEの判別法

A・C・D
最暖月平均気温10℃
E

＊気候記号は表5を参照。

表5　ケッペンの気候区分

	気候記号	気候名	定　義	気候区
樹林気候	A	熱帯	最寒月平均気温18℃以上	**Af**（熱帯雨林） **Am**（熱帯モンスーン） **Aw**（サバナ）
	C	温帯	最寒月平均気温 −3℃以上18℃未満	**Cs**（地中海性） **Cw**（温暖冬季少雨） **Cfa**（温暖湿潤） **Cfb**（西岸海洋性） **Cfc**（西岸海洋性）
	D	亜寒帯 （冷帯）	最寒月平均気温−3℃未満， 最暖月平均気温10℃以上	**Df**（亜寒帯湿潤） **Dw**（亜寒帯冬季少雨）
無樹林気候	E	寒帯	最暖月平均気温10℃未満	**ET**（ツンドラ） **EF**（氷雪）
	B	乾燥帯	年降水量が，乾燥限界値の2分の1以上ならBS，2分の1未満ならBW	**BS**（ステップ） **BW**（砂漠）

＊A．C．Dはすべて最暖月平均気温が10℃以上。

⑴　熱帯　強い日差し，激しいスコール！　季節感がないって変な感じ…

　熱帯（**A**）は，**最寒月平均気温**（1年のうち最も寒い月の平均気温）**が18℃以上**の気候帯です。年中高温で，四季の変化もなく**気温の年較差が小さい**のが特徴です。**気温の日較差＞気温の年較差**ってどう思いますか？　日本では，

62

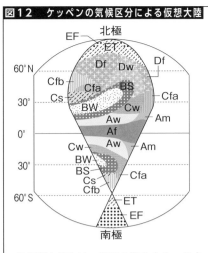

図12　ケッペンの気候区分による仮想大陸

北極
EF
ET
Df　Dw　Df
60°N
Cfb
Cfa　BS
Cs　BW　Cfa
Cw
Aw　Am
0°　Af
Cw　Aw　Am
BW
30°　BS
Cs　Cfa
Cfb
60°S　ET
EF
南極

※仮想大陸とは，世界の陸地を1つにまとめ，緯度ごとに西岸・内陸・東岸に留意しつつ気候区の面積比を示したものである。仮想大陸では，緯度と大陸の西岸，内陸，東岸における気候区の分布に注目しましょう！

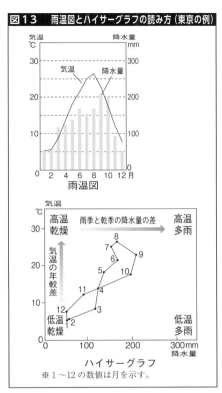

図13　雨温図とハイサーグラフの読み方（東京の例）

気温　　　　　　降水量
℃　　　　　　　　mm
30　　　　　　　　300
　　気温　降水量
20　　　　　　　　200
10　　　　　　　　100
0　2　4　6　8　10　12月　0
雨温図

気温
℃
高温　雨季と乾季の降水量の差　高温
乾燥　　　　　　　　　　　　　多雨
30
気温の年較差
20
低温　　　　　　　　　　　　低温
乾燥　　　　　　　　　　　　多雨
0　100　200　300mm
降水量
ハイサーグラフ
※1～12の数値は月を示す。

考えられないですよねえ。昼夜間の気温差のほうが，夏冬の気温差より大きいんですから。たとえば，ほぼ赤道直下に位置するシンガポールの気温は，日中が30℃前後，夜間が25℃前後です。一方，夏（高日季）の平均気温も冬（低日季）の平均気温もほぼ30℃前後！　出張や旅行で滞在する程度では，ほとんど季節感がありませんが，長期滞在するとモンスーン（季節風）の影響の大小によって，多少の季節感は味わえるかもしれませんね。

〈熱帯雨林気候〉

　熱帯（A）は，乾季（雨がほとんど降らない時期）があるかどうかで熱帯雨林気候（Af，Amも含む）とサバナ気候（Aw）に大きく分けられます。

　熱帯雨林気候（Af）は，ほぼ**赤道直下に分布**し，年間を通じて**赤道低圧帯**の影響を受けるので，年中雨が降ります。ただ，日本の雨とは違っていて，朝から晩までしとしと降るのではなく，日中の強い日射により上昇気流が生じて，**積乱雲が発生**し，午後になると**スコール**という突風を伴う激しい雨が短時間に降るのです。熱帯地域の街を歩くと，いたるところに避難所になる長い軒

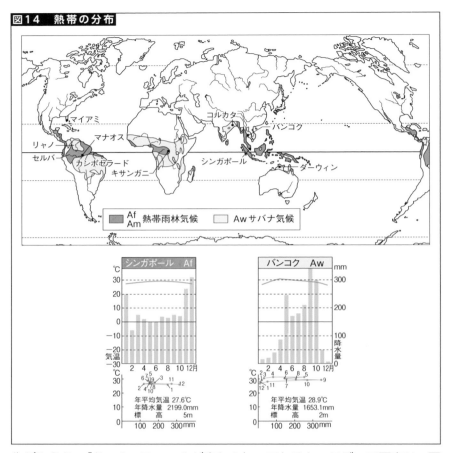

図14　熱帯の分布

先がみられ，「おっ！　スコールが来た！」ってなると，こぞって雨宿り。雨
に濡れたくなければ，旅行の際には折りたたみ傘が必須かも…。

　また，熱帯雨林気候では**常緑広葉樹の密林（熱帯雨林）**が形成されているの
も特徴的です。地球上で最も**生物多様性に富む**のが，この熱帯雨林です。年中
雨が降るので，樹木は落葉する必要がありません。降水量が多い分，ある一定
の面積において多くの樹林が生育できるので，密林になりやすいです。密林の
ことを，英語では jungle，スペイン語・ポルトガル語では selva というので，
アフリカや東南アジアではジャングル，南米のアマゾン川流域ではセルバとよ
んでいます。雨季・乾季の区別はないですが，雨が多い時期というのはあるの
で，そのときには河川の水位も上昇し，洪水を起こしたりするため，伝統的な
住居では高床式でつくられているものもあります。湿気や野生動物などを避け
る目的もあるんですけどね。

熱帯雨林気候やサバナ気候では，ラトソルとよばれる赤色土が分布しています。赤色土は，**表層に鉄やアルミニウムの酸化物が集積**しているため，赤い土になるのです。高温多雨の気候下では，有機物が土中の微生物により完全に分解されてしまうため，腐植*が形成されにくく，多量の雨により水溶性の有機物や腐植が溶けて流れてしまうため，**土壌は薄くやせています**。だから，熱帯地域での食料生産は，工夫が必要になってくるのですね。

＊有機物が土中の微生物によって適度に分解された微粒子。腐植の多少によって肥沃度が決定する。有機物が完全に分解され無機物になったり，逆にまったく分解されなかったりすると生産力が低いやせた土壌となる。

〈サバナ気候〉

　サバナ気候（Aw）は，**熱帯雨林気候の周辺に分布**していて，アフリカ，南アメリカ，インドシナ半島でみられます。高日季（夏季）には赤道低圧帯の影響で雨季となり，低日季（冬季）には亜熱帯高圧帯の影響により明瞭な乾季を迎えます。サバナ（Savanna）とは，アフリカのスーダンで熱帯草原に対して使われていた呼称のようです。このような熱帯草原のことを，ブラジル高原ではカンポ，ベネズエラではリャノ，パラグアイではグランチャコとよんでいます。

　降水量も熱帯雨林気候より少ないため，**まばらに生える樹木（疎林）と長草草原**が分布しますが，雨季と乾季ではまったく景観が異なります。雨季には樹木が青々と茂り，一面の草原が広がります。ところが，乾季には樹木はすべて落葉し，草は枯死してしまうので，緑が全然ない！　ライオンやシマウマなどの野生動物も乾季を生き抜くのは，本当に大変です。

⑵　乾燥帯　いつも晴れているのはうらやましいけど，水が…

　乾燥帯（B）は，年間の降水量が少ないだけでなく，蒸発量が多い気候で，気温の日較差がとんでもなく大きいです。日本だと5－10℃くらいですが，日中は50℃を超えるのに，夜間は放射冷却の影響で0℃くらいに低下するところもあります。1日の気温差が50℃なんて，想像もできませんよねえ。砂漠気候（BW）とステップ気候（BS）をあわせた**乾燥帯は，世界の約1/4の面積に分布**しているのに，日本にはまったくないのですから想像できないのもあたりまえ！

〈砂漠気候〉

　砂漠気候（BW）は，**年降水量250mm 未満の地域**が大部分を占めます。オ

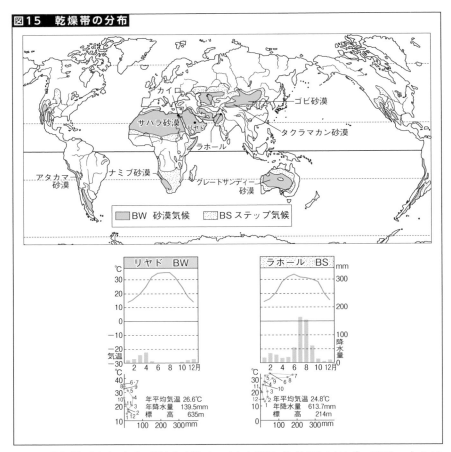

図15　乾燥帯の分布

アシス*を除くとほとんど植生がない（木も草も生えていない）ので，人々は
オアシスに集落を建設し，**ナツメヤシ****などの栽培を行う**オアシス農業**を営
んでいます。日中はかなり気温が高くなりますが，夜は急に冷えこんで，気温
の日較差が大きいのです。年中，**亜熱帯高圧帯**の影響を受ける**緯度20－30度
付近**を中心に，北アフリカや西アジアなどに広大な砂漠が広がっています！
土壌も**砂漠土**といって，ほとんど有機物を含まないやせた土壌です。人間の生
活には，かなり厳しい気候環境の地域ですから，**人口密度も低く**，**人口も少な
い**ですね。もちろん，動植物の種類も少ないです。

＊砂漠などの乾燥地域で，局地的に水が得られる地域や緑地。ナイル川などの外来河川の沿
岸，山麓の湧水地，井戸の掘削による人工的なものなどがある。
＊＊ヤシ科の常緑高木で，高温乾燥に極めて強い。北アフリカや西アジアでの生産量が多く，

実はデーツとよばれ，乾燥させて保存食として用いられている。

〈ステップ気候〉

　ステップ気候（BS）は，**年降水量が250〜500mm程度**（蒸発散量とほぼ同じ）の地域で，**短草草原**が広がっています。おおよそ**砂漠気候の周辺に分布**していると思っていいです。アジアやアフリカでは，牧草を求めて家畜を移動させる**遊牧**が行われているので，映像や写真でごらんになったことがあるのではないでしょうか。また，アメリカ合衆国の**グレートプレーンズ***やアルゼンチンの**パンパ****などの，やや降水量の多い地域になると，灌漑（かんがい）によって**小麦**などの大規模栽培が行われているところもあります。砂漠気候と違って，肥沃な**黒色土**が分布しているので，降水量が少ないなど自然環境が厳しいわりに，農牧業がけっこう盛んに行われています。かなり無理をして**過耕作や過放牧などを行ってしまった地域**は，**砂漠化**が深刻化しているのが問題です。

＊ロッキー山脈の東に広がる台地状の平原で，ロッキー山脈から流出する河川が土砂を運搬して形成された。年降水量500mm前後で，ステップ気候が分布する。グレートプレーンズの地下には，世界最大規模の地下水層であるオガララ帯水層が存在することから，その地下水をくみ上げ，360度回転するアームで散水するセンターピボット灌漑が行われている。
＊＊アルゼンチンからウルグアイにかけてのラプラタ川流域に広がる草原地帯。東部は降水量がやや多い湿潤パンパ（Cfa），西部は降水量が少ない乾燥パンパ（BS）に分かれる。南米有数の穀倉地帯で，小麦，トウモロコシ，大豆などの栽培が盛んに行われている。

⑶　**温帯　四季を感じることができる快適な気候！　日本の気候に感謝！でも暑いときはたまらないしなぁ…**

　温帯（C）は，**四季が明瞭**で，人間が最も生活しやすい気候環境にあります。われわれは，あたりまえのように過ごしていて，ついつい「暑いなー！」，とか「あまりにも寒くてたまらない！」と不平不満を漏らしてしまいますが，実は地球上で**最も適度な気温と降水量に恵まれている**のです。ぜいたくは言えませんねえ（笑）。およそ緯度30〜45度の大陸西岸には地中海性気候（Cs），その高緯度側に当たる緯度45〜60度に西岸海洋性気候（Cfb），大陸東岸には高緯度側に温暖湿潤気候（Cfa），その低緯度側に温暖冬季少雨気候（Cw）が分布しています。

〈地中海性気候〉

　スペイン，イタリア南部，ギリシャって聞くと，からっとさわやかに晴れてるイメージがありますよね。真っ青な空に，白っぽい建物…。**地中海性気候**

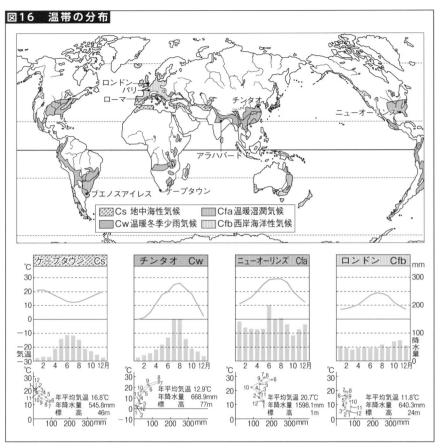

図16　温帯の分布

Cs 地中海性気候　　Cfa 温暖湿潤気候
Cw 温暖冬季少雨気候　Cfb 西岸海洋性気候

ケープタウン　Cs
年平均気温 16.8℃
年降水量 545.8mm
標　　高 46m

チンタオ　Cw
年平均気温 12.9℃
年降水量 668.9mm
標　　高 77m

ニューオーリンズ　Cfa
年平均気温 20.7℃
年降水量 1598.1mm
標　　高 1m

ロンドン　Cfb
年平均気温 11.8℃
年降水量 640.3mm
標　　高 24m

（Cs）は，夏に亜熱帯高圧帯の影響で乾燥し，冬は偏西風の影響を受けるため
降水が多くなりますが，全体的には降水量が少ない傾向にあるので，「さわや
かに晴れて」っていうのは，正しいですね。小文字の"s"はドイツ語の「夏
（sommer）」の略称で，英語では summer dry であることを意味しています。
ヨーロッパの地中海地方が典型的なので，こう命名されました。ヨーロッパの
地中海地方だけでなく，大陸西岸の緯度30−45度付近に分布しています。有
名どころは，アメリカ合衆国太平洋岸のカリフォルニア州，オーストラリア南
西岸，チリ中部とか。

〈温暖冬季少雨気候〉
　温暖冬季少雨気候（Cw）は，中国南部からインド北部にかけて広く分布す
る気候です。夏は熱帯なみに高温となり，モンスーン（季節風）の影響で降水

量も多いので，アジアの稲作には好条件となります。小文字の "w" は同じくドイツ語の「冬（winter）」の略称で，英語では winter dry であることを意味しています。南アメリカやアフリカでも，サバナ気候（Aw）の高緯度側に分布しています！

〈西岸海洋性気候〉

　地中海性気候（Cs）の高緯度側（緯度45－60度付近）には，年中偏西風の影響を受ける西岸海洋性気候（Cfb）が分布しています。ケッペンの気候区分による第1記号のCは温帯，第2記号のfは年中湿潤，第3記号のbは最暖月平均気温22℃未満であることを示しています。西岸海洋性気候に属するロンドンでは，夏季の気温が20℃にもならないので，クーラーは必需品とはいえません。よっぽど人が集まる店なんかじゃないと，必要なかったのです。夏がかなり暑い日本では，夏にクーラーなしなんてありえないし，なかったらみんな熱中症にかかってしまいそう！

　ただ近年は，温暖化の影響もあって，すごく暑くなる日もあるみたいで，クーラーを設置する家庭もあるようですが…。

　緯度が高いわりに冬季は温暖で，年較差も比較的小さいですね。年間を通じて平均的な降水がみられますが，日本の梅雨，秋雨（秋霖）などと異なり，雨脚が弱い霧雨のようなタイプが多いです。ロンドンなんかの霧雨は，あんまり傘が役にたたないので，古くからコートの襟を立て，帽子をかぶるっていうかっこいいファッションが定着していったんですね。雨に濡れるのはイヤですが，ちょっとやってみたいなぁとか思ってしまいました（笑）。西岸海洋性気候の代表的な地域としては，北西ヨーロッパ，アラスカ～カナダの太平洋岸，チリ南西岸，ニュージーランドなどが知られています。

〈温暖湿潤気候〉

　北海道（Df）を除く日本の大部分は温暖湿潤気候（Cfa）で，地中海性気候とほぼ同緯度の大陸東岸に分布しています。世界地図を見ると，ユーラシア大陸東岸に日本があり，西岸には地中海地方があるはずです。日本以外では，中国の長江流域（華中），アメリカ合衆国東部，アルゼンチンのパンパなどにも分布しています。

　日本や中国など東アジアでは，夏季にはかなり高温になり，梅雨や台風の影響で降水量も多いです。でも冬季は，大陸から寒冷なモンスーン（季節風）が吹き出して低温になるため，西岸海洋性気候と比べると年較差も大きめになります。Cfa の a は，最暖月平均気温が22℃以上だということを表していて，

夏季の気温が上昇するということですね。ちなみに東京の最暖月平均気温は，8月の26.4℃です。最暖月平均気温というのは，（たとえば）8月1日から31日までの平均気温です。「8月1日の午後2時に，表参道を歩いていたら36℃まで上昇した！」というのとは全く違うのでご注意を！

⑷　亜寒帯（冷帯）　長く寒い冬をいかに乗り越えるかが勝負！

　亜寒帯または冷帯（**D**）は，**気温の年較差がとても大きい大陸性気候***です。**北半球**の高緯度地方に広がっていますが，**南半球には存在しません**。熱帯も，乾燥帯も，温帯も，寒帯も南北両半球に存在しているのになぜでしょう？？？不思議ですよねえ。もし地図帳をお持ちなら，世界地図を見てみてください。**最寒月平均気温−3℃未満**で，かつ**最暖月平均気温10℃以上**の亜寒帯は，**緯度50−70度**付近に分布する気候帯です。地図を見ると，北半球のこの緯度帯には，ユーラシア大陸，北アメリカ大陸などかなり広範囲に陸地が分布してますよね。ところが…，**南半球には緯度50−70度付近に大陸がほとんどない！！！**　海だらけです。亜寒帯は，夏季にある程度高温になり，冬季は極めて低温になる大陸性気候だから，大陸がないと分布しないんですね。

　この気候帯では，冬季はとても寒冷ですけど，寒さに耐える**針葉樹林**（**タイガ****）が形成されています。でも，シベリアやカナダの地中には，一年中凍結している**永久凍土*****が残っているところがあって，雨が降っても地中に浸

図17　永久凍土の分布

永久凍土の融解を防ぐための高床式建築物（チュクチ自治管区，ロシア）

© Doctor Digger Shrew Sinister

透しにくいので，沼地や湿地が多く分布しています。近年は，開発によってタイガが伐採され，工場，パイプライン，マンションなどが建設されると**人工熱が地下に伝導し凍土が融解**したり，**再凍結による凍上現象**（いったん融解して生じた水分が，冬季に再び凍結する際に，水分が集積して氷塊が形成されるため地面が隆起）が生じているところもあります。さらに，凍土の融解にともなって，凍土に閉じこめられていた温室効果ガスの**メタンガス**が放出されるなどの問題も生じています。だから広大なカナダやロシアのシベリアなどの開発は困難を極めるんですねえ。

永久凍土は，冬季の平均気温が−20℃以下になるような地域に広く分布しています。凍土の融解は，家屋の倒壊を招くおそれがあるので，上の写真のように建物を**高床式工法**＊＊＊＊で建設し，凍土に熱を伝えにくくする工夫も行われているのです。たいへんですよねえ，建築する際は岩盤のように硬くてしっかりしているのに，融けると…。

〈亜寒帯湿潤気候と亜寒帯冬季少雨気候〉

亜寒帯湿潤気候（Df）は，ユーラシア大陸でも北アメリカ大陸でもみられますが，**亜寒帯冬季少雨気候（Dw）**は冬季に優勢な**シベリア高気圧**の影響を受ける**ユーラシア大陸東部にしか分布していません。**

亜寒帯気候は，同じ樹林気候でも熱帯や温帯ほど降水量が多くありません。やっぱり気温が低いと，大気中の水蒸気量が少ないし，上昇気流も生じにくいですからね。亜寒帯湿潤気候では，比較的平均的な降水がみられますが，亜寒帯冬季少雨気候は winter dry ですから，冬季の雨や雪が少ないです。

みなさんは，Df と Dw だったらどちらの方が冬季に寒くなりそうな感じが

しますか？　日本では，冬季に雪が降ると寒いですよね（寒いから雪が降るのですが）。ところが，シベリアでものすごく低温になると，**冷やされた大気は下降気流を発生**させます。すると，**シベリア高気圧が優勢**になる。高気圧に覆われると，雨や雪は降りにくくなります。地表面は冷気や寒風にさらされ，ぐんぐん気温が下がっていく！！！　ということは，亜寒帯冬季少雨気候では，とんでもなく低温になるということがわかります。**東シベリア**（**極東ロシア**）**は，北半球で最も寒い**ため，「北の寒極」と呼ばれているのです！

　みなさんからは「でも，テレビや映画の映像を見ると，冬季のシベリアは真っ白で，いつも雪が降ってるように見える」という質問がきそうです（笑）。そうなんですが，シベリアでは日本の北陸地方，山陰地方などの豪雪地帯に比べると降雪量は少なく，ただあまりにも寒いので，雪が融けずにいつまでも積雪が残ります。さらに風が吹くと地表の雪が再び舞い上がり（地吹雪），まる

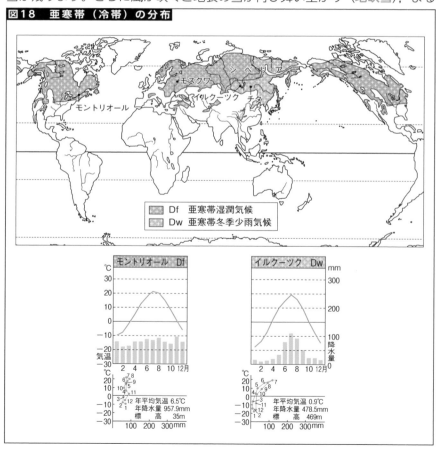

図18　亜寒帯（冷帯）の分布

で雪が降り続いているように見えるのです。面白いですねー！

＊比熱が小さい岩石から構成される大陸の影響を強く受けた気候で，気温の年較差が大きくなり，夏季は高温，冬季は低温となる。これに対して，比熱が大きい水から構成される海洋の影響を強く受けた気候を，海洋性気候といい，気温の年較差が小さい温和な気候になる。
＊＊ロシア語でシベリアの「針葉樹林」を意味していたが，北欧やカナダなどで発達する針葉樹林のことも指すようになった。モミ，トウヒ，マツ類などの針葉樹の純林（ほぼ単一樹種の森林）からなる。
＊＊＊主に氷期に凍結した土壌で，現在でも地下深くには永久凍土が分布しているため開発の障害にはなるが，夏季に部分的に融ける凍土から，針葉樹林のタイガは水分を供給されている。永久凍土の上部には，夏季に融解しているところがあり，ポドゾルやツンドラ土などの土壌が発達しているところもある。
＊＊＊＊家屋，工場，マンションなどを建設する際，熱伝導率が低い柱や杭を用いて，床を地表面より高くする工法。暖房などの人工熱による永久凍土の融解を軽減することを目的とする。

⑸　**寒帯　人が生活するのはかなり厳しいかも…**
　　寒帯（E）は，**北極**や**南極**のような**極圏（66度33分より高緯度）**などに分布する気候です。低緯度でも，海抜高度（標高）が非常に高い**チベット高原**や**アンデス地方**にもツンドラ気候（ET）が分布しているのが，ちょっと驚きですが！
　　太陽高度が低いため，年間を通じて受熱量が小さく，年中寒さが厳しいところです。夏季の気温が上がらないため，樹林も生えず，**農耕も困難**です。

〈ツンドラ気候〉
　　寒帯でも**ツンドラ気候（ET）**は，**北極海沿岸に分布**していて，**最暖月平均気温が0℃以上**になるため，永久凍土の表層が融け，**コケ類**や小低木が生育します。こんな厳しい自然環境の中でも，たくましく生活している人々がいます。農作物の栽培ができないのに，生活していけるってすごいですよねえ。いったいどうやって暮らしているのでしょう？
　　ユーラシア大陸では，**トナカイ**の**遊牧**（コケや草をエサとする），北アメリカ大陸ではアザラシなどの**狩猟や漁労**を営んでいる人々が，現在でも伝統的な暮らしを守っています。スカンディナヴィア半島北部には**サーミ**，アラスカ〜カナダには**イヌイット**＊（エスキモー）の人々が居住しています。最近は，都市で生活している人も増えていますけどね。

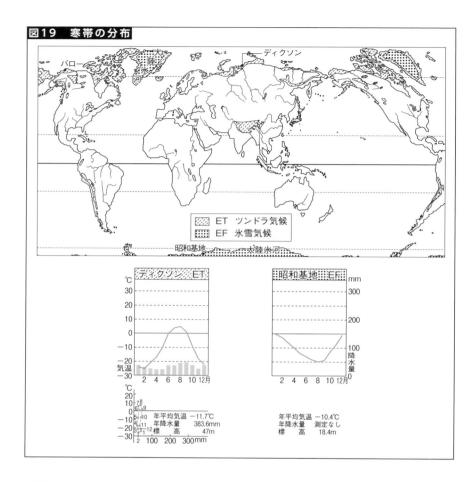

図19 寒帯の分布

〈氷雪気候〉

　氷雪気候（EF）は，**最暖月平均気温が０℃未満**の気候なので，年中雪や氷に覆われていて，草も木も生えていません。さすがに，ここでは人が暮らせない！　まさにアネクメーネ（非居住地域）！！！　**南極大陸とグリーンランド内陸部に分布**しています。

　「白夜」と「極夜」という用語もご存じですよね。**緯度66度33分から高緯度側の北極圏，南極圏**では，夏に一日中太陽が沈まない白夜が，冬に一日中太陽が昇らない極夜が訪れます。一日中，太陽が昇らないなんて，ちょっと信じられない！！

＊更新世の氷期の海面低下時には，ベーリング海峡が陸化していたため，ユーラシア大陸か

ら北アメリカ大陸に移動してきたモンゴロイドの子孫といわれる。生野菜が得にくくビタミン不足になるため，伝統的に生肉を食してきた。冬季には，狩猟などを行うため，氷や雪を材料としてつくられたイグルーとよばれる一時的な住居も使用される。

自然環境と防災

1 地震と災害　くり返す地震にどう対処したらいいのだろう？

　2011年3月11日14時46分，三陸沖の深さ24kmを震源とする東北地方太平洋沖地震が発生しました。誰も予期していないときに，想像を絶する災害が訪れました。**マグニチュード9.0（最大震度7）**の大地震によって発生した津波は，東日本の太平洋岸を襲い，広範囲に壊滅的な打撃を与えたのです。

① 地震はどこで発生する？

　地震は，いつでもどこでも起こる可能性があります。でも，とくに地震が多発するのは，プレート境界です。**プレートが互いに衝突する**「せばまる境界」，**プレートが互いに遠ざかる**「広がる境界」，**プレートが互いにすれ違う**「ずれる境界」のいずれでも地震は起こりえます。

　日本列島は，4枚のプレートがひしめき合う「せばまる境界」に位置しているため，**世界でも有数の地震国**です。プレート境界では，プレートが動くことでプレート境界にひずみがたまり，エネルギーが放出されるときに地殻が破壊されます。破壊された岩石に亀裂が入り，岩石がずれます。**このずれが断層で，破壊やずれによる震動が地震**なのです。

② マグニチュードと震度って同じモノ？

　地震が発生した際に，さきほど東北地方太平洋沖地震の説明で述べた「マグニチュード」と，もうひとつ「震度」という用語をたびたび耳にしますね。「マグニチュード（magnitude）」とは，**震源における破壊やずれの規模を示す指標**で，地震が発するエネルギーの大きさと考えていいです。一方，「震度」とは，**地上で感じる揺れの大きさを示す指標**で，震源からの距離や土地の状態によっても変化します。

　マグニチュード（以下M）が1増えると，地震エネルギーは約31.6倍に，2増えると約1,000倍になります。だからM7と東北地方太平洋沖地震のM9はとんでもない差です。目安としてですが，**M2程度の地震では，人に感じられないことが多く，M5未満では被害が少ないことが多い**です。地表面に近いところで発生するプレート内直下型地震ではM6以上，震源が深い海溝型地震ではM7以上だと大きな被害が生じ，被害の範囲も拡大します。

③ 海溝型地震と津波

　海洋プレートが大陸プレートの下に沈み込む「沈み込み帯」の海溝付近では，海溝型地震が発生します。海溝型地震は，一般的に規模が大きいことが多く，海底が震源となるため津波がたびたび発生します。地震が起こった際に，緊急地震速報で「この地震では，津波の発生のおそれはありません」とか「1 m の津波が発生しているので，沿岸部には近づかないようにしてください」などの注意報・警報をテレビなどでごらんになったことがあるのではないでしょうか。

　津波は，私の好きなサザンオールスターズの曲名にもなっている"TSUNAMI" でも知られるように，英語表記の"tsunami" は，れっきとした国際語になっています。「津波」の語源も諸説あると思いますが，「沖合の船には大きな被害を与えないのに，『津（港のこと）』には大きな被害を与える『波』」に由来するようです。

　通常の波は，風との摩擦によって生じるため，表層の海水が押し寄せます。しかも波高が 2 m といったって，平均海面に比べて 2 m の凹凸があるだけです。でも，津波は違います！　**津波は，海底の震動によって生じた局地的な海面上昇**で，大量の海水が，つまりものすごい体積の海水が，沿岸に押し寄せてくるのです。だからたとえ 1 m の津波であっても，津波の高さ以上の標高まで，遡上^{そじょう}していきます。そして今度は海水を沖合に引きずり込み，再び押し寄せるのです。特に，以前地形のテーマでお話しした「リアス海岸」では被害が大きくなります。**リアス海岸の湾奥は狭くなっているので，波高が著しく上昇**します。東北地方太平洋沖地震では，10m という想定外の高さの津波が発生しましたが，湾奥ではなんと40m 付近まで津波が遡上したのです。そしてこの津波は，はるかかなた，太平洋を渡って南米のチリまで到達しました。

　生徒たちから，「瀬川先生，東北地方太平洋沖地震と東日本大震災って，どうして二通りの呼び名があるんですか？」という質問を受けることがあります。われわれは，日常会話の中ではほぼ同意語として使用していますが，厳密に言うと，「東北地方太平洋沖地震」は，三陸沖の太平洋を震源とした物理的現象（natural hazard）の超巨大地震，「東日本大震災」は，東北地方太平洋沖地震によって生じた本震，余震，津波などがもたらした自然災害（natural disaster）のことを意味しています。

④ 内陸直下型地震

　1995年1月17日に発生した兵庫県南部地震（M7.3）は，震源の深さが約

16kmと浅いところで生じた地震で，高速道路，建物などが倒壊し，ライフラインも切断されるなど，多くの人的・物的被害をもたらしました（**阪神・淡路大震災**）。震源が浅いと，地表までの到達時間も短く，**人々の居住地域付近の直下で発生した場合には被害がより甚大**になります。兵庫県南部地震は，プレート内部の**活断層**の動きによって発生した地震ですが，日本各地にある活断層周辺ではいつでも地震が発生する可能性があるのです（**図1**）。

⑤ 地震の多発地帯に居住しているわれわれは，地震にどう備える？

　地震は，世界中どこでも起きると言いましたが，なかでもやっぱり日本は多い！　どれくらい多いかというと，マグニチュード6.0以上の地震回数（2004年－2013年，内閣府）は，世界全体で1,629回，そのうち日本はなんと302回！！！　**世界の総地震回数の18.5%**を占めています。日本の国土は，ロシアのように広大な面積ではありません。にもかかわらず，この割合にはさすがのみなさんも驚かれたのではないでしょうか？

　そして，近い将来に発生する可能性が指摘されている**南海トラフ巨大地震**，**首都直下地震**など数々の予測がなされています。人命や地域を災害から守るために，われわれはいったい何ができるのでしょう？

　日本は，地震だけでなくさまざまな自然災害に見舞われる可能性がありますが，特に地震に対しては十分な警戒が必要になります。地震のこわさは，大地が激しく揺れるため，**建造物の倒壊や火災**を招くだけでなく，**津波や液状化など広範囲にわたって被害が拡大**するところにあります。確かに，他の自然災害と比較すると，被害の範囲がすごく広いですよね。

⑥ 自助・共助・公助って？

　巨大地震が発生した場合，**防災・減災**のための重要なポイントは，今まで日本が経験してきた多くの地震災害の教訓を，いかに活かすことができるかです。「**災害対応には，自助，共助，公助が不可欠！**」ということを耳にします。

　「**自助**」とは，**自分の身を自分で守ること**。居住地の特性（地形的にどのような地域に住んでいるのか）の確認，住宅の耐震化，避難所や避難経路の確認，防災グッズの備え，水や食料の備蓄，緊急時の家族同士のルール決めなどさまざまです。

　「**共助**」とは，**近隣や地域の人々と協力すること**。防災訓練や自主防災組織への参加，近所の高齢者など災害弱者への支援などですね。

　そして，「**公助**」とは，**国や地方公共団体による公的な支援**で，ハザードマップ（防災地図）の作成・伝達，交通インフラの耐震性強化，緊急輸送道路の

表1　20世紀以降の日本の主な地震災害

	地震の名称（震災の名称）	年	M	死者・行方不明者数		地震の名称（震災の名称）	年	M	死者・行方不明者数
プレート境界地震	関東地震（関東大震災）	1923	7.9	約105,000	プレート内地震	北丹後地震	1927	7.3	2,925
	東南海地震	1944	7.9	1,251		三陸沖地震	1933	8.1	3,064
	南海地震	1946	8.0	1,443		三河地震	1945	6.8	2,306
	十勝沖地震	1952	8.2	33		福井地震	1948	7.1	1,769
	十勝沖地震	1968	7.9	52		新潟地震	1964	7.5	26
	宮城県沖地震	1978	7.4	28		北海道南西沖地震	1993	7.8	230
	東北地方太平洋沖地震（東日本大震災）	2011	9.0	22,252		兵庫県南部地震（阪神・淡路大震災）	1995	7.3	6,437
						新潟県中越地震	2004	6.8	68
						岩手・宮城内陸地震	2008	7.2	23
						熊本地震	2016	7.3	273
						北海道胆振東部地震	2018	6.7	42

図1　日本付近の主な地震の震源と活断層の分布

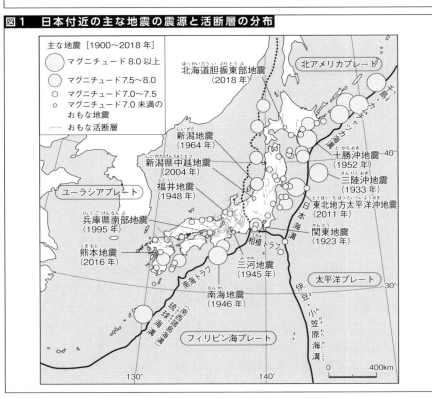

主な地震［1900～2018年］
⬤　マグニチュード8.0以上
◯　マグニチュード7.5～8.0
○　マグニチュード7.0～7.5
∘　マグニチュード7.0未満のおもな地震
──　おもな活断層

確保，密集市街地の重点整備（建築物の不燃化，延焼遮断機能・避難路機能の強化），帰宅困難者への情報提供，災害対策基本法に基づく消防・警察・自衛隊の派遣などです。

　どうしても，われわれの意識は公助に頼りがちですが，大規模な地震災害が発生した場合に，公的機関が被災して機能しなくなる場合があります。2011年の東日本大震災の際には，このことが大きな問題になりました。もちろん，**防災・減災に対する公助は強力**ですが，**自助・共助の強化は絶対に必要！！！家族，友人，同僚，地域住民の協力は欠かせません！**　じっさいに，阪神・淡路大震災や東日本大震災では，近隣住民の救済でどれだけ多くの人命が救われたことか…。

　「日本は地震大国だから，いつも不安だ！」って考えても，まったく楽しくないし，逆に自然災害が実際に起こったときに，うろたえてなにもできないようでは困ります。「○○が生じたときは，みんなで力を合わせて○○しよう！」，「自分のできる範囲でいいので，正しい情報を身につけよう！」という前向きな気持ちでがんばりましょう！　**人は，1人では生きていけないけど，みんなで力を合わせれば，たいていのことは成し遂げられます**（図2）！

2　火山災害と恵み　火山災害は恐いけど，火山は驚くほどの恵みを与えてくれる！

　地震と同様に，日本は「火山大国」でもあります。**世界でもインドネシアと並んで，活火山が多い**ですね。なんとその数111（2020年，気象庁）！

　ところで，みなさんは学校教育の中で，火山のことを「活火山とその他の火山」って学びましたか？　それとも「活火山，休火山，死火山」っていう分類で学びましたか？　さぁ，ずっと昔かもしれませんが（笑），思い出してみてください。私は残念ながら…後者です。私が小中学校の頃は，地理や理科で，「噴火活動が活発な火山が活火山」，「噴火した記録は残っているが，現在は噴火活動が起きていない火山が休火山」，「有史以来噴火活動の記録が残されていない火山が死火山」と習った記憶があります。明確にいつからとは言えませんが，近年の火山の活動度による分類は，「**活火山とその他の火山**」という分け方をしていて，「活火山」は「**過去1万年以内に噴火した火山及び現在活発な噴気活動のある火山**」という定義（気象庁）がなされているんですね。その背景には，「○○山は，死火山だから噴火なんかするはずないよ！」と思われていた火山が，「突然大噴火！」みたいな例がいくつもみられたことがあるようです。そして活火山でも，**噴火頻度の高い火山は，気象庁によって常時監視**されていて，噴火が予知された場合や噴火の際に，噴火警報が発表されます。

図2　地震に対する10の備え

身の安全の備え

家具類の転倒・落下・移動防止対策をしておこう	けがの防止対策をしておこう	家屋や塀の強度を確認しておこう
• けがをしたり，避難に支障がないように家具を配置しておく。 • 家具やテレビ，パソコンなどを固定し，転倒・落下・移動防止措置をしておく。	• 食器棚や窓ガラスなどには，ガラスの飛散防止措置をしておく。 • 停電に備えて懐中電灯をすぐに使える場所に置いておく。 • 散乱物でケガをしないようにスリッパやスニーカーなどを身近に準備しておく。	• 家屋の耐震診断を受け，必要な補強をしておく。 • ブロックやコンクリートなどの塀は，倒れないように補強しておく。

初動対応の備え

消火の備えをしておこう	火災発生の早期発見と防止対策をしておこう	非常用品を備えておこう
火災の発生に備えて消火器の準備や風呂の水のくみ置き（溺れ防止のため子どもだけで浴室に入れないようにする）をしておく。	• 火災の早期発見のために，住宅用火災警報器を設置しておく。 • 普段使用しない電気器具は，差込みプラグをコンセントから抜いておく。 • 電気に起因する火災の発生を抑制するため，感電ブレーカー（分電盤型）などの防災機器を設置しておく。	• 非常用品は，置く場所を決めて準備しておく。 • 冬の寒さなど，季節を考慮した用品を備えておく。 • 車載ジャッキやカーラジオなど，身の周りにあるものの活用を考えておく。 • スマートフォンの予備バッテリー（PSEマーク付き）など，必要な電源を確保しておく。

確かな行動の備え

家族で話し合っておこう	地域の危険性を把握しておこう	防災知識を身につけておこう	防災行動力を高めておこう
• 地震が発生した時の出火防止や初期消火など，家族の役割分担を決めておく。 • 外出中に家族が帰宅困難になったり，離れ離れになった場合の安否確認の方法や集合場所などを決めておく。 • 家族で避難場所や避難経路を確認しておく。 • 台風等の風水害が同時に発生した場合を想定しておく。 • 普段のつき合いを大切にするなど，隣り近所との協力体制を話し合っておく。	• 自治体の防災マップ等で，自分の住む地域の地域危険度を確認しておく。 • 自宅や学校，職場周辺を実際に歩き，災害時の危険箇所や役立つ施設を把握し，自分用の防災マップを作っておく。	• 新聞，テレビ，ラジオやインターネットなどから，防災に関する情報を収集し，知識を身につけておく。 • 消防署などが実施する講演会や座談会に参加し，過去の地震の教訓を学んでおく。 • 大きな地震の後に同程度の地震が発生する可能性があることを理解しておく。	日頃から防災訓練に参加して，身体防護，出火防止，初期消火，救出，応急救護，通報連絡，避難要領などを身に付けておく。

出典：東京消防庁

① 火山はどんなところに形成されるのか？

　火山は，**地中のマグマが上昇してきて，地上に噴出**することによって形成されます。地震がどのようなところで発生するのかということを学び直しましたが，火山についてはどうでしょう？　「火山の方が，分布に偏りがある」とお思いの方が多いような気がしますが…。確かに，日本に住んでたら体感地震を経験しないことなんてありませんが，火山が全く存在しない地域は世界の至る所に！　それでも**日本には火山がとっても多い！**

　火山は，プレート境界に当たる変動帯に多く分布しています。プレートの「広がる境界」に位置するアイスランド*，東アフリカのリフトヴァレー沿いの地域などです。また，プレートの「せばまる境界」にも分布するのですが，**大陸プレート同士が衝突する「衝突帯」では，マグマが発生しないので**，ほとんど火山がみられません。現在の生徒たちにも，30年前の生徒たちにも，「瀬川先生，ヒマラヤ山脈やチベット高原は，プレートのせばまる境界に位置している新期造山帯なのに，どうして火山がないのですか？」となんど質問をされたことか（笑）。「せばまる境界」のうち，**海洋プレートが大陸プレートなど他のプレートの下に沈み込む「沈み込み帯」**では，地中深くで海洋プレート上の堆積物などが，地熱・地圧の影響で溶かされ，マグマが発生します。これらの火山は，海洋プレートの沈み込みにあたる**海溝に並行して分布**するため，火山前線（火山フロント）とよばれています（**図3**）。

　残った「ずれる境界」は，地震の多発地帯ですが，火山の形成には直接関係ありません。したがって，**火山が多く分布する地域は，プレートの「広がる境界」と「せばまる境界」の「沈み込み帯」**ということになります。

＊アイスランド島は北大西洋に浮かぶ島で，プレートの「広がる境界」（発散型境界）にあたる大西洋中央海嶺が海面上にあらわれたもの。海洋プレートの生成が陸上で見られる極めてまれな例。厳密には，大西洋中央海嶺とアイスランドホットスポット上に位置している。

② ホットスポットってなんだろう？

　私を含めて日本人が大好きな観光地のひとつにハワイ諸島があります。ハワイ諸島の中でも，ハワイ島は最も火山活動が活発な島です。特に島の南東部に位置するキラウエアは，多くの人の知るところです。しばしば噴火を起こし，流出する溶岩が海にまで達する光景は，幻想的で不思議な世界です。まるで，地球じゃないみたい（笑）。ところが，**ハワイ島はプレート境界には位置していません。**それどころか太平洋プレートのど真ん中！！！

このように**プレート中央部からマグマが噴出する地域**のことを，ホットスポット（hot spot）とよんでいます。日常生活で使用する「ホットスポット」っていうのは，周囲に比べて○○が高まっている地域という意味ですよね。たとえば，その街で人気の場所とか，犯罪の多発地域だとか…。

　では，地理用語としての「ホットスポット」について，説明しておきますね。マグマは通常，プレート境界付近で上昇し，火山を形成することが多いのですが，地球にはある一定数，マントル物質の急速な上昇によって，マグマが発生し，プレートを突き破って出てくるところがあります。これが，ホットスポットです！　ハワイ島（アメリカ合衆国）やタヒチ（フランス領），カナリア諸島（スペイン領）などがその代表的な例です。ホットスポットは，**ほぼ不動点**と考えられています。地図でハワイ諸島を見ると，とっても面白いことがわかるので，**図5**を見てください！

　ハワイ諸島は，左上からカウアイ島，オアフ島，モロカイ島，ラナイ島，マウイ島，そしてハワイ島の順に位置しています。ハワイ島にマウナケア，マウ

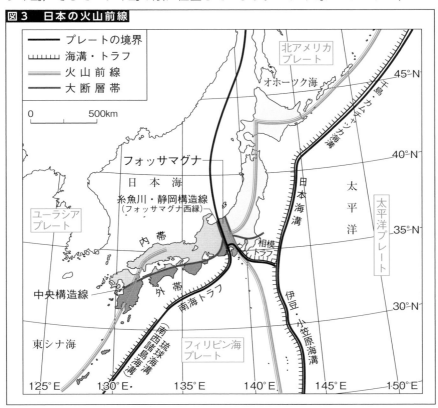

図3　日本の火山前線

ナロア，キラウエアの火山が分布していますね。現在，最も活動が活発なのが
キラウエア！ この配置を見ると，**太平洋プレートが北西方向に移動**している
ことが，GPSを使わなくてもわかってしまうのです。つまり，ホットスポッ
トは現在のハワイ島にあるのですが，かつてはマウイ島のところ，それ以前に
はオアフ島のところにあった！ 近年の東大入試でも出題されていましたが，
いやー実に面白い！！！ 地理はやめられない！ （笑）

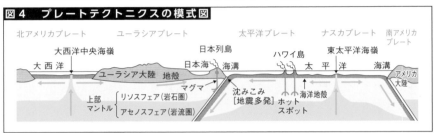

図4 プレートテクトニクスの模式図

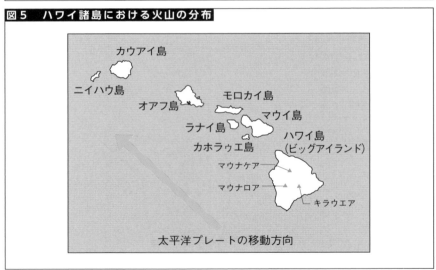

図5 ハワイ諸島における火山の分布

③ 火山災害のおそろしさ

火山災害は，地震災害に比べると，比較的局地的な災害であることが多いの
で，よほどの大噴火でない限り，**噴火警報**が流れても「私の居住地付近には火
山がないから，大丈夫！」と思ってしまいます。確かに，地震ほど広範囲に被
害が広がることはあまりありませんが，周辺に火山がある場合には，「どのく
らいの範囲に影響が出るのか？」，「あなたが避難するまでに，どれくらい時間
がかかるか？」，「どのような災害が発生して，あなたにとってその災害はどれ

くらい危険なのか？」ということを冷静に判断できるような心の備えが必要です。火山災害には，以下のようなものがあります。

(1) 火山灰

　火山噴火や噴火後の二次災害には，どのようなものがあるのかさぐってみましょう。まずは，火山灰や小さな噴石です。火山灰（直径 2 mm 未満）や小さな噴石（火口から吹き飛ばされる岩石のうち直径数 cm 程度のもの）は，**風に乗ってかなり広範囲にまで拡散**します。日本などのように偏西風帯に位置する国・地域では，**火山灰が偏西風によって東に運搬**され，堆積することが多いです。「降灰くらいは，たいしたことない」というのはちょっとマズイですねえ。植物や農地に大きなダメージを与えるし，大量に降り積もった場合に，雨などで水を吸うとものすごく重くなり，家屋をつぶしてしまったりします。また，電線に積もると停電の原因となり，航空機や自動車が火山灰を吸い込むとエンジンを破壊することもあるのです。うーん，かなり深刻な被害が生じることもありそうですね。

(2) 噴石・火山弾

　火口付近には，以前噴火した際の噴出物が堆積しています。再び火山が噴火すると，この**岩石が水蒸気やマグマとともに吹き飛ばされる**のが噴石ですが，20−30cm ほどの岩石が風をものともせず弾道を描いて飛んでいくので，非常に危険です。避難する時間的余裕がほとんどないため，噴火警報などに注意しながら，早めの避難が必要になります。火山弾というのは，噴火の際に空中に飛ばされたマグマが冷やされて固まり，まるで砲弾のような形状になって飛んできます。**噴石と同様にとっても危険**です。

(3) 溶岩流

　火口から噴出した**溶岩**（マグマが地表に噴出すると溶岩になります）**が地表を流れ下る現象**が溶岩流です。流下の速度は，地形，溶岩の温度や性質によって異なりますが，比較的ゆっくり流れてくるので，噴火警報などに従えば，比較的安全に避難できます。ただし，家屋などの建物や農地などを焼き尽くすので，大きなダメージをもたらします。溶岩の粘性が低く，流速が速い場合には危険度が増すので要注意ですね。

(4) 火砕流

　地震警報では津波の有無，噴火警報では火砕流の有無がいちばんの焦点にな

ります。それくらい，**危険度が高い**のが火砕流です。噴火の際に，**高温の溶岩の破片**，**軽石**，**火山灰と火山ガスが混合状態となり**，**火山の斜面を高速で流下**してきます。流下するスピードは時速100km 以上，温度は1,000℃に達することもあり，ビルなどの屋内に避難しても融解する可能性があります。また，火砕サージとよばれる熱風を伴うこともあり，広範囲に高速で拡大するのです。古くは，紀元79年のイタリア半島・ヴェズヴィオ火山の噴火＊，1902年の西インド諸島・マルティニーク島（フランス領）にあるプレー火山の噴火＊＊，1991年のルソン島・ピナトゥボ火山（フィリピン）の噴火，日本では，1991年の長崎・雲仙普賢岳の噴火などで生じた火砕流が大規模なものでした。

＊古代ローマの都市・ポンペイが6ｍの火砕流堆積物に覆われ，2,000人が死亡したといわれる。地中に埋もれたポンペイの遺跡は，「ポンペイ，ヘルクラネウム及びトッレ・アンヌンツィアーターの遺跡地域」として，UNESCO の世界遺産に登録されている。
＊＊この火砕流は，わずか2分あまりで山麓のサンピエール市を全滅させ，30,000人以上が死亡したといわれる。

⑸　**火山ガス**

　噴火などの火山活動によって，火口や噴気口から地表に噴出するのが火山ガスです。大部分が水蒸気ですが，**炭酸ガス**，**硫化水素**，**亜硫酸ガスなどの有毒な成分を含む**ことがあり，これらを吸引すると人や動物の命を奪うこともあります。

⑹　**火山泥流**

　火山の斜面には，それまでの噴火活動による**火山灰**，**火山礫**，**火山岩塊**などが堆積しています。これらが**大雨によって周囲の樹木などを巻き込み**，**周囲の建物などを破壊しながら谷や河川を流下する現象**を火山泥流とよんでいます。火山噴火が終息した後でも，しばらくの間は危険を伴います。噴火後に雨が予想されている時は，河川や谷のそばには近づかないようにしましょう！

⑺　**岩なだれ**

　大規模な噴火が発生すると，噴火の爆発によって火山自身が崩れてしまうことがあります。これを山体崩壊とよんでいて，大規模な地震でも発生することがあります。**崩れた山体の一部は**，**高速で斜面を流下し**，**家屋などの建造物を破壊**するので，岩なだれ（岩屑なだれ）とよばれています。火砕流と並んで，

火山災害の中では，とっても**危険度が高い**といわれているので十分な注意が必要です。

　以上のように，火山災害には，さまざまなタイプがあるんですね。これ以外にも，**空振**（火山の爆発的な噴火によって，空気が振動する現象。建物の窓ガラスなどを破壊する），**火山性津波**（山体崩壊によって発生した大量の土砂・岩石が，海や湖に流れ込むことによって発生），そして大噴火が起こった場合には，大量の火山灰などが放出されるため，広範囲に日射を遮ることから，**異常気象**をもたらすことさえあるのです。近年では，**1991年のフィリピン・ルソン島にあるピナトゥボの噴火**は，大量の火山灰を噴出し，成層圏に到達した二酸化硫黄と硫酸エアロゾルが成層圏に広がっていきました。これにより太陽光が遮られ，**世界的な気温低下**をもたらしたのです。

④ 火山大国日本は，本当にデメリットだらけなのか？　それとも…

　ここまで，火山災害について説明してきたので，「なんか日本はつらいことがいっぱいあるなぁ」と，ちょっとだけ憂鬱になった方もおられるのではないでしょうか。確かに，日本にはとんでもない数の活火山があります（**図6**）。世界には，活火山が1つもない国だってあるのに…。

　ここからは，みなさんが元気になる話題を！！！（笑）

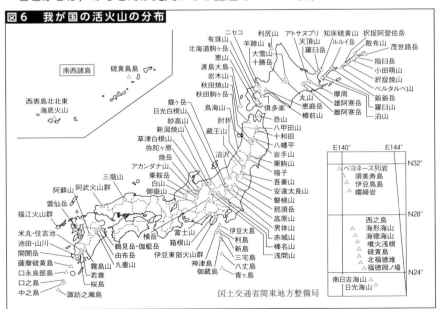

図6　我が国の活火山の分布

国土交通省関東地方整備局

Ⅱ

自然地理の系統的考察

火山がもたらすのは災害だけではありません。**火山がなかったら，「現在の日本の豊かさはなかったかもしれない！」**っていうくらいに，火山はたくさんの恵みを与えてくれています。

(1)　火山独特の雄壮な地形…，これは誰が見ても感動！

　まずは，ヨーロッパや中国などではほとんどみられない雄壮な火山地形です。火山活動による独特な地形は，火山がない地域では見ることができません。成層火山＊として知られる富士山！　その優美な風貌は，日本のシンボルとして世界中に知られています。そして国内外から，富士山を一目見るために多くの観光客が訪れます。**富士登山や富士五湖の観光**だけでなく，**富士山の眺望がよいところは観光地として発達**しますから，相当広範囲に渡って富士山の経済効果はあるのです。このように，日本各地の火山やカルデラ湖＊＊などの火山地形は，人々の心を癒すだけでなく，観光資源としても重要な地位を占めています。

＊複数回の噴火により，溶岩や火山砕屑物（さいせつぶつ）が交互に積み重なって形成された円錐形の火山。日本のようなプレートのせばまる境界では，比較的多くみられ，富士山（静岡県・山梨県），羊蹄山（ようてい）（北海道），岩手山，鳥海山（山形県・秋田県），浅間山（長野県・群馬県）などが有名。このほか，アメリカ合衆国のレーニア，セントヘレンズ，エクアドルのチンボラソ，イタリアのヴェズヴィオ，タンザニアのキリマンジャロなど多数の成層火山がある。

＊＊火山の激しい爆発や噴火後の陥没などによって形成された大規模な凹地をカルデラといい，カルデラに，水がたまってできた湖がカルデラ湖。洞爺湖，支笏湖（しこつ），屈斜路湖（くっしゃろ），摩周湖（ましゅう）（以上北海道），十和田湖（秋田県・青森県），田沢湖（秋田県）など日本には多数分布。田沢湖は日本の湖としては最深。

(2)　憩いの場，それは温泉！！！

　10代や20代の頃は，泊まりに行くなら大都市のちょっとおしゃれなホテル！　ところが30－40代になると温泉旅館もいいかなー，そして50－60代になると，遊びに行くならホテルより，断然温泉旅館がいい！！！　ホテルも素敵ですが，ホテル＝仕事って感じがしてしまって…（もちろん，超お気に入りのホテルもありますが）。これが私の個人的な感想です（笑）。

　海外旅行も刺激的で，魅力が満載ですが，ちょっと安らぎたいときはやっぱり温泉！　温泉は，**火山地帯の高い地熱が地下水を温めることによって形成**されます。厳密に言うと，温泉には火山地域のマグマを熱源とする火山性温泉と地下水が地温によって加温される非火山性温泉がありますが，ここで述べる温泉は，火山性温泉のことです。環境省によると，**日本の温泉は27,000以上**あ

るとされています。すごい数ですねえ。なかには，成分や湯温などが入浴に適さない場合もありますが，**別府の地獄めぐりなどのように景観としての観光資源**になっているものもあります。

⑶ 「火山は有用な金属鉱床を形成」するって，いったいどういうことだろう？

マグマは，地中深くで金，銀，銅などの金属を溶かし込みます。**マグマが上昇**することによって，**地表付近では産出しない金属資源が，地表まで運搬**され，有用な**金属鉱床を形成**するのです。変動帯の火山地域に位置するメキシコ，ペルーなどでは銀鉱，チリ，ペルーでは銅鉱が多く産出するのはそのためです。日本が江戸時代には，銀鉱，銅鉱の世界的な産出国だったのも同じ理由ですね。ただ，必ずしも金属鉱床が火山のすぐそばに形成されるとは限らず，すべての火山に伴っているわけではないので，火山＝金属資源とは言えません。

⑷ 火山と地熱発電

プレートの「せばまる境界」付近に位置する火山の多くでは，上昇してくるマグマが，いったんマグマ溜まりをつくり，そこから再びマグマが上昇してきます。すると，マグマ溜まり（なんと1,000℃以上！）の近くにある地下水が温められ，高温の熱水を生み出します。このような熱水を掘削すると，蒸気となって自ら地表に噴出してくるのです。この莫大な再生可能エネルギーを使わない手はない！　ということで，この蒸気を使って発電機のタービンを回す地熱発電が実用化されています。世界最大の地熱発電国はアメリカ合衆国で，次いでインドネシア，フィリピン，トルコ，ニュージーランド，イタリアなどの発電量が多いです（2020年）。みなさんは，これを読みつつ「あれー？　どうして日本が入ってないんだ…」ってなったと思います。

日本は，アメリカ合衆国，インドネシアと並んで，世界最大級の地熱資源量を有していると言われていますが，その割に地熱発電量は少ない！　地熱発電は純国産エネルギーですし，再生可能エネルギーで環境負荷も小さいのにどうして？？？　ってなりますよね。これまで地熱発電量が増加しなかった背景には，火山地域がほとんど国立・国定公園*に指定されていて，**経済活動の規制**があること，さらに火山地域には多くの温泉があるため，地熱発電所の建設による**景観破壊や源泉破壊に対する危惧**があり，地元住民の同意を得にくいことなどがあげられます。しかし，日本の地熱発電技術は世界の最先端にあります！　エネルギー安全保障の面からも，規制緩和などの制度改善が検討されているのです。

＊日本では，自然公園法に基づき，日本を代表する自然の風景地を保護し，利用の促進を図る目的で指定している自然公園。国立公園は環境省が，国定公園は都道府県が管理する。日本の国立公園は，土地の所有にかかわらず指定を行う「地域性自然公園制度」を利用しており，国立公園内にも多くの私有地が含まれているが，アメリカ合衆国やオーストラリアなどでは，国立公園の土地すべてを公園専用にしている。世界最初の国立公園は，アメリカ合衆国のイエローストーン国立公園。

(5) 肥沃な火山性土壌

火山灰の堆積後，時間の経過とともに多くの腐植を含むと，**火山灰起源の肥沃な土壌を形成**します。また，火山灰起源の土壌は，透水性，保水性，通気性に優れていて，特に熱帯地域では，やせた赤色のラトソルなどに比べると，**土地生産性が高い**（1 ha 当たりの収穫量）のが特徴です。東南アジアのルソン島（フィリピン），ジャワ島（インドネシア）などでは，この火山灰起源の土壌が分布するため，**多くの人口を扶養することができた**んですね。

(6) 火山と地下水

火山麓の堆積物は，粒径が大きく，多孔性（小さな穴がたくさん空いている）で透水性が高いため，火山麓では豊富な地下水を埋蔵していることが多いです。

有名なのは**富士山麓の地下水**！ 豊富で良質な地下水は，**古くから山麓での生活用水，農業用水として利用**されてきましたし，近年では**製紙・パルプ工業，化学工業，電子機器製造業などの発達**に大きく貢献してきました。人間だけでなく，動植物にとっても貴重な地下水ですが，最近は地下水の汚染や地下水の枯渇が問題になっています。せっかくの火山の恵みですから，大切に利用していきたいですね！

ところで，「世界ジオパーク」って聞いたことありませんか？ UNESCO（国連教育科学文化機関）が地球科学的な価値を持つ遺産を保護し，これらがもたらす**自然環境や文化への理解を深めよう**というものです。日本では，洞爺湖・有珠山（北海道），雲仙・普賢岳を含む島原半島（長崎），阿蘇（熊本）などが火山をテーマとして認定されています。

図7　日本の気候区分

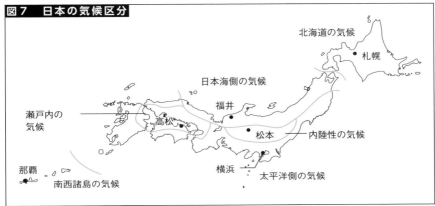

図8　冬の日本海側と太平洋側のちがい

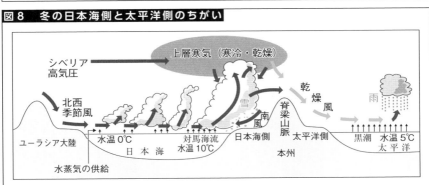

表2　季節による天候の変化

季節	特色
春	長江気団の勢力が強まり，移動性高気圧を伴うため，天候が変化しやすい。
初夏	オホーツク海高気圧と北太平洋(小笠原)高気圧との間で梅雨前線が生じる。梅雨前線の停滞(北海道を除く)で長雨をもたらし，集中豪雨による災害も発生する。太平洋側ではやませによる冷害。
夏	太平洋（小笠原）高気圧の北上により，高温となり晴天をもたらすが，海洋性気団であるため湿度が高い。
秋	秋雨（秋霖）前線の停滞や台風の接近・襲来により，降水量が多い。
冬	シベリア高気圧（シベリア気団）が発達し，低温で乾燥した北西季節風が日本列島に吹き込むため，厳しい寒さをもたらす。太平洋側は乾燥するが，日本海側の一部では多量の降雪がみられる。

図9　日本各地の気温と降水量

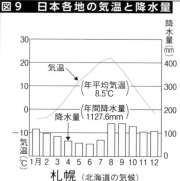

札幌（北海道の気候）
冷帯で冬の寒さは厳しい。梅雨がないことに注意！

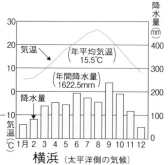

横浜（太平洋側の気候）
夏の降水量は多いが，冬は晴天の日が多く降水量が少ない。

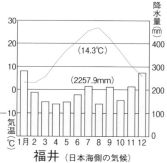

福井（日本海側の気候）
冬の降水・降雪量が多く，年降水量も多い。

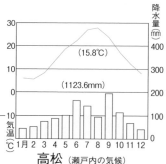

高松（瀬戸内の気候）
中国山地と四国山地にはさまれ，季節風がさえぎられるため，晴天の日が多く年降水量がやや少ない。

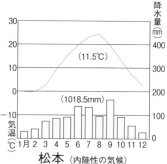

松本（内陸性の気候）
夏・冬の気温差（年較差）が大きく，年降水量はやや少ない。

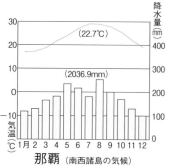

那覇（南西諸島の気候）
亜熱帯性気候で，年中気温が高く降水量も多い。年較差が小さい。梅雨入りは5月だということに注意！

3 気象災害　日本の四季は美しい！　でもその時々に気象災害が…

　日本には，世界でもまれに見る「四季折々」があり，その変化は多くの人々に感動を与えます。その反面，日本列島各地では，季節によってさまざまな気象災害がもたらされるのも事実ですね。**気象災害はいったいいつ頃，どのような被害をもたらすのでしょう？**

① 冬季の季節風

　冬季には，ユーラシア大陸で発達した**シベリア気団が優勢**になり，「西高東低」の冬型気圧配置になります。すると p91**図8** のように，寒冷な北西季節風の影響で雪雲が発生し，**日本海側を中心に大量の雪が降ります。**大雪は，交通障害，落雪，家屋や送電塔の倒壊，雪崩などを引き起こし，暴風雪になるとホワイトアウト* が発生するのです。**北海道，東北，北陸，山陰などの多雪地域**では，長い間「雪」と戦ってきました。落雪の被害を防ぐため，家の軒を長くしたり，地吹雪よけの防雪柵，路肩を示す標識（積雪により，どこまでが道路かわからなくなる），消雪パイプ（路面へ地下水を散布し除雪，融雪）などさまざまな工夫が行われています。北西季節風が弱まり，本州の南側を南岸低気圧が通過すると，太平洋側内陸部でも大雪を降らせることがあります。これらの地域は，北陸，山陰のような多雪・豪雪地域ではないので，日頃からあまり雪に慣れていないこともあって，日常生活に大きな支障をもたらすことがあるんですね。確かに，砂漠地域で大雨が降ると被害が大きいのと一緒です！砂漠地域では排水路が整備されていないですから…（当然ですが）。

＊猛吹雪などによって視界が真っ白になり，方向や地形の起伏などがわからなくなる現象。

② 夏季の猛暑と冷夏

　冬季は「西高東低」の気圧配置でしたが，夏季は「南高北低」になります。特に梅雨が明けると，晴天が続きます。梅雨が長いとジメジメしてイヤだし，かといって空梅雨だと，水不足（渇水）が起こったりするから，困りますよね。西日本，特に**瀬戸内は夏の降水量が少なく**，大きな河川もないので水不足になりやすいです。**夏季の季節風は四国山地が遮り，冬季の季節風は中国山地が遮る**ため，年間を通じて降水量が少なめになるのです。

　最近は，夏になると「猛暑」という言葉を頻繁に耳にしますよね。温暖化の影響か，最高気温が35℃以上の猛暑日* や夜間の最低気温が25℃未満にならない熱帯夜** が増加傾向にあります。熱中症の健康被害も多発しているので，

注意が必要になります。

　猛暑かと思えば，「冷夏」が訪れることもあります。小笠原気団が発達せず，オホーツク海気団が優勢なまま夏を迎えると冷夏になります。冷涼湿潤な**やませ**＊＊＊が吹き込み，**東日本の太平洋岸**では**冷害**が発生し，米の収穫量などに大きなダメージを与えることもあるのです。

＊日中の最高気温が35℃以上の日で，30℃以上ならば真夏日，25℃以上ならば夏日という。
＊＊夜間の最低気温が25℃以上になること。気象庁の定義では，夜間は夕方から翌朝まで。
＊＊＊初夏にオホーツク海高気圧が優勢になると卓越する北東風。寒流の親潮（千島海流）上を通過してくるため冷涼で，東北日本の太平洋側では，気温が上昇しない。霧雨や小雨，曇天を伴い，日照不足と低温障害により，稲などの作柄不良（冷害）を招く。

③ 台風による災害

　ほとんどの**台風**は，夏から秋にかけて発生し，特に**日本への接近数，上陸数は8～9月に多い**です。台風の「接近」とは，台風の中心から300km以内に入ることで，台風の「上陸」とは，台風の中心が北海道，本州，四国，九州の海岸に達した場合をいいます。だからあんなに台風が襲来する沖縄などの南西諸島では，統計上は「上陸」が0！　すべて「通過」という表現をします。意外に台風情報などで聞き流してしまっている用語です。

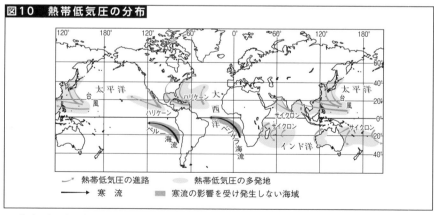

図10　熱帯低気圧の分布

　北半球の低緯度海域で発生した台風は，**太平洋高気圧**の縁に沿って移動しつつ，**貿易風**の影響を受け**西進**します。より高緯度に移動した台風は，**図11**のように**偏西風**の影響を受けて**東進**するのが典型的なパターンといわれますが，そのまま西進してユーラシア大陸に向かったり，しばしば停滞するなどさまざまなコースをとるようです。台風の**右側**は，台風の渦に偏西風が加わるため，

特に風速が速くなり暴風による被害を受けやすくなるので注意が必要です。台風による自然災害としては，**高潮の危険度が高い！！！** 高潮は，**気圧の低下による吸い上げ**と**強風による海水の吹き寄せ**で，陸地に海水が浸入することによって，大規模な浸水被害をもたらします。海水が一気に流れ込むので，非常に危険です！ **埋め立て地**，**三角州などの海岸低地**は十分な注意が必要になります。

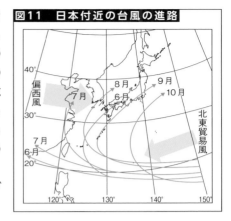

図11　日本付近の台風の進路

④ 大雨と集中豪雨

恵みの雨ですが，総雨量や一定時間内の雨量が，ある水準を上回ると，深刻な災害をもたらします。「これくらいの雨だったら，しばらく続いても大丈夫！」と思っていても，災害の危険度は，突然増すので油断は大敵です。

梅雨前線*や秋雨前線**が停滞する時期は，最も危険な時期です。梅雨前線や秋雨前線の停滞によって，**太平洋からの湿潤な空気が継続的に流入**する場合，大雨や**集中豪雨**が発生します。

もちろん，台風の接近・上陸によっても大雨の危険があります。台風の周囲を吹く反時計回りの風が，山地の南東斜面で連続的に上昇気流を発生させる場合は特に注意しなくてはいけません！ **大雨や集中豪雨が発生**するおそれがあるのです。かなり日本列島から離れていても，台風の渦は周囲の大気に影響を与えていますから要注意です！ 大雨や集中豪雨が発生すると，洪水災害が深刻化するだけでなく，土砂災害の引き金にもなるのです。

＊日本列島の北に位置するオホーツク海気団（オホーツク海高気圧）に対して，南に位置する小笠原気団（太平洋高気圧）が北上することによって，停滞前線が形成。南北の気団が衝突したところには，東西数千kmにわたって梅雨前線ができ，徐々に北に移動していく。北海道では顕著な梅雨はみられないが，南西諸島では5月に，本州，四国，九州は6月に梅雨入りする。梅雨末期には，集中豪雨を伴うことがある。太平洋高気圧は，太平洋で発達する亜熱帯高圧帯の一部で，北太平洋高気圧と南太平洋高気圧に分かれる。日本の天気予報などで使用される太平洋高気圧は，北太平洋（小笠原）高気圧のことを指す。
＊＊秋霖ともよばれる停滞前線で，秋の台風シーズンと重なるため，台風から秋雨前線に温暖湿潤な気流が流れ込み，積乱雲が発生し，大雨をもたらすことがある。

④ 都市と自然災害　自然災害が都市を襲うって…，いったいどこが危険なんだろう？

気象災害ってなんとなく，地方の大河川沿いとか山間部で発生しているというイメージがあるかもしれませんが，都市化が進んでいる日本では，**都市特有の災害**（都市型水害）に見舞われることもしばしばあります。都市の危険はどこにあるのでしょう？

① 都市型水害って？

森林は，「緑のダム」とよばれるように，降った雨が土壌に浸透したり，樹木に付着したりして，**河川に流入する水の量や時間をコントロール**してくれます。すごいですねえ，人がコントロールしなくても，森林や土壌がいつの間にか水を調節してくれている。でも，都市化が進んでいる地域ではどうでしょう？　私も最近は，家の庭以外で土の上を歩くことがほとんどなくなりました。みなさんはいかがですか？

私は小学生の時，東京都の〇〇区に住んでいたのですが，通学時はほとんど土の上を歩いていました。舗装されていない道路がいたるところに…。ところが，最近の高校生に「家から教室まで，一度も土の上を歩いてこなかった人？」ってたずねると，ほぼ全員の手があがる！

都市部では，地表のほとんどが**アスファルト，コンクリート，建築物に覆われています**。すると降った雨

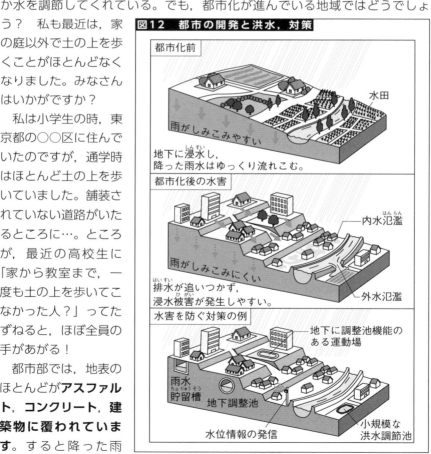

図12　都市の開発と洪水，対策

都市化前

水田

雨がしみこみやすい

地下に浸水し，
降った雨水はゆっくり流れこむ。

都市化後の水害

内水氾濫

雨がしみこみにくい

排水が追いつかず，
浸水被害が発生しやすい。

外水氾濫

水害を防ぐ対策の例

地下に調整池機能のある運動場

雨水
貯留槽　　地下調整池

水位情報の発信

小規模な
洪水調節池

は，すべて排水路や小河川に流入し，さらには排水が追いつかない場合には，そこから低地に流れ込み内水氾濫が起こってしまうのです（**図12**）。しかも都市部には，**地下街，地下鉄，アンダーパス**（掘り下げ式の立体交差）**など危険箇所**が目白押し！！！

そして，意外に都市部で気づかないのが，暗渠*の多さ…。たとえば，東京を例にお話をしてみましょう。東京の街を歩いていると，よっぽど大きな河川じゃないと，河川のことを意識しませんよね。荒川，石神井川，神田川，目黒川，多摩川などは，立派に河川として認識されています。しかし，東京の大地を侵食しつつ，低地に流れ出るこれらの河川には，数多くの支流（支谷）があるのです。さらには，江戸時代に人工的に開削された水路も多くありますから，実は東京に無数の河川（水路）が流れている…はずなのに，ほとんどその姿を見ることはありません。どうしてなんでしょう？

それは，**東京の近代化とともに，小河川が主に下水道などの排水路に変わっていった**からです。あたりまえですが，河川は，高いところから低いところに流れます。この性質を利用して，工場や家庭からの排水を流すことにした。しかし，排水・汚水は汚くて臭い！！！

そこで，**多くの小河川は暗渠化**（ふたを）され，土の中に埋められていったのです。われわれが歩いたり，自動車が走っている道路の下が，実は暗渠化された河川だなんて，信じられませんけどね。

暗渠は，通常の河川と異なり目視できないため，ハザードマップなどを利用しないと存在がわかりません。集中豪雨などの際に，大量の水が暗渠などに流れ込むと，排水が追いつかず，マンホールが浮き上がり，そこから下水が噴出することも！　さらに冠水した道路では，マンホールの位置がわかりませんから，極めて危険です。**絶対に冠水した道を歩くのはやめましょう！**

このような都市型水害の被害を減らすため，公園や運動場を洪水調整池（万が一の時は，ここに水がたまる）にしたり，地下に大規模な空間を設ける地下調整池や地下河川の建設なども行われているのです。きっとみなさんの身近なところにも，このような水害対策がなされているはずですよ。調べてみるとちょっと面白いかも。

*ここで使用している暗渠は，近年「暗渠めぐり」などで取りあげられている，もともと河川や水路であったところという意味ではなく，人工的に地下に埋没させた水路のことを指す。

② ヒートアイランドって，なんのこと？ 「熱の島」？

東京では，過去100年間で，3℃程度気温が上昇しているようです。これは，

地球温暖化の影響もあるでしょうが，どうもそれだけではないようですね。夏の日中は特にですが，都市部はすごく暑いですよねえ。街の温度計なんかをみると「えっ！　うそだろう！　天気予報の予想最高気温よりはるかに高い！」なんていう経験があるのではないでしょうか。ところが，ちょっと郊外まで遊びに行くと，「とても同じ○○市とは思えない！　けっこう涼しいなぁ」ってなることがあります。これはなんなのでしょう？

　都市では，畑や水田，**森林などの緑地が減少**し，河川なども埋め立てられたり，暗渠化されたりしています。緑地が吸収した水は，気温が高くなると，地表面や空気の熱を奪って蒸発します。緑地や水域が減少すると，地面や空気の熱が奪われず，こもったままになってしまうのです。これは，暑いはず！

　さらに，地表を覆っている**アスファルトやコンクリートなどの人工物**が日中の日射による熱を蓄えます。子どもの頃，真夏にアスファルトを触って「熱い！！！」という経験をした人はたくさんいると思います。もちろん，私も（笑）。

　これに，**自動車やエアコンからの人工的な排熱**が加わります。自動車が増加し，家庭やオフィスでのエアコン稼働台数も増加していけば，夏はますます暑くなる！

　このへんで終わりたいのですが，もう１つだけ！　都市部，特に都心では高層ビルなどの建物が密集しています。すると風の道が遮られて，街の熱がこもったままになるのです。

　こんなふうに，**都心部の気温が郊外より高くなってしまう現象**をヒートアイランド（heat island）とよんでいます。等温線を描くと，都心部が島のように高温になっていることから，こうよばれるようになりました（**図13**）。ヒートアイランド現象が進行すると，真夏日や熱帯夜が増加し，不快になります。また，熱中症の増加など健康被害も深刻ですよね。特に，お年寄りはとっても心配！さらに，ヒートアイランドによって，局地的な上昇気

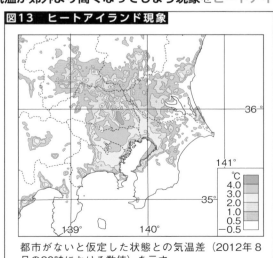

図13　ヒートアイランド現象

都市がないと仮定した状態との気温差（2012年8月の20時における数値）を示す。

流が発生し，マスメディアなどでゲリラ豪雨ともよばれる集中豪雨との関係性も指摘されています。

　ではどうすれば，ヒートアイランド現象を少しでも防ぐことができるでしょう？　国土交通省を中心に民間の協力をあおぎながら，さまざまな対策が行われています。

　まずは，高層ビルなどの屋上や「緑のカーテン」とよばれる壁面の緑化，公園の整備などの促進です。また，舗装や塗装で温度の上昇を抑える努力も続けられています。雨などの水分を吸収して蓄えておける保水性塗装などが代表的な例です。蓄えられた水分が，アスファルトなどの熱を奪いながら蒸発するので，温度上昇を防ぐのです。すごいですねえ，さすがは技術大国日本！　太陽光を吸収しにくい素材や塗装の利用も有効です。

　ちょっとタイプは異なりますが，雨水などを蓄えて行う「打ち水＊」の実施も国土交通省は奨励しています。国民の意識を高める効果もあるようです。

　でも，いちばん大切なことは，われわれ1人1人が，無駄なエネルギーを消費しないようにすることなんでしょうけどね。

＊水が蒸発する際の気化熱の働きによって周囲の温度を下げる行為で，日本では古くから行われてきた。近年は，都市部で雨水や下水再生水などを利用した打ち水を，ヒートアイランド対策として多くの自治体が奨励している。

地球環境問題

1 地球環境問題 　「宇宙船地球号（Spaceship Earth）」の危機！！！

　人間は，より生活を豊かにするために，これまでにさまざまな経済活動を行ってきました。**狩猟・採集**に始まり，**農業**，**水産業**，**林業**，**工業**，**商業・サービス業**など実にいろいろな産業を発展させてきたのです。そして，大昔に比べれば，ずっと便利で快適な生活を手に入れました。でも，その代償として地球環境に大きな負担をかけてしまったのですね。これこそ，今われわれが直面している環境問題です。

　人間は，上手に自然と共生してきたはずです。どうして，地球環境を破壊してしまうような存在になってしまったのでしょう？　むしろ，人間は自然に負けていたはずなのに…。

　一つは，やはり**人口の増加**です。世界の総人口がまだ少なかった頃，たとえば今から2,000年以上前の紀元前後の世界総人口はたったの３億人程度でした。人口が少なければ，汚染物質の排出も少なく，地球の自浄能力が勝ります。ところが，現在は80億人を超えていますから，地球の負担はすごく大きくなった！

　もう一つは，**科学技術の進歩による工業化の進展**です。**大量生産・大量消費に伴う大量の汚染物質や温室効果ガスの排出！**　さらには，プラスチックのように自然界が分解しにくい製品の不適切な処理なども拍車をかけています。

① 宇宙船地球号！

　1963年，アメリカ合衆国のバックミンスター・フラー（Buckminster Fuller）は，『宇宙船地球号操縦マニュアル』の中で，**地球上の資源の有限性や資源の適切な使用**を語りました。その中で登場したのが "Spaceship Earth（宇宙船地球号）" です。われわれは，「宇宙船地球号」の乗組員です。みんなで力を合わせて宇宙空間を旅しています（そのはずですが）。ところが乗組員たちは，快適な生活を求めるあまり，限られた宇宙船（地球）の燃料（化石燃料）を，旅の途中のわずかな期間で，すべて消費してしまおうとしているのです。太陽，水力，風力などの利用できるエネルギーが無限にあるのに…。

　現在，**人類は地球の持続可能な範囲をこえる資源・エネルギーを消費**しています。そのため，次から次へとさまざまな地球環境問題に直面しています。一刻も早く持続可能な範囲で資源・エネルギーを消費していくライフスタイルに

転換を図る必要があるのです。

2 地球温暖化　温暖化したら，どうしてダメなの？

　今から40年以上前，西南学院高等学校の専任教諭だった頃（教え子たちは，みんな元気にしてるかなー？），授業中に「地球温暖化」の話をしても，一部の生徒を除いては「地球温暖化に直面している！」という切実な危機感はなかったように思います。でも，現在は小学生だって「温暖化」を口に出すほど，誰でもが知っているし，問題意識も高くなっていますね。

① 温暖化はなぜ起こる？

　地球温暖化には，**自然変動**によるものと**人為的要因**によるものがあります。たとえば，「中生代は気温が高く恐竜の天国！」，「更新世には何度も氷期が訪れた」とか，日本でいえば「縄文時代は気温が高かったから，関東地方の谷や低地に海水が浸入していた（縄文海進）」，「江戸時代は気温が低かったから，たびたび飢饉があったらしい」とかは，明らかに自然のサイクルによる自然変動です。

(1) 温暖化の敵は，温室効果ガス？

　われわれがここで問題にしている温暖化は，**人為的要因による温暖化**です。現在地球の平均気温は14－15℃といわれていますが，もし大気中に水蒸気，二酸化炭素，メタンなどの温室効果ガスがなかったら，な・な・なんとマイナス19℃！！！　とんでもなく寒い地球になってしまいますね。太陽光は，地球の大気をほぼ素通りして地表面を暖めます。そして，**地表からの輻射熱を温室効果ガスが吸収し，大気を暖めてくれている**のです。ということは，温室効果ガスは大切！

　でも，最近では「温室効果ガス＝悪者」というイメージが定着していませんか？　温室効果ガス自体が悪いのではなく，経済活動に伴って**二酸化炭素，メタン，フロンなどの温室効果ガスが大量に排出**され，大気中の濃度が高まり熱の吸収が増加したから，気温上昇しているっていうことが問題なのです。IPCC（気候変動に関する政府間パネル）の第4次評価報告書によると，温室効果ガス別の地球温暖化への影響は，二酸化炭素（76.7％），メタン（14.3％），一酸化二窒素（7.9％），フロン類（1.1％）となっています。ということは，**石炭，石油などの化石燃料を燃焼した際に排出される二酸化炭素が最大の温暖化の原因**になっているようなのです。

二酸化炭素濃度は，いったいいつ頃からこんなに増え始めたのでしょうか？みなさんの頭の中には，きっと「○○○○」の四文字が！　そうですね，「**産業革命**」によって，**石炭などの化石燃料が大量消費**されるようになった時期から増加を始め，今では産業革命前に比べると40%以上増加していて，**過去80万年間で最大の濃度**になっていると報告されています。これは，とんでもない状態になっている…。

温暖化によって多少のメリットを享受できる国・地域もあると思います。ロシアの北極圏航路開通，農作物の可耕地や可住地の拡大などですね。でも，あまりにもデメリットが大きすぎる！！！

それでは，**気温が上昇するといったいどんな問題が生じるのでしょう？**

② 海面上昇すると，低地の国が水没！　でも，それだけじゃない…

IPCC の報告によると，20世紀（正確には1901－2010年）中の海面上昇＊は，約19cm だったそうです。そして今後，今のペースで温室効果ガスが増加すれば，21世紀末までに80cm 以上海面が上昇する可能性があると予想されているのです。

温暖化によって気温が上昇すると，**海水の熱膨張**が生じることによって海水の体積が大きくなります。さらに，南極やグリーンランドなどの**氷床（大陸氷河）が融解**し，**陸地から海に水が流れ込む**ことによって，海面が上昇します。

現在，海面上昇のスピードは，年間3mm 以上といわれています。

「50cm や80cm，1m くらい海面が上昇したからといって，そんなに問題が生じるのか？」って思われる方もおられるかもしれませんが，海面が1m上昇すると，**海面標高に近いような低地は水没**します。海面上昇すると，波浪もより一層内陸部まで到達しますから，砂浜などが侵食されていきます。**日本だって，約90%の砂浜が消失**し，**東京などの海抜0m地帯などは水没**してしまいます。ものすごい被害です！　なんせ復旧・復興できない…。日本の国土の一部が海の中に消えてしまう。

日本以上に海面上昇が深刻なのは，国土の標高が低い**サンゴ礁島**からなる国々です。観光地のクリスマス島＊＊などで知られる南太平洋の**キリバス**は，国土の平均標高が約2m と極めて低く，50年後には首都タラワが浸水で機能しなくなるのではといわれています。すでに海面上昇による**塩害**で，耕作が困難になっている地域も存在するそうです。海岸付近の住民は内陸部への移住を進めていたり，フィジーに土地を購入＊＊＊したりと，対策を練っています。

同じく太平洋の**ツバル**，インド洋の**モルディブ**などでも水没が危惧されています。モルディブは，1,000以上の環礁などの島々からなる国ですが，国土の

平均標高は約1m，最高峰でも約3m！！！　信じられないくらい低い…。
すでに，**ほぼ全ての島で浸水や海岸侵食が報告**されています。自分の国が消失
してしまうなんて，あまりにも悲しすぎる！

　サンゴ礁島だけでなく，**国土の大部分を三角州**が占める**バングラデシュ**（ガ
ンジス川），**オランダ**（ライン川），低地が大半を占めるイタリアの**ヴェネツィ
ア**など世界各地で，浸水，水没が懸念されているのです。

＊ IPCC（気候変動に関する政府間パネル）の報告（2014年）によると，21世紀中に，気
温は0.3～4.8℃上昇し，海面は0.26～0.82m上昇する可能性が高いとされている。気候変
動を解決するためには，産業革命前の気温と比べて，気温の上昇を1.5℃以内に抑える必要
があると唱えられている（2021年，IPCC第6次評価報告書）。
＊＊1777年12月24日（クリスマス・イブ）に，イギリスの探検家ジェームズ・クックがこ
の島にたどり着いたことが島名の由来。
＊＊＊キリバス政府は，フィジーに約20km^{2}の広大な土地を購入し，フィジー大統領は公式
に受け入れを表明。

③ 気温上昇にともなって直面するさまざまな問題

　気温上昇は，海面上昇だけでなく，予想もしなかったような問題を引き起こ
しています。①～⑤のうち，いくつくらい耳や目にしたことがありますか？

①**北極海の海氷の融解**　北極海の海氷が融けても，直接海面は上昇しない（ア
　ルキメデスの原理）が，海氷が融けると太陽光を反射しなくなり，海水がま
　ともに熱を受け止めるため，**温暖化が助長**される。
②**永久凍土の融解**　シベリア，アラスカ，カナダの地中に分布する永久凍土が
　融解し，建造物の倒壊が起こる。また，凍土に含まれていた**温室効果ガスの
　メタンが放出**されることによって，温暖化が助長される。
③**感染症の拡大**　マラリア，デング熱，日本脳炎などの蚊などを媒介とする熱
　帯性の**感染症**が，**温帯などの高緯度側に拡大**。
④**熱帯低気圧の勢力拡大**　より大規模な台風などの熱帯低気圧の発生で，**洪
　水，高潮などの風水害が拡大**。
⑤**高山地域における氷河湖の決壊**　ヒマラヤ山脈などにある山岳氷河が融解す
　ると，融雪水が下流側の氷河湖に流入し，氷河湖の決壊によって，より**下流
　側の集落などに洪水被害**をもたらす。

　このほかにも，**干ばつ・大雨の発生**，**植生の変化**，**食料生産への影響**など数
え切れないほどの問題が発生しています。

④ 気候変動に立ち向かえ！

気候変動に立ち向かうため，1992年にブラジルのリオデジャネイロで開催された地球サミット（環境と開発に関する国連会議）で，気候変動枠組み条約が締結され，本格的に温暖化対策がスタートしました。さらに，1997年には温暖化防止京都会議（第3回気候変動枠組み条約締約国会議：COP3[*]）が開催され，**先進国の温室効果ガス削減目標値を設定**（京都議定書），2015年には第21回気候変動枠組み条約締約国会議（COP21）が開催され，**すべての加盟国の協力で温室効果ガスを削減**することに合意したパリ協定が結ばれたのです！　化石燃料の消費から脱却し，できるだけ再生可能エネルギーに転換していこうという脱炭素社会を目指しています。

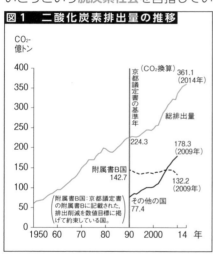

図1　二酸化炭素排出量の推移

CO₂-億トン

京都議定書の基準年

（CO₂換算）361.1（2014年）

総排出量

224.3

178.3（2009年）

附属書B国 142.7

132.2（2009年）

附属書B国：京都議定書の附属書Bに記載された，排出削減を数値目標に掲げて約束している国。

その他の国 77.4

1950 60 70 80 90 2000 14 年

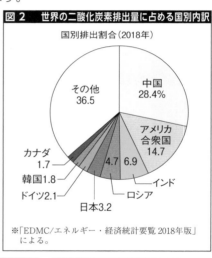

図2　世界の二酸化炭素排出量に占める国別内訳

国別排出割合（2018年）

その他 36.5

中国 28.4%

アメリカ合衆国 14.7

インド 6.9

ロシア 4.7

日本3.2

ドイツ2.1

韓国1.8

カナダ 1.7

※「EDMC/エネルギー・経済統計要覧2018年版」による。

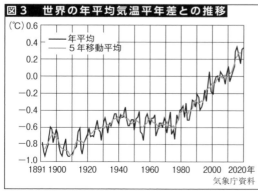

図3　世界の年平均気温平年差との推移

（℃）

年平均
5年移動平均

1891 1900 1920 1940 1960 1980 2000 2020年

気象庁資料

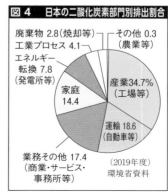

図4　日本の二酸化炭素部門別排出割合

廃棄物 2.8（焼却等）
工業プロセス 4.1
エネルギー転換 7.8（発電所等）
家庭 14.4
業務その他 17.4（商業・サービス・事務所等）
運輸 18.6（自動車等）
産業34.7%（工場等）
その他 0.3（農業等）

（2019年度）環境省資料

3 オゾン層破壊　オゾン層っていったいなんだろう？

　太陽からの紫外線をすべて浴びると，われわれ人間も動植物もみんな死んでしまうはずです。でもわれわれは，毎日のように日光を浴びても元気に暮らしています。なぜなら，地表から10－50kmほど上空の成層圏に薄く広がる**オゾン層**によって，**有害な紫外線の一部が吸収**されるので，せいぜい日に焼ける程度で過ごすことができているのです。

　ところが，1980年代の初め頃，南極上空でオゾンの濃度が著しく減少した**オゾンホール**＊＊が観測されました。オゾン層の破壊が進むと，従来なら「若いうちは多少日に焼けたって大丈夫！」，「日に焼けてる方が健康的でいい」だったのに，そうは言えなくなってしまった！　有害な紫外線が，生物の染色体や免疫機能に悪影響を及ぼしたり，皮膚の老化（しみなど）や皮膚がん，白内障などを発生させたりする危険が増加します。**健康被害**だけでなく，**農作物の成長障害**，**浅海のプランクトンの死滅**など大変な事態に発展してしまうのです。

① フロンガス撤廃！

　オゾン層破壊物質は，フロン＊＊＊です。フロンは，第二次世界大戦前にアメリカ合衆国で開発された化合物で，当時の冷媒として使用されていたアンモニアにかわる物質として開発されました。フロンが開発・導入されるようになったときは，「人体に無害で，燃えないし，こんなに便利な物質はない！」ともてはやされたのです。**クーラーや冷蔵庫の冷媒**，**スプレーの噴射剤**，**半導体の洗浄剤**として大人気になりました…。

　ところが，このフロンこそが大切なオゾン層を破壊してしまう物質だったのです！　1985年の「オゾン層保護のためのウィーン条約」と，これに基づくモントリオール議定書（1987年）によって，**オゾン層破壊物質の生産禁止**の動きが活発化したため，破壊されたオゾン層が少しずつ修復されてきていることがNASA（アメリカ航空宇宙局）によって報告されています。久しぶりの明るい話題です！　人間，やればできる！

＊締約国会議（Conference of the Parties：COP）のこと。国連気候変動枠組み条約第3回締約国会議をCOP3という。

＊＊オゾン層が薄くなって，穴があいているように見えるところ。

＊＊＊不燃性のガスであることから，冷媒，噴射剤，洗浄剤として重宝され，20世紀半ばに大量生産・消費された。対流圏では安定しているが，成層圏まで上昇すると紫外線と反応し，塩素原子（Cl）を放出することから，オゾン（O_3）からOを奪い取り，ClOとO_2になることによって，連鎖的にオゾン層を破壊する。1980年代に南極でオゾンホールが発見され，そのオゾン層破壊の深刻さが問題となった。

4 森林破壊　　熱帯林はどうして破壊が進む？

　日本は，国土の68.4%（2018年）**が森林**，そのほとんどが山地に分布しています。森林は，用材（工業製品の原料や建築資材）と薪炭材（燃料）の重要な供給源ですが，その他にも大切な多面的機能を持っています。

① 森林の多面的機能

　まずは，地球環境の保全です。光合成を通じて**二酸化炭素を吸収し，酸素を供給**するなど気候環境を安定させます。次に，生物多様性の保全も重要です。さまざまな動植物の生息地を提供し，遺伝子や生物種の保全に役立ちます。これ以上森林が破壊されると，多くの動植物が死滅してしまうでしょう。これはなんとか阻止しなければなりません！

　水源涵養の機能は，意外に見逃されがち！　**河川流量の調整による洪水緩和，地下水の涵養**※**による水資源貯留，水質の浄化**などの機能も持っています。

　日本にとって，水源涵養とともに重要なのが，土砂災害防止機能です。日本の山地林を全て伐採したら，日本の国土はもうめちゃめちゃ！　森林には，**土壌侵食の防止**や**斜面・地盤崩壊の防止**に対する優れた機能があります。このほか，レクリエーション，行楽，スポーツなど余暇活動の場を提供します。森林の多面的機能ってすごいですねえ！

※地下水を養い育てることで，地表に降った雨が，地下に浸透して帯水層に水が供給されること。

② 熱帯林の破壊は深刻！

　森林を形成する気候は，A（熱帯），C（温帯），D（亜寒帯）です。B（乾燥帯）とE（寒帯）には森林は分布していません。近年，森林破壊が問題となっていますが，**森林の約50%を占める熱帯林の破壊・減少**はとっても深刻です（**図5**，**図6**）。

　どうして，熱帯林の破壊が深刻なのでしょう？　むしろ温帯の森林の方が開発が進んで危険な気がしますが…。熱帯林が分布している地域は，大部分が発展途上地域で，人口が増加しています。すると，どうしても食料と燃料が必要になる！　そこで，食料を獲得するための**焼畑の拡大**や燃料を確保するための**薪炭材の過伐採**が行われてしまい，再生が間に合わなくなってしまうのです。それ以外にも，**プランテーションの拡大**，**過度の商業用伐採**，**ダム**，**鉄道**，**鉱山**，**道路建設による開発伐採**，**放牧地の拡大**などによる熱帯林破壊も進行して

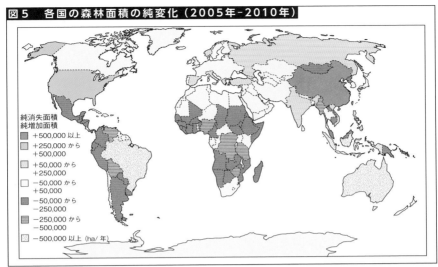

図5　各国の森林面積の純変化（2005年−2010年）

純消失面積
純増加面積
- ■ +500,000 以上
- ■ +250,000 から
　+500,000
- □ +50,000 から
　+250,000
- □ −50,000 から
　+50,000
- ■ −50,000 から
　−250,000
- ▤ −250,000 から
　−500,000
- ▨ −500,000 以上 (ha/ 年)

います。温帯林も，古くから農地への
転用などを目的として，伐採が進みま
したが，現在は**計画的な伐採と植林**が
行われているため，減少どころかむし
ろ増加傾向にあります。

(1)　**熱帯林は再生が難しい！**

　熱帯林を広範囲で伐採したとしま
す。森林がなくなると，地表には土壌
が露出しますね。熱帯の**ラトソル**とい
う赤色土が，表層を薄く覆っていま
す。ここに，積乱雲の発生による激し
い**スコール**が降るとどうなるでしょ

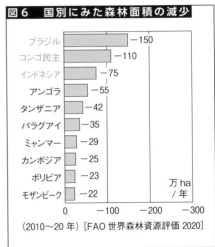

図6　国別にみた森林面積の減少

国	万ha/年
ブラジル	−150
コンゴ民主	−110
インドネシア	−75
アンゴラ	−55
タンザニア	−42
パラグアイ	−35
ミャンマー	−29
カンボジア	−25
ボリビア	−23
モザンビーク	−22

（2010〜20 年）[FAO 世界森林資源評価 2020]

う？　表層の土壌は，削剥され，**土壌侵食・土壌流出**を起こしてしまいます。
すると，熱帯林の再生は難しくなります。さらに，とってもマズいことが！
　スコールで水を含んだラトソルは，日中の強烈な日差しによって，**ラテライ
ト化**という，まるでレンガみたいにカチカチに固まってしまう現象を起こすの
です。もう二度と樹木が生えない…。**熱帯林の再生が困難**な理由です。

5 砂漠化　　砂漠化ってなんだろう？　　日本にはもともと砂漠がないし…

　砂漠化とは，気候変動による自然的要因や経済活動などの人為的要因で，**ステップ気候などの半乾燥地域の植生が失われてしまうこと**です。

① サヘルの砂漠化

　砂漠化が進行している地域で，最も知られているのは**サハラ砂漠の南縁地域**である**サヘル**＊だと思います。ここは，**短草草原が広がる典型的なステップ気候**で，ギニア湾から吹き込む南西モンスーンや赤道低圧帯の北上で，夏季にわずかですが降水がみられます。

　ところが，1960年代後半から1980年代にかけて**干ばつ**（大規模な水不足）が続きました。主食である**ソルガム**（モロコシ）は，高温乾燥に強いのですが，さすがに雨が降らない期間が長く続くと枯れてしまいます。人口増加によって多くの羊や山羊を飼育していますから，水やエサの不足によって，これらの家畜は少ない草を根こそぎ食べ尽くし，土地が不毛化していったのです。

＊アフリカ・サハラ南縁に広がる半乾燥地域。セネガル，モーリタニア，ブルキナファソ，マリ，ニジェール，チャド，スーダン，南スーダン付近を指す。砂漠化が極めて深刻で，アフリカでも最貧国が多く位置する。

② 砂漠化の人為的要因

　砂漠気候（BW）の周辺に分布する**ステップ気候**（BS）は，常に砂漠化の脅威にさらされています。発展途上国で砂漠化が問題になるのは，**人口増加**にともなって，**家畜の過放牧**，**薪の過伐採**，**過耕作による塩害**（土壌の塩類化）＊や**土壌侵食**などが生じるからです。ただ，砂漠化は，サヘルなどの発展途上地域だけで起こるものではなく，アメリカ合衆国の**グレートプレーンズ**＊＊やオーストラリアの**マリー・ダーリング盆地**＊＊＊など先進国の半乾燥地域でも深刻です（**図7**，**図8**）。

　深刻な砂漠化ですが，もちろんただ手をこまねいているわけではありません。砂漠化を防止するための国際的な取り組みも行われています。1996年には**砂漠化対処条約**が発効し，国連やNGO（非政府組織）の主導・協力で植林活動などもさかんに行われているのです。

＊乾燥・半乾燥地域で過剰な灌漑を行うと，水にとけやすい塩類が土壌中の水分とともに毛細管現象によって上昇し，塩類が地表近くに集積する現象で，作物栽培が困難になる。

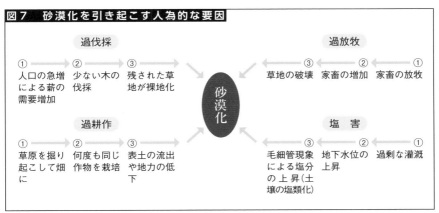

図7　砂漠化を引き起こす人為的な要因

過伐採
① 人口の急増による薪の需要増加 → ② 少ない木の伐採 → ③ 残された草地が裸地化

過放牧
③ 草地の破壊 ← ② 家畜の増加 ← ① 家畜の放牧

砂漠化

過耕作
① 草原を掘り起こして畑に → ② 何度も同じ作物を栽培 → ③ 表土の流出や地力の低下

塩害
③ 毛細管現象による塩分の上昇（土壌の塩類化） ← ② 地下水位の上昇 ← ① 過剰な灌漑

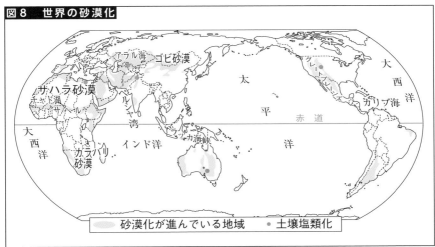

図8　世界の砂漠化

砂漠化が進んでいる地域　・土壌塩類化

＊＊アメリカ合衆国・ロッキー山脈東麓に広がる台地状の平野。BS（ステップ気候）が分布しており，肉牛の放牧や飼料栽培が行われている。

＊＊＊オーストラリア南東部，マリー川とダーリング川流域の平野。BS（ステップ気候）が分布しており，河川水を利用した灌漑によって同国最大の小麦栽培地を形成。

6 水資源問題と仮想水　「水の惑星」なのに水資源問題？

　日本は，世界的にも雨が多いところなので，水不足というより水害の方が話題になりますよね。

① 水の惑星

　「**水の惑星**」とよばれるように，地球上には約14億 km^{3}の莫大な水があります。でも，その大部分は海水（**97.2%**）で，淡水はわずか**2.8%**しか存在していないのです。しかも，ここからが大問題！　淡水のうち，**76.8%**が氷河・氷雪です。残る淡水の**22.5%**は地下水で，河川水，湖沼水，土壌水，水蒸気などの**地表水はわずか１%にも満たない**のです。地球上の水の総量からすると，たったの0.01%しかないのですから本当にびっくり！　地球上には水が豊富にありますが，実際に使用できる水がこんなにも少ないとは。いかに大切に水を使わなければならないかということが，この数値を見ると一目瞭然。

　水資源に関する指標のうち，**１人当たり水資源賦存量**という指標がしばしば使用されます。これは，**理論上人間が最大限利用可能な水資源量**のことで，降水量から蒸発散量を引いたものに，面積を乗じてその国の人口で割って求めた値（**m^3/ 人・年**）です。日本の１人当たり水資源賦存量を海外と比較すると，世界平均の1/2以下で，その背景には，地形が急峻で河川延長が短く，降水は梅雨期や台風襲来期の短期間に集中するため，**水資源のかなりの部分が洪水となり，水資源として利用されないまま，海に流出**してしまうことがあります。もったいないですねえ。

② アラル海は消滅の危機！

　18世紀後半の産業革命以降，資本の蓄積や技術的な進歩によって，人間の生活は飛躍的に便利になりました。でも，その反面，さまざまな地域で水資源の枯渇や減少を招いてきたのです。その中でも，「**20世紀最大の環境破壊**」といわれるのが，「**アラル海の縮小**」です。

　アラル海は，中央アジアに位置する塩湖*です。地図を見ると，東経60度付近を通過するウラル山脈の南側にあります。きっとカザフスタンとウズベキスタンの国境付近に，細長い湖がみつかるはずです。おそらく50－70代の方は，こんな形の湖は見たことがないのではないでしょうか。なぜなら，私が学生の頃は，「アラル海は，世界第４位の湖だ！」と地理の先生から教えてもらい，地図帳を見ても，カスピ海の右隣にかなり大きな湖があったからです。

　1960年代には世界第４位の湖だったアラル海は，現在４つの小さな湖（小アラル海，バルサ・ケルメス湖，東アラル海，西アラル海）に分裂し，消滅の危機にさらされています。いったいなぜこんな悲劇が起こってしまったのでしょう？

　まだ，この地域がソ連**だった時代，1940年代にソ連は各地で「**自然改造**

計画***」を実行していました。社会主義ソ連のプロパガンダの一つだったのでしょうが、「社会主義は、砂漠を緑豊かな農地に変えることができる！」と謳い、**乾燥地域を綿花栽培地**にするために、**大規模な灌漑**を始めたのです。

アラル海は、内陸湖で流出河川を持たない塩湖*です。アラル海の水は、塩水ですから灌漑には使えませんよね。もし灌漑したら、綿花はすべて枯れちゃいます。でも、アラル海に流入する**シルダリア****（シル川）と**アムダリア*****（アム川）は灌漑用水に使用できます。そこで河川からどんどん取水しました。さらにアムダリアの水をトルクメニスタンの首都付近まで導水するために、**カラクーム運河**（灌漑用水、都市用水に利用されたが、運河河床の防水対策がほとんど行われていなかったため、多くの水が目的地に到達する前に消失）を建設したのです。このように**綿花栽培のための灌漑用水や都市用水を過剰取水**した結果、1960年代には急速に湖面面積が縮小し始め******、1970年代には**塩分濃度の上昇**によって、古くから行われてきた漁業（キャビアを採取するチョウザメなど）ができなくなるという事態に陥りました。

そして1989年、ついにアラル海は、小アラル海と大アラル海に分裂してしまったのです。アラル海の縮小は、周囲の降水量の減少などの**気候変動**だけでなく、干上がった湖底からまいあがった砂塵に含まれる**塩分・農薬による健康被害**や**植生・農地の破壊**までももたらしたのです。

ただ、冷静に考えれば、アラル海周辺は砂漠気候やステップ気候などの乾燥地域で、降水量は極めて少ない。しかも、主な流入河川はアムダリアとシルダリアだけ！　これらの河川の流入で、アラル海の水位を保っているとすれば、河川から過剰に取水すれば、アラル海は消滅するということは、小学生でもわかるような気が…。**本格的に破壊した自然は、二度と元には戻らない**。これが「20世紀最大の環境破壊」です。

＊塩分濃度が高い湖で、アラル海は海水よりも塩分濃度が高くなってしまった。
＊＊ソヴィエト社会主義共和国連邦のこと。ロシア革命後の1922−1991年まで存在した世界初の社会主義国家。ロシア、ウクライナ、カザフスタンなど15共和国で構成されていた。
＊＊＊1940年代、ソ連のスターリンによって提唱された計画。ソ連の厳しい自然環境に対して、農地拡大、運河建設などを通じて農業生産性などを高めようとした。
＊＊＊＊テンシャン（天山）山脈から流出し、アラル海に注いでいた河川。現在は、北アラル海に流入。
＊＊＊＊＊パミール高原・ヒンドゥークシ山脈付近から流出し、アラル海に注いでいた河川。現在は、河口部がほぼ干上がっている。
＊＊＊＊＊＊1960年代には年平均20cm、1970年代には年平均60cm 水位が低下したといわれている。

③ 仮想水って，いったいなんだろう？

日本は，世界でも極めて降水量が多い国です。「石油などのエネルギー資源は莫大に輸入しているけど，水に関してはそれほど他国には迷惑をかけていない！」と思いがちですが，どうもそうとはいえないところがあるようです。

みなさんは，仮想水（ヴァーチャルウォーター：virtual water）という用語をご存じですか？　時折，新聞などのメディアでは使用されているようですが。比較的，最近地理の授業を受けられた方なら，習ったことがあるかも。

仮想水＊というのは，**食料を輸入している国において，もしその輸入食料を自国で生産したとしたら，どれくらいの水が必要かを推定した指標**です。ロンドン大学や東京大学での研究が知られています。

たとえば，１kgのトウモロコシを輸入するとします。ちなみに**日本は飼料用トウモロコシの自給率は０％**で，ほぼすべてをアメリカ合衆国などから輸入しています。トウモロコシ１kgの生産には，灌漑用水がなんと1.8t（1,800L）必要になります。つまり，トウモロコシを輸入するということは，トウモロコシそのものだけではなく，大量に水も輸入していることになります。そして，輸出国（この場合はアメリカ合衆国）の水資源に，かなりの負担をかけているということになってしまうのです。

牛肉になると，もっとすごい数値が出てきます。牛肉１kgを生産するには，肉牛の飲み水だけでなく，トウモロコシや大豆などの飼料を栽培するための灌漑用水も必要になります。牛肉１kgを輸入すると，びっくり仰天，なんと20tもの仮想水を輸入しているのです。20tと言われてもピンときませんね。20tというのは，**バスタブ100杯分！！！！！**

このことを知ったからといって，この件で世界中の国に謝罪する必要はありませんが，**海外での水不足などの水資源問題は，「日本と無関係ではない！」**という認識は必要ですね。環境省のHPに，仮想水計算機というのがありますから，是非のぞいてみてください。きっと興味深い数値が出てくると思います。

＊農産物の仮想水は，主に灌漑（河川や地下水から人工的に農地に給水）で使用した水で，天水による生産は仮想水に対する影響がほとんどないと考える。

農業の成立と発展

1 農業の成立と立地条件　農業は，最も歴史が古い産業！

　経済が発展すればするほど，就業人口の割合は，**第1次産業**（農林水産業）→**第2次産業**（鉱工業，建設業）→**第3次産業**（商業，サービス業，金融・保険業，運輸・通信，医療・福祉，教育，公務など第1次と第2次に含まれないすべての産業）へと移行していきます。これは，生産性や収益性がより高い業種を求めた結果だと思います。すると，どうしても日本のような先進国では，農業就業人口の割合が低く，ほとんどの国が10％未満になる！　つまり，「農業やってる人って，周囲にはあんまりいないなぁ」ということになります。

　しかし…，農業は，「**こんなに重要な産業はない！**」というほど，われわれの生活に欠かせない産業です。そこで，今回のテーマでは，地理的に農業を考えてみたいと思います。よく耳にするのが，「地理で農業といったら，農畜産物の生産国，輸出国や用語をひたすらおぼえるだけで，面白くなかったー」という声…。確かに，「入試に出るから」とか，「とにかく重要だ！」とかという理由で，意味もわからずすべて単純な丸暗記だけをしていても，知的好奇心はわいてきませんよね。これでは，農産物ではなく，「地理嫌い」をたくさん生産してしまう（笑）。

① 農業っていつごろから始まったんだろう？

　人類は，地球上で誕生するや否や，水田稲作を開始したわけではないですよね（あたりまえか）。過去数百万年の間，**狩猟・採集**によって食料を手に入れてきました。自然の草や実を採取したり，野生の動物を狩って生活してきたのです。こんなに長い期間，狩猟・採集生活を行ってきたのに，**どうして農耕や牧畜に移行するようになったのでしょう？**　せっかく狩猟・採集の技を磨き，さまざまな道具をつくってきたのに…。変化はリスクを伴うはずですよね。考古学的にもさまざまな調査や研究が進んでいるので，興味を持たれた方はそのあたりに触れてみるのも面白いと思います。

　いろいろな理由・背景があるでしょうが，やっぱり**気候変動など環境の変化**が大きかったのではないでしょうか？　特に，中高緯度地域は，寒冷化の影響をもろに受けたはず。今まで，狩猟・採集でまかなえていた食料を確保できなくなった。本格的に**農耕・牧畜が始まったのは，更新世の最終氷期後に当たる約1万年前**といわれています。もちろん，狩猟・採集から農耕・牧畜への転換

には，計り知れないほどのリスクやストレスがあったでしょうけど，**安定的に食料を供給**するには，効果的だったはずです。

　野生種を栽培植物化するには，気候，土壌などの自然条件が大きく関わってきます。**東南アジアの熱帯雨林気候（Af）地域**では，タロイモやヤムイモなどの根菜類を栽培する**根栽農耕文化**が，**西アフリカのサバナ気候（Aw）地域**では，夏季の降水を利用して雑穀＊を栽培する**サバナ農耕文化**が，**西アジアから地中海沿岸の地中海性気候（Cs）地域**では，冬季の降水を利用して小麦や大麦を栽培する**地中海農耕文化**が，**中南アメリカ**ではトウモロコシやジャガイモを栽培する**新大陸農耕文化**が生まれ，世界各地に伝播していきました。現在，世界中で栽培されている多くの農作物も，長い時間をかけて，さまざまな経路をたどって伝わっていったのですね。日々の食材に感謝！

＊穀物とは，狭義にはイネ科作物の種子を指し，米，小麦，トウモロコシなど主に主食として利用されているものを主穀，それ以外のアワ，ヒエ，モロコシ（ソルガム）などを雑穀とよぶ。

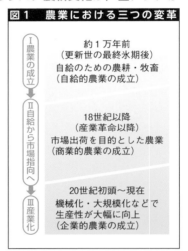

図1　農業における三つの変革

I 農業の成立	約1万年前（更新世の最終氷期後）自給のための農耕・牧畜（自給的農業の成立）
II 自給から市場指向へ	18世紀以降（産業革命以降）市場出荷を目的とした農業（商業的農業の成立）
III 産業化	20世紀初頭〜現在 機械化・大規模化などで生産性が大幅に向上（企業的農業の成立）

② 農作物栽培の自然条件

　どの産業でも，地形，気候との関わりや制約はありますが，**農業は他の産業以上に自然との関わりや制約が大きい**ですね。農作物の栽培が可能かどうかを決定するのが**自然的条件**で，中でも**気温と降水量は重要な農業の立地条件**になります（**表1**）。

　農業を行うには，**最暖月平均気温10℃以上**が必要です。以前お話ししたケッペンの気候区分によると，寒帯（E）は熱量が不足してしまって，農作物の栽培ができないということになります。農作物によっても，「寒さに弱い！」とか「夏暑いのは勘弁して欲しい」など多様です。たとえば，カカオ豆，天然ゴム，油ヤシ，バナナ，コーヒー豆，米（稲）など**高温を好むもの**もあれば，テンサイ，ジャガイモ，小麦，大麦，ライ麦など**低温に強いもの**もあります。

　降水量も重要です。一般に，**年降水量250mm未満では，農牧業を営むのは困難**になります。年降水量250mm未満ということは，ほとんど植生がみられない**砂漠気候（BW）**になってしまいます。**年降水量250〜500mm**くら

いになると，**短草草原**（草丈が短い草原）が広がる**ステップ気候**（BS）になるので，農作物の栽培ができそうですが，ちょっと問題が…。われわれが主食としている穀物は，長草草原を形成するイネ科植物です。つまり，短草草原では家畜のエサである牧草くらいは栽培できても，われわれの主食は栽培できない！　困りましたねえ。そこで，ステップ気候では，主に**家畜の放牧**が行われるようになりました。**年降水量が500mm 以上**の地域になると，**畑作**が可能になり，**年降水量1,000mm 以上**になると**水田稲作**ができるようになります。言い換えると，年降水量500mm 以上だと小麦などの麦類，トウモロコシ，イモ類，1,000mm 以上だと米を栽培できる，つまり人間にとっての**主食**を栽培できるということですね。

(1)　乾燥地域では，農作物の栽培はできないのか？

　ステップ気候（BS）や**砂漠気候**（BW）**地域では，土壌中の水分が不足**するので，農作物の栽培は困難ですね。うーん，残念！　特に，ステップ気候下では**肥沃な黒色土**が分布して，熱量も十分にあるのに農業に使えないなんて残念すぎます。

　アフリカ北東部に**エジプト**という国がありますね。国土面積は約100万km²で，その**ほとんどが砂漠気候**です。ということは，まったく農業はできないはずで，食料生産もほぼ不可能！　ところが，人口は１億人以上で，**アフリカ有数の人口大国**です。不思議ですね。

　エジプト西隣には，**リビア**という国があります。国土面積は約168万km²で，エジプトと同様に大部分が砂漠気候です。食料生産は苦手のはずなので，約687万人と広大な国土にほんのちょっとの人口。これなら納得がいきますね。やっぱり，エジプトはおかしい！！！　エジプトのカイロ付近とか，年降水量10mm くらいなのに…。

　乾燥地形のテーマでお話したので，もうおわかりですね。エジプトには，外来河川の**ナイル川***が流れています。ナイル川の河川水を利用して，**灌漑**が行われているので，**小麦，米，綿花などの農作物の生産が可能**なのです。

　ちょっと長くなりましたが，乾燥地域では雨水だけに依存する農業は不可能ですが，たとえ降水量が０mm であっても，灌漑をすることによって農業は可能になるのです。ただ，乾燥地域で過剰な灌漑を行うと，表層に塩分が集積してしまう**土壌の塩類化**（**塩害**）を発生させ（**図２**），農業ができなくなってしまうという課題もあります。適切な灌漑を行う必要がありますね。

　また，乾燥地域では**灌漑用水の蒸発を防ぐため**，**図３**のような自由地下水を利用した**地下水路****が古くから建設されてきました。すごい生活の知恵です。

もし，日本のように灌漑用水を地表に通すと，どんどん蒸発してしまって，農地にたどり着いたときはとんでもなく少ない量になっているはず。これらの地下水路を，イランでは**カナート**＊＊＊，北アフリカでは**フォガラ**，アフガニスタンやパキスタンではカレーズ，中国ではカンアルチンとよんでいます。

＊河川延長は世界最大，流域面積はアフリカではコンゴ川に次ぐ大河川。赤道付近から流れ出て，南スーダン，スーダン，エジプトと北流し，地中海に注ぐ。

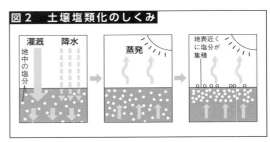

図2　土壌塩類化のしくみ

図3　地下水路のしくみ

＊＊山麓の扇状地などにおける地下水を利用し，地下に水路を設けたもので，長い地下水路は数十kmにも達する。水路が地表に出るところには，高地や集落などが立地するオアシスが形成されている。古代に起源を持つ地下水路も多く，現在でも使用されているが，動力による地下水くみ上げが普及しており，新たに建設されることはない。

＊＊＊英語で運河や用水路を意味するcanalの語源といわれる。

表1　農業の自然的条件

気　温	最暖月平均気温10℃以上は必要。
降水量	牧畜は年降水量250mm以上，畑作は500mm以上，水田稲作は1,000mm以上が必要。250mm未満では農業は困難。
地　形	平地を好むが，傾斜地では階段耕作を実施。
土　壌	腐植に富むチェルノーゼム，プレーリー土などは農耕に適するが，生産力が低いラトソルやポドゾルは適さない。

図4　国ごとの土地生産性と労働生産性

[2018年]	オーストラリア	アメリカ	フランス	日本
農民一人あたり耕地面積	94.0 ha	74.0	27.2	1.8
農民一人あたり穀物生産量	102.7t	206.1	92.8	5.1
耕地1haあたり穀物生産量	2035kg	8196	6829	6134
耕地1haあたり肥料消費量	85.9kg	128.8	172.7	253.7

FAOSTAT

2 さまざまな農業と人々の生活 農業は，水田稲作だけじゃない！

　古くから行われてきた農業ですが，世界の諸地域ではさまざまな形態の農業が発達しています。**自給用の作物栽培を目的**とする自給的農業や**商品作物の栽培を目的**とする商業的農業，企業的農業などがあります。特に，発展が著しいのは商業的農業と企業的農業で，発展途上国でも自給的農業から商業的農業への転換がみられます。

　自給的農業というのは，**農家が自家消費**をするために行われてきたタイプの農業で，商工業が十分に発達していない**発展途上地域**で行われている場合が多いです。自給的農業にもいろいろな形態があって，**遊牧，焼畑農業，オアシス農業，アジアの集約的農業**などがあります。では，中学校や高校の地理を思い出してもらいましょう！（笑）　けっこう面白いですよ！

① 遊牧

　まずは，遊牧です。遊牧は，**最も伝統的な牧畜**です。家畜を飼うことを牧畜っていうんですけど，牧畜には放牧と舎飼いという2つの方法があります。

　「放牧」は，文字通り牧場や牧草地での放し飼いです。自生していたり，栽培している牧草をエサにします。「舎飼い」は，畜舎の中で飼育し，人が飼料を与えます。それぞれメリット・デメリットがありますね。放牧の方が手がかからないですが，広大な牧草地が必要になり，生産性は低いです。一方，舎飼いは適正な飼料供給，適度な日光浴・運動などを行う必要はありますが，生産性は高いです。

　遊牧に話を戻しましょう。遊牧って，家畜飼育をするのに，人が牧草や飼料の栽培を行うことはありません。「えー！　家畜を飼うのにエサをつくらないって，どういうこと？」と思われた方もおられるでしょうから，ちょっぴり「エサを栽培しない遊牧」について解説をしておきますね。「エサを栽培しないなんて，遊牧民は怠慢だ！」というわけではありません。日本やヨーロッパのように，温暖湿潤で適度な気候環境に恵まれる地域では，牧草や飼料をいつでも栽培できますよね。ところが，砂漠周辺の降水量が少ないステップ気候地域や寒冷なツンドラ気候地域では，**牧草・飼料など家畜のエサの栽培がかなり難しい**ので，むしろ栽培しないで，「今，牧草が生えているところまで移動」したほうが，リスクは少なくなるのです。

　したがって，**遊牧民は自然の牧草や水を求めて，家畜とともに移動し**ながらテント式など移動式の住居生活を営んでいるのです。特にユーラシア大陸では現在でもかなりの遊牧民が存在しています。かれらは，羊，山羊を中心に，ラ

クダ（中央・西アジア〜北アフリカ），馬（モンゴル），ヤク（チベット〜ヒマラヤ）など地域の特性に合った家畜を飼育しているんですね。でも，最近は国境を越えた移動が難しくなったこともあって，**定住化が進んでいます**。

② オアシス農業

　降水量が少ない砂漠では，草もほとんど生えず遊牧でさえ困難になります。でも，このような砂漠地域に人々が暮らしている場所があるのです。それは，「オアシス（oasis）」です！　日常会話で登場する「オアシス」は，「憩いの場所」という意味ですが，もちろんここでは「**砂漠地域でみられる緑地**（水が得られるところ）」です。世界最大のオアシスは，ナイルデルタといわれていますが，**外来河川の沿岸**や**山麓の湧水地**などのオアシスでは，集落が形成されていて，灌漑による**オアシス農業**が営まれています。それぞれ乾燥に強い小麦，大麦，**ナツメヤシ**，綿花，ブドウなどが栽培されているんですね。

③ 焼畑農業

　「焼畑」という地理用語から，何を連想しますか？　私の予想では，「熱帯」，「バナナ」，「イモ類」，「発展途上国」などではないでしょうか（笑）。

　焼畑農業は，**森林や草原を焼いた跡地を畑として農作物の栽培を行う農業形態**です。日本で見かけることはありませんよね？　でも，**東南アジア，アフリカ，南アメリカなどの熱帯地域**では，しばしばみられます。熱帯地域で焼畑が行われる理由はいろいろありますが，なかでも次の2点が重要だと言われています。

　一つめは，熱帯地域の土壌が，やせた酸性の**ラトソル**であることです。ということは，**農業には適していない土壌**だということです。現地の人々の工夫から生まれたのが焼畑！　森林や草地を焼くと多くの灰（草木灰）が生まれます。その灰が，肥料や中和剤としての役目を果たしてくれるのです。よくこんなことを思いつきましたよねえ。きっと経験の中から発見した工夫の一つだと思います。

　もう一つの理由は，森林や草地に火入れを行うことで，**雑草を一斉に除去**できることです。みなさんもきっと経験があると思いますが，梅雨の後，学校，公園，自宅の庭の雑草はすごいですよねえ。ここまで生えるか！っていうくらい伸び放題。雑草の除去は，面積が広くなればなるほど，多くの労働力を必要とします。特に，熱帯気候は高温多雨ですから，**植物の成長力が旺盛**なので本当に大変なのです。でも，焼畑を行えば，これが一瞬でなくなる！！！

　この二つの理由に加えて，害虫や病原体の防除，休閑中も雑草が生えにくい

などさまざまな効果があるようです。

　ただこのような焼畑の効果は長く続かないため，数年で耕地を放棄し，他の土地に移動しなければなりません。そして，**元の土地は地力回復するまで休閑し**，回復後に**再度利用するという移動式農業**になります。近年は，国の定住化政策や商品作物栽培の普及によって，移動畑から常畑に移行しているところもありますね。

　焼畑で栽培されている作物は，実にさまざまですが，熱帯雨林気候では**キャッサバ** *****，ヤムイモなどの**イモ類**，バナナなどの**根栽系作物**，サバナ気候では**モロコシ**，シコクビエなどの**雑穀**を栽培してきました。もちろん，これらの作物は自給用です。

＊南アメリカ大陸原産のイモ類。ヨーロッパ人の新大陸発見後，アフリカ，アジアに移植された。単位面積当たりの収穫量は，熱帯性イモ類の中では最大だが，表皮に毒性があるほか，極めて腐敗の速度が速いため，加工が必要になる。日本でも定着しているタピオカは，キャッサバのデンプンを利用した食品。

(1)　焼畑の読み方？

　ところで，「焼畑」と書いていったい何と読むのでしょう？　「やきばた」か「やきはた」か？　実は，世代によって読み方が違うようです。どちらも正しいと思いますが，若い世代はほとんど「**やきはた**」と読みます。ところが（私のような）けっこう年配の方は「**やきばた**」と読む。これは，地理学の用語として「やきばた」が定着していたため，古くはルビに「やきばた」とふってあることも多かったからですね。現在の高校の教科書などでは，ルビは「やきはた」になっています。世代間で読み方が違うのは面白いでしょ？

(2)　焼畑と環境破壊

　「**日本でもかつては焼畑が行われていた！**」と聞くと，「日本は熱帯じゃないのに…」という疑問が浮かびますよね。焼畑は，熱帯の発展途上地域に限らず，世界中で行われてきました。特に，山間部では。日本でも縄文時代から江戸時代半ばまでは，ほぼ全域で行われていたようです。現在は，国土保全のための森林保護と山火事などの防止のため，特定の地域以外では行われていません。先進国で焼畑が行われなくなったのは，**化学肥料**，**除草剤などが容易に手に入るようになった**からでしょうね。

　熱帯の発展途上地域では，依然として行われている焼畑ですが，生徒たちからは，「そんなに森林や草原を焼いてしまって，環境破壊につながらないんで

Ⅲ
人文地理の系統的考察

すか？」という質問をたびたび受けます。読者のみなさんはどう思われますか？

　伝統的な焼畑は，むやみやたらと広大な土地に火入れをするわけではありません。ある土地の森林を伐採し焼却しますが，短期間作物栽培を行った後には，**土地が回復するまで休閑**し，その後で再利用しますから，**循環的な農業**で，ある意味**環境に優しい農耕**なのです。ただ，近年は人口増加によって，焼畑面積を拡大したり，周囲の開発による森林減少によって，休閑期間を短縮することもあるため，地球環境への負荷もやや心配です。先住民などによる伝統的な焼畑ではなく，新しい入植者による乱暴な焼畑（ガソリンなどを使用する焼却）も問題になっています。本来の焼畑はとっても地球に優しいんですけどねえ。

④ アジアの伝統的農業

　アジアは，気温，降水量，土壌などの自然条件に恵まれていたため，古くから農業が発達していました。その結果，多くの人を養えるようになり，人口もどんどん増えたため，多くの労働力を投下する労働集約的農業が発達していったのです。

　特に，**モンスーン（季節風）**の影響を受け，夏の降水に恵まれる東アジア，東南アジア，南アジアなどのモンスーンアジアでは，**大河川の沖積平野を中心に稲作農業**が行われてきました。アジアの水田稲作は，集約的稲作農業と呼ばれ，**年降水量1,000mm以上**の地域を中心に分布しています（年降水量1,000mm未満の地域では，集約的畑作農業）。

　中国の長江（チャンチャン）流域，ベトナムのメコン川流域，タイのチャオプラヤ川流域，ミャンマーのエーヤワディー川流域，インドやバングラデシュ

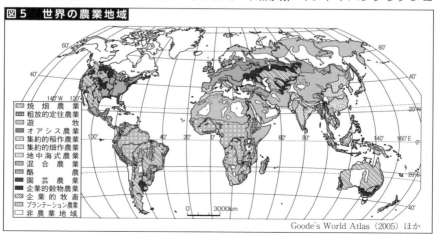

図5　世界の農業地域

焼畑農業
粗放的定住農業
遊　牧
オアシス農業
集約的稲作農業
集約的畑作農業
地中海式農業
混合農業
酪農
園芸農業
企業的穀物農業
企業的牧畜
プランテーション農業
非農業地域

Goode's World Atlas（2005）ほか

のガンジス川流域などが代表的な稲作地域ですね。ずーっとずーっと昔に，地理を勉強された方は，チャオプラヤ川ではなくメナム川，ミャンマーのエーヤワディー川ではなくビルマのイラワジ川だったと思いますが（笑）。

(1)　米の生産上位国っておぼえてますか？

　「地理嫌い」の知人・友人がよく話していたのが，「とにかく地理といえば，莫大な統計（たとえば○○の生産上位国１位から10位まで）を夜中に必死でおぼえて，翌日のテストで書いて，そして一瞬で忘れる！」。まぁ，確かに全く興味がないデータを，全く意味がわからず，しかも単に試験に出るというだけでおぼえるのは，あんまり面白くないかもしれませんねえ。でも，みなさんの中にもデータを管理したり，分析したり，参考にしたりしてお仕事をされておられる方もたくさんいらっしゃるのではないでしょうか。生産などの**統計の背景・原因などを理解する**と，今までの「無味乾燥感」が０！！！　そして，知的好奇心が身体から溢れて，大変な事態になります（笑）。

　今回は，**米の生産上位国と輸出上位国**に焦点をあててお話をします。でもその前に，このテーマがもっともっと面白くなるように，米について説明をしておきますね。

　米（稲）＊の原産地（自生地）は，諸説ありますが，**モンスーンアジア**であることは間違いないようです。米は，**夏季の高温多雨**を好みます。しかも**年降水量が1,000mm 以上**必要になるので，栽培できる地域がかなり限定されてしまいます。なぜなら，以前にもお話ししたように，世界の年平均降水量はたったの800mm くらい！　「（灌漑をしない限り）ほとんどの地域では栽培できない！」っていうくらい**水分量における栽培条件の制約が大きい**のです。ところが，われわれの身近なところには，米を栽培するのに「最適で，最高で，申し分ない！」地域があります。それが，**モンスーンアジアの年降水量1,000mm 以上の地域**です。

　米は，古くからモンスーンアジアで栽培され，**主食**として消費されてきました。読者のみなさんは，**米の生産上位国**（たとえば１位から３位くらいの国）を問われたら，どんな国を想像しますか？

　私は，40年以上高校生に地理を教えてきましたが，いつの時代も変わらぬ誤答に出会います。最近はその誤答が愛おしくなってきました（笑）。

　ほとんどの高校生は，最大の生産国を「中国」と答えます。私は心の中で，「ふむふむ，まぁ予想通りだな」っていう感じです。続いて，けっこう集中して地理の授業を受けてくれている子たちの第２位は，「インド」！

＊モンスーンアジア原産（長江流域，ユンナン省からアッサム地方など諸説）の湿性植物で，水田で栽培する水稲と畑地で栽培する陸稲がある。水位が著しく上昇する東南アジアの大河川流域では，十数 m まで伸びる浮き稲も栽培されてきた。

(2) いつの時代もタイが大人気！

　ところが…，第２位の国（または第３位の国）で圧倒的に多い誤答が，いつの時代も「**タイ**」！！！　現在の高校生は，多少の違いはあるでしょうが，小学校３－６年生，中学校１年生で地理を学び，さらに高校生で学びます。**米の生産上位国を問われると，どうして，「タイ」と答えたくなるのか？**　これは，いつの時代かに学んだ，「タイは世界最大の米輸出国」という知識が心に突き刺さっているからです。特に，小学校の時に学んだ知識って，理由や背景がよくわからなくても，心の奥底に残りますよね。それだけ純粋で，知的好奇心に溢れていた。そこで，わからなくなると「米といえば，タイ！」みたいになってしまうのです。

　さきほどもお話ししたように，米はモンスーンアジアで主食とされてきた農作物です。まずは，**国内での自給を目指します**よね。すると，「日本では，１人１日当たり米の消費量が，お茶碗３杯分だけど，タイでは15杯は食べる」となれば別ですが，もし**どこの国でも１人がほぼ同じ量の米を消費するとすれば，国別生産量は，その国の人口にほぼ比例**するはずです。ということは，「米の生産上位国は，**モンスーンアジアの人口大国**とほぼ同じじゃないかな？」という地理的見方・考え方が働くことになります。

(3) 米の生産上位国は，アジアの人口大国！

　アジアには，**人口１億人以上の人口大国が７つ**もあります。読者のみなさんが，学生の時に学んだ数値や国と多少異なるかもしれませんが，**中国**（14.4億人），**インド**（13.8億人），**インドネシア**（2.7億人），**パキスタン**（2.2億人），**バングラデシュ**（1.6億人），**日本**（1.3億人），**フィリピン**（1.1億人）です（2020年）。ただ，本書がみなさんのお手元に届く頃には，もしかするとベトナムも仲間入りをしているかもしれません（9,900万人，2022年）。すると，**米の生産上位国は，「中国，インド，インドネシア（またはバングラデシュ）」**という正答が，地理的思考力によって導かれます（パキスタンは，乾燥気候なので主食は小麦）。面白いでしょう？　**タイ**は，人口が約**7,000万人**なので，生産量は多いですが，残念ながらトップ３には届きません。もし，お子さんがおられたら聞いてみてください。夕飯の時に，「世界でたくさんお米がとれる国を３つあげてみて？」と。

⑷ データ分析の楽しさ

図6 米の生産上位国の変化

順位	1987年		2020年	
1位	中　国	17,653	中　国	21,186
2位	インド	7,796	インド	17,830
3位	インドネシア	3,868	バングラデシュ	5,491
4位	バングラデシュ	2,225	インドネシア	5,465
5位	タ　イ	1,765	ベトナム	4,276
世界計		45,432		75,674

単位は万トン。1987年のベトナムの生産量は1,530万トン，2020年のタイの生産量は3,023万トンで，ともに6位。
『世界国勢図会』により作成。

図6を見てください。**米の生産上位国の変化**を示した統計資料（データ）です。どんなことが，この表から読み取れるでしょう（当時の自分の年齢も想像しつつ…）？　まずは，この約30年間で世界の総生産量は，約1.67倍に増加していますが，**生産上位国のメンバーに大きな変動はありません**よね。まぁ，5位がタイ→ベトナムに変わってはいますが。

生産上位国の生産量については，かなり大きな変化が見られます。中国の生産量はやや増加したにすぎませんが，**インドは激増**です！　いったいなにが起きたんでしょうねえ。インドネシアとバングラデシュは，30年前なら圧倒的にインドネシアの生産量が多かったのですが，現在ではいい勝負！　バングラデシュが伸びてますね。タイとベトナムはともに，増加していますが，タイは約2倍，ベトナムは約3倍となっています。では，インド，バングラデシュ，ベトナムにおける生産量増加の背景について，ちょっぴりのぞいてみることにしましょう。

インドは，1960年代から「**緑の革命**」を推し進めます。米の「**高収量品種の普及**」，「**灌漑設備の整備**」，「**化学肥料・農薬の使用**」など農業の近代化による土地生産性の向上を目指してきた成果が表れたのです。すごいですねえ。その結果，現在は自給どころか，**世界最大の米輸出国**に成長しています。

バングラデシュは，国土の大部分が**ガンジス川の三角州**に位置しているため，米の栽培には適した地形環境です。気候的にも夏季のモンスーンで十二分な降水に恵まれますから，もうまるで「米生産の申し子だ！」みたいな国なのですが，パキスタンからの分離独立を目指す戦争で，農地が荒廃し多くの国民が飢餓状態に陥りました。そこで，食料増産を国家の最優先政策に掲げ，高収量品種の導入，農業機械の導入，灌漑農地の拡大*に力を注いできた結果，1975年には1,000万トンしかとれなかった米が，**2020年にはなんと5倍以**

上に！！！ 特に，**2000年代に入ってからは，米の生産増加率が人口増加率を上回るようになった**のです。相当な努力が必要だったと思います。

ベトナムは，やはり1986年からの「**ドイモイ****」による**農家の生産意欲上昇**が大きいですね。どれだけ生産しても収入が同じだった計画経済下の集団農業から，生産性を高めれば高めるほど収入が上がる**市場経済の導入**によって，農家のやる気が別人のごとく高まった！

このように，ちょっとだけ背景を学んでおくと，データを読むのも面白くなりますよね。逆に，データを見て，「あれー？　どうして○○はトウモロコシの生産量が急に増えたんだろう？」とか「○○は，最近小麦の生産量が減少傾向だな。なにか原因があったのかな？」って考えるのも面白いかも。

*国策と国際支援によって農業環境の改善に取り組み，灌漑用水路や井戸を多数整備したため，1982年には12.5％しかなかった灌漑耕地が，2009年には42.6％にまで増加した。このため，かつては天水だけに依存する稲作だったが，乾季稲作も可能になり，近年では三期作が主流になっている。

**1986年，計画経済による生産停滞から脱却するため行われた経済開放政策。市場経済や外資の導入を実施したため，農業生産は高まり，外資の進出によって工業化も進んだ。

(5)　米の輸出上位国って？

次の**図7**を見てください。今度は，**米の輸出上位国**の変化を示した統計資料（データ）です。

図7　米の輸出上位国の変化

順位	1987年		2020年	
1位	タ　イ	444	インド	1,446
2位	アメリカ合衆国	247	ベトナム	569
3位	パキスタン	124	タ　イ	567
4位	中　国※	120	パキスタン	394
5位	イタリア	61	アメリカ合衆国	279
世界計		1,210		4,559

単位は万トン。
※台湾を含む。
『世界国勢図会』により作成。

同じ期間中の**米生産量は1.67倍に増加**していましたが，**輸出量は3.77倍に増加**したことが読み取れます。**輸出余力がある国が増えたり，米の市場が拡大した**と予想できますね。上位国のメンバーはどうでしょう？

生産国と違って，かなり変化が大きいですね。**タイ***は**古くからの輸出国**で，第二次世界大戦後からほぼずっと上位に君臨してきましたが，インド，ベトナ

ムは，1987年の５位以内に登場していませんでした。ところが2020年は堂々の１位と２位！　**インド**は特にすごいですねぇ。ダントツ首位です。これもさきほどの背景を知っていれば納得のはず！

パキスタンにちょっと興味をそそられませんか？　無理矢理そそらせてますね（笑）。生産上位国のところで，**パキスタン**はモンスーンの影響が少なくて，**国土の大部分が乾燥気候（砂漠気候，ステップ気候）**だから，**主食は「米ではなくて，小麦だ」**という話をしました。伝統的には，小麦粉を練って焼いたチャパティや発酵させて焼いたナンなどを主食としています。

「米の話題で，パキスタンが出てくるのはなぜ？？？？」ってなるのが当然です。誰も「サウジアラビアが米の生産上位国。輸出上位国だ」って言っても信じてくれませんよね。ところが，パキスタンは米の輸出上位国に長らく君臨しているんです。

さまざまな背景があると思われますが，イギリス領時代に，外来河川の**インダス川**を利用する**灌漑設備が多数建設**されたことが背景の一つにあるようです。パキスタンは，熱量には恵まれ，インダス川流域は土壌にも比較的恵まれていました。そこに灌漑設備ができたことで，綿花や米の栽培が盛んに行われるようになります。しかも「**商品作物**」として！

特に，パキスタンで栽培されている米は，同じ南アジアや東南アジアなどに輸出することを目的としたものではない高級米なのです。「**バスマティ****」とよばれる香り米で，アジアでは富裕層を中心に人気なのです。栽培された米は，オイルマネー（石油収入）で潤う**アラブ諸国に輸出**することで多くの外貨を獲得できます。このようにして，パキスタンは米の輸出国になっていったのです。かなり面白かったでしょう？

*国土の大半が平坦で，特にチャオプラヤ川流域には沖積平野が広がるため，古くから米の生産が盛んであった。第二次世界大戦後には，灌漑の整備，「緑の革命」の普及などにより，乾季稲作も始まったが，天水に依存した雨季稲作が中心で，土地生産性はあまり高くない。
**インディカ米の一種で，ヒンディー語で「香りの女王」の意。古くからパキスタンやインドで栽培されてきた。品質には優れるが，生産性が低いため高値で取引される。

(6)　ジャポニカ米とインディカ米

アメリカ合衆国が輸出上位国に登場していることについて，みなさんの感想はいかがですか？　アメリカ合衆国の米の話題は，しばしばメディアでもとりあげられることがあるので，ご存じの方も多いかも。

話は突然変わりますが，米の代表的な種類*に，**ジャポニカ米**（短粒種）と

インディカ米（長粒種）がありますよね。われわれが好むのは，ふんわりとしてちょっと粘りけがあるジャポニカ米！ **炊きたてのご飯は最高です。**たとえ，ほとんどおかずがなくても，つけ物，海苔，みそ汁があれば完璧！

　もちろん，インディカ米はパラパラってしてるので，カレーやピラフなんかには合いますけどね。東南アジア，南アジアで栽培されている米の大部分がインディカ米ですが，アメリカ合衆国の**カリフォルニア州**では，なんと日本にも輸出しているジャポニカ米を栽培しています（カリフォルニア米）。でも，メキシコ湾岸などの南部諸州ではインディカ米を大規模に栽培していて，ともに重要な農産物輸出品の一つになっています。アメリカ合衆国といえば，**トウモロコシ（１位），小麦（２位）の世界的輸出国**だというイメージがありますが，米の輸出もトップ５に入るのです。なんといっても，**世界最大の農産物輸出国＝アメリカ合衆国！**

　あまりにも面白くて，話がとまらなくなりそうなので，ぐっとこらえて米の話はこのあたりにしますね。

＊野生種から栽培植物化された稲には，アフリカ稲とアジア稲があり，さらにアジア稲はインディカ米とジャポニカ米に分類される。インディカ米は，世界の米生産量の80％以上を占めており，ジャポニカ米は，日本，中国東北部，ベトナム，アメリカ合衆国・カリフォルニア州，エジプトなどで栽培されている。また，近年はアフリカの食糧事情を改善するため，病虫害や干害に強いアフリカ稲と生産性や品質が高いアジア稲を交配させた NERICA（New Rice for Africa）の導入も進められている。

⑤ ヨーロッパで発達した商業的農業

　ヨーロッパでは，商工業の発展とともに都市が発達するようになると，**農家から都市へ農産物を販売することを目的**とした商業的農業が広く営まれるようになりました。ヨーロッパといえば，経済先進地域，工業化，先端技術産業などが浮かぶと思いますが，古くから農業も発達し，現在でも比較的農業を得意としている国が多いのが特徴です。

　ヨーロッパは，農業立地の自然的条件として優れたところと劣っているところの両面を持っています。そして，ヨーロッパの農業の最もすごいところは，**次から次へと訪れる困難に負けず，立ち向かい，変化しつつ生き残ること！**これは，われわれも人生の中で見習って良いところかもしれません。

(1) ヨーロッパ農業の自然的条件
　日本は，国土面積の約70％が山地（丘陵地を含む）ですから，農耕ができる地域はかなり限定されます。そのため，**国土面積に占める農地**＊**の割合は，**

たったの13.7％！ 国土の約1割で農業生産を行っています。ところが，同じ先進地域の**ヨーロッパは，広大な平野が広がっている**ため，ほとんどの国において，農地の割合は40−50％です。産業革命の発祥地，イギリスなんて70％を超えています！ ちょっとびっくりしませんでしたか？ このように平野に恵まれたヨーロッパでは，新大陸のアメリカ合衆国，カナダ，オーストラリアほどではありませんが，**比較的規模が大きな農業経営**が行われているんですね。

＊耕地（畑，水田），樹園地（樹木畑），牧場・牧草地を合わせた土地。

〈農業の経営規模〉

農業経営の規模が大きければ，機械化によって労働生産性が極めて高くなります。規模が小さければ，どうしても農家1戸当たりや農業従事者1人当たりの生産量（収穫量）が少なくなってしまいますよね。**農業の経営規模（農業従事者1人当たり農地面積，2018年）**を地域別に示すと次のようになります。アジア（2.8ha）＜アフリカ（5.1ha）＜南アメリカ（23.2ha）＜**ヨーロッパ**（24.8ha）＜北アメリカ（33.4ha）＜オセアニア（167.2ha）です。これを見ての感想はいかがですか？ 予想通りの方もおられるでしょうし，全くイメージが違っていた方もおられたでしょう。

距離に比べると，面積はイメージしづらいですよね。だから，「東京ドーム○○個分」などが多用されているのも納得です（東京ドームは約47,000m^2）。ところで，**1haってどれくらいの広さなのか想像できますか？** haって，日常生活ではあまり使わないですよねえ。小学校の時にa（アール），ha（ヘクタール）は習いましたが，まさかこんなところで出てくるとは…という感じです。

"a"は10m×10m，"ha"は100m×100mですから，**1haは10,000m^2，つまり0.01km^2**ということになります。みなさんは，小学校から高校までの間に運動場で，50mとか100mを直線で測ったことがあると思います。小中学校の敷地面積は，全国平均で1−2haくらいですから，およそ小中学校の運動場くらいの広さを1haとイメージしたらいいですね。さきほどのヨーロッパの経営規模を見てください。**農業従事者1人当たりで24.8ha！！！** 言い換えれば，農業を営んでいる人は，1人で運動場を25個分経営（所有）している！ かなり大きく感じます。

ちなみに，**日本は約1.9ha**と世界的にもかなり規模が小さいです。日本の農家では古くから，一歩（一坪）は3.3m^2，一畝は99m^2，一反は990m^2，一

町は9,900m²という単位を使用してきました。一町はおよそ1 ha ということになりますね。

　日本は，第二次世界大戦後に農地改革*を行い，自作農を多く創設しました。そのころの経営規模は1 ha にも満たなかったのですが，それでも国際競争力を高めるために，**経営規模拡大の努力**は続けられていて，現在の約1.9haになったのです。**北海道だけは，群を抜いて経営規模が大きい**ので，唯一ヨーロッパの平均と張り合えますね。

　ちょっと（？）遠回りをしてしまいましたが，**ヨーロッパは広大な平野に恵まれている**ため（もちろん産業の高度化で，農業就業人口が少ないこともありますが），かなり経営規模が大きな農業をやっているということはわかっていただけたと思います。

*1947年，GHQ（連合国軍総司令部）の指導の下，日本政府によって実施された農地所有制度の改革。不在地主の小作地などを政府が強制的にかつ安価に買い上げ，その耕作地で働いていた小作人に払い下げた。これにより多数の自作農が生まれた。

〈地形的には恵まれているけど，気候的には？〉

　ヨーロッパは，日本に比べるとかなり**高緯度に位置**しています。日本の北端をおよそ北緯45度とすると，ヨーロッパならフランス南部，イタリア北部，ルーマニア南部から黒海あたりです。ヨーロッパの人々からすると「温暖で陽光に恵まれているので，リゾートにはいいね！」みたいな感じ！　これって，北海道の北端ですよ！　それだけ，偏西風や暖流（北大西洋海流）などの影響で，**冬季でもあまり低温にはならない**のです。

　イギリス，フランス，ドイツ，オランダなどの北西ヨーロッパは，西岸海洋性気候（Cfb）なので，年中降水には恵まれますが，夏季はそれほど高温にならず，冬季はやや冷涼です。逆に，**スペイン，ポルトガル，イタリア，ギリシャ**などの地中海地方は，地中海性気候（Cs）なので，夏季は高温乾燥，冬季は温暖湿潤です。「うーん，なんだか微妙だなぁ」って感じですね。

　土壌についても，同じく微妙です（笑）。北西ヨーロッパは，東アジアなどと同様に褐色森林土*なのですが，モンスーンアジアと異なりやや生産力が低く，しかも北部は，氷河地形のテーマでお話しした大陸氷河に覆われていたため，表土が侵食されていて**やせた土壌が広がっている**のです。地中海地方は，地中海性赤色土やテラロッサという生産力があまり高くない土壌が分布しています。気候も土壌も，モンスーンアジアに比べるとかなり見劣りがする…。

＊主に温帯地域に分布する土壌で，落ち葉から生成される腐植を含むため褐色を呈する。モンスーンアジアの褐色森林土は比較的肥沃だが，ヨーロッパでみられるものはあまり肥沃とはいえない。

〈農作物を栽培すれば，必ず地力低下を招く〉

　もともと農作物の栽培を行うこと自体，**地力を低下**させます。庭やバルコニーなどで家庭菜園を営んでいる方は，きっと経験されたはず。野生種であれ，栽培植物（農作物）であれ，植物が生育する際には，**窒素，リン酸，カリウム**などさまざまな植物栄養素を吸収し，逆に忌地物質＊を排出します。自然状態では，さまざまな植物が生育しているため，各種栄養素の吸収にも忌地物質の排出にも偏りが出ません。そして，その植物が枯れると，再び土に戻っていきます。ところが，ある特定の農作物の栽培を行うと，その作物が必要とする栄養素ばかりを土壌中から吸収し，その作物が必要としない忌地物質だけを排出します。そして，ついには人間が刈り入れてしまいますから，土中は，「**その作物が必要な栄養素は乏しく，不必要な物質が多くたまっている**」状態になってしまうのです。

＊ある作物にとっての発芽阻害物質や生育阻害物質のこと。

〈水田稲作と畑作はどちらが地球環境に優しいか？〉

　ここで，**水田稲作と畑作の地力低下**について，比較してみましょう！
　伝統的＊な水田稲作は，田起こし（田の土を砕いて，緑肥＊＊などを鋤き込む）→代掻き（田に水を入れ，さらに土を細かく砕く）→籾撒き（苗代＊＊＊に種籾をまき発芽させる）→田植え→雑草除去・肥料散布→稲刈りなどかなり手間がかかりますが，それ以上に土壌への負担が少ない循環型農業です。読者のみなさんにとっては，かなり懐かしい内容ではないでしょうか？　なぜなら，ほとんどすべて小学校の社会科の教科書に掲載されていた内容です（笑）。私も同じですが，断片的に用語はおぼえていても，「あれってなんのことだったかな？」というのがいっぱいありますよね。大人になってちょっとやり直すと，たまらなく面白い！　特に，地理は！！！
　このように手間はかかるのですが，土壌に緑肥を鋤き込み，水（灌漑用水そのものや泥に栄養分が含まれている）を張ることによって栄養分が供給されたり，水を抜くことによって，稲にとってイヤな物質が排出されます。つまり，**水田稲作は地力を低下させにくい！**
　ところが，ヨーロッパはモンスーンアジアほど気温は高くありません。しか

も降水量も少なく，土壌もそれほど優れてはいない。このような理由から，水田稲作＊＊＊＊は困難なため，畑作を行うことになります。

畑作は，水田稲作に比べて，**栄養素の欠乏**，**忌地物質の増加**，**土壌侵食・土壌流出**が生じやすい。すると，水田以上に気を遣って，土壌と接しなければならなくなります。**モンスーンアジアの水田なら，連作はあたりまえ！**　つまり，「この水田で，毎年多くの米を生産するぞ！」となります。

＊近年の日本では，育苗箱で種を発芽させ，ビニールハウスで大きく育てた後に，トラクターで代掻き，田植機で田植え，専用の農業機械で農薬散布，肥料投下などが行われているが，東南アジアなど発展途上国では，水田への種籾の直播きなどが行われているところもある。
＊＊イネ科・マメ科植物や雑草などを土に巻き込んで肥料にすること。
＊＊＊苗を育てるための水田。
＊＊＊＊現在は，夏季に比較的高温になるスペイン，イタリア北部やシチリア島などでは水田稲作が行われている。ヨーロッパにおける米の主な用途は，主食というよりパエリャ，リゾット，サラダなどの材料。

〈ヨーロッパの畑作には，大きな問題が…〉

ヨーロッパの畑地で，連作＊を行うと，**連作障害**（栄養素が不足し，忌地物質が増加することから，農作物が育ちにくくなる）**が生じてしまう**ので，しかたなく**輪作**を行うことになりました。

「毎年，小麦を栽培したいのに，残念ながらそれはできない！　3年か，4年に1回しか小麦を栽培できないなら，その間は別の作物をつくるしかないのかな」ということになりました。しかも，輪作したからって地力が回復するわけではありません。現在なら，**化学肥料の投下**や**土壌の改良**など多様な対処法があると思いますが，残念ながら古代や中世のヨーロッパでは無理！

大昔のヨーロッパで，地力を回復する方法はたった一つ！　それは，人間が関わらないこと！！！　これしかありませんでした。人が手を加えず，**自然状態にしておく**と，**土中の微生物の分解活動によって**，**衰えた地力を回復させようという力が働く**のです。これが**休閑**です！　ということで，ヨーロッパでは，古代から**輪作と休閑による農業生産**が行われてきたのですね。

ただ，客観的にこの事実を見てみると，ヨーロッパとアジアでは大きな差ができてくると思うのですが…。ここで，ちょっとだけみなさん懐かしの学生時代に置き換えてみましょう（笑）。

集中力と持続力に優れている"モンスーンアジア"君は，英語や数学などの特定の教科を長時間連続で勉強することができます。たとえば1日に英語を3時間，数学を4時間という具合に。ところが"ヨーロッパ"君は，英語を1時

間勉強したら1時間休憩し，次の時間は数学です。しかもかなり疲労がたまっているので，30分数学を勉強したら1時間休憩です。このような状況が1年間続いたとします。二人の学力差はどうなったでしょう？　これが仕事であったとしても同じですよね。もちろん，"モンスーンアジア"君が"ヨーロッパ"君に圧勝です。農業生産の話に戻りましょう！　つまり，ヨーロッパは，ある意味経済的にかなり苦しかったんですね。でも，**ヨーロッパのすごいところは，この恵まれない環境から脱却するため，努力を重ね，克服していった**ところです。次は，ヨーロッパの農業がどのように発展していったのかを，学んでみましょう！　このテーマも，かなり面白いので期待していてください。

＊連作は，毎年同じ作物を連続で栽培する方法。輪作は，いくつかの種類の作物を，ある一定のサイクルで栽培する方法。

(2)　ヨーロッパ農業の発展と変化がすごい！

　古代ヨーロッパでも発展が早かったのは，**地中海地方**です。**古代ギリシャ・ローマの発展**に寄与したのが，耕地を二分割して使う**二圃式農業**（Two field system）です。**図8**のように耕地の1/2で，小麦などの冬作物を栽培し，翌年はここを休閑し，残りの1/2で冬作物を栽培する農法です。**地中海性気候**（Cs）では，**夏季の高温乾燥下で夏作物の栽培ができなかった**のですね。

　北西ヨーロッパでも，アルプス以北がローマの支配下に入ると，地中海世界の影響を受けて，二圃式農業が行われるようになりました。冬季はやや冷涼だったのと，冬作物の小麦栽培がまだ普及していなかったため，大麦，エン麦などの夏作物と休閑を組合せた二圃式農業でした。

　ところが，中世になると北西ヨーロッパ＊では，**西岸海洋性気候**（Cfb）に適した**三圃式農業**（Three field system）＊＊が行われるようになったのです。三圃式農業は，**図8**のように耕地を三分割し，小麦，ライ麦などの冬作物，大

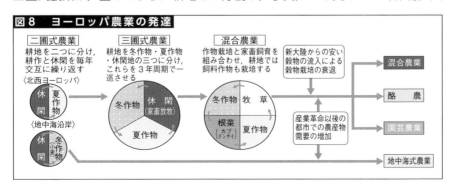

図8　ヨーロッパ農業の発達

麦，エン麦などの夏作物，休閑地（休耕地）をローテーションさせる農法です。二圃式の土地利用では，年間単位面積当たりの収穫量は1/2ですが，三圃式では2/3となり，明らか**に三圃式農業の方が生産性は高くなります**。すると従来まで，**地中海地方＞北西ヨーロッパ**だった生産力が，**北西ヨーロッパ＞地中海地方**と逆転してしまい，北西ヨーロッパがどんどん豊かになっていったのです。

　ただ一つだけ大きな問題が！　それは，三圃式農業の休閑期間の短さです。確かに耕作を休まなければ生産量は増加しますが，その分地力は著しく低下してしまい，長続きしなくなる。われわれも数日間の睡眠不足は，なんとか気力で乗り越えられますが，慢性の睡眠不足は日々の生活に大きな影響が…。

　なんと北西ヨーロッパは，**休閑期間の短さを克服する方法を発見！**　休閑地には，自然に草が生えてきます。これ（自然牧草）をエサとして**家畜を放牧**するのです。すると，**家畜の排泄物を肥料として，地力回復の手助け**とすることができます。これってすごいでしょう？　新たに家畜が飼えて，なおかつ地力回復に貢献！　いやー，これを考えたヨーロッパ人はすごい！　家畜と農家との結びつきは，強固なものとなっていきました。

＊現在のイギリス，ドイツ，オランダ，デンマーク，フランス（地中海地方を除く），ポーランドなど。
＊＊農作物の収穫後の土地（つまり休閑される土地）は，農家がお互いに放牧地として利用し合う開放耕地制などがとられていた。

〈そして，ついに農業革命が！〉

　従来の農法より優れた三圃式農業ですが，冬季に放牧地（休閑地）の草が枯れてしまい，飼料が不足するのが欠点です。ところが，ところが，なんとこの欠点までも克服してしまいました。それが「**休閑地の廃止**」です！　ここで，みなさんは「えー？？？　休閑地をやめたら，土地はボロボロになる」って思われたでしょう？　ところが，そうはならないのです（笑）。

　その方法は…，休閑地を廃止して，そこにカブ，テンサイなどの根菜類やクローバーなどのマメ科牧草を栽培するのです。**カブ，テンサイなどの根菜類**＊**は，あまり地力を低下させない**こと，**クローバーやアルファルファなどのマメ科牧草**＊＊**は，地力を回復させる能力がある**ことがわかったのです。だったら，耕地を休ませるなんてもったいない，どんどん栽培しようということになりました。

　ここで，みなさんにクイズを一つ！　三圃式農業では，家畜を休閑地で放牧していました。さて，**休閑地をやめてしまったら家畜はどこにいったのでしょ**

う？……解答は，畜舎で飼うようになったのです。新たに畜舎をつくり，舎飼いを行いました。すると，年中飼料が豊富にありますから，たくさんの家畜を飼育できるようになります。家畜をたくさん飼育できれば，肥料もたくさんとれる。つまり，**農作物の生産量・家畜の飼育頭数の増加と地力回復を両立させることに大成功！！！** 本当に感動的！

　このような農法や農村社会の大変革を「農業革命」とよんでいて，18世紀のイギリスで始まったといわれています。これが，西欧を中心に波及し，それまで農業生産性が低かったヨーロッパが，やっと他地域に追いつきました。そして，農業革命による食料生産の増加が，ヨーロッパにおける資本の蓄積と人口増加をもたらし，**産業革命の原動力**となっていったのです。『地理』って楽しすぎませんか？（笑）

＊根茎が土中で成長することによって，深くまで耕し，土壌を改善する。
＊＊根に根粒菌が付着しており，空気中の窒素を栄養分として取り込み，土中に窒素固定する。当時の人間には窒素肥料を生産することはできなかったため，地力回復に極めて効果的だった。

〈混合農業ってなんだろう？〉

　農業革命とともに，ヨーロッパの農業は大きな進化と変化を遂げます。これまでの三圃式農業から，耕地を分割せずに，小麦やライ麦などの**食用穀物**とエン麦，大麦，カブ，テンサイ，栽培牧草（クローバー）などの**飼料作物**を輪作し，牛，豚，家禽＊などの**家畜を飼育**する農業に変わっていったのです。このような**作物栽培と家畜飼育を有機的に結びつけた農業**を混合農業（mixed farming）といいます。p131の**図8**のように，冬季に小麦を栽培した後，カブやテンサイなどの根菜類を栽培します。夏季になると大麦を栽培した後，クローバーなどの牧草を栽培するのです。家畜は畜舎で飼育し，飼料を与えながら，家畜由来の肥料を耕地に投下します。こうすることによって，連続的に農作物の栽培と家畜飼育を年中行うことができるようになったのです。ヨーロッパの農家にとって，いかに家畜が大切かわかりますよね。**家畜は肉類を供給**するだけでなく，いやそれ以上に，**地力を回復するための重要な役割**を担ってきたのです。

＊肉，卵，羽毛などを利用するために飼育する鶏，七面鳥，アヒル，ガチョウなどの鳥類。

〈再びヨーロッパの農業に危機が…〉

　北西ヨーロッパを中心に混合農業が普及し，ますますヨーロッパは豊かにな

っていきました。ところが…，19世紀の半ばに，**イギリスで穀物法**が廃止されることになりました。これをうけて，**19世紀後半にはアメリカ合衆国などの新大陸から，すごく安価な小麦が大量に流入**することになったのです。

　さぁ，かなり困りました。それまでの混合農業における現金の収入源は，小麦の販売です。しかし，アメリカ合衆国などからとんでもなく安い小麦が輸入されるようになると，ヨーロッパ諸国が生産する小麦の価格が高すぎて，あまり売れなくなってしまう！！！　このままではマズイと感じた農家は，「**小麦は自給用につくって，畜産に力を入れよう！**　そして，畜産物の販売で現金収入を得ればいいじゃないか」という考えに至ったのです。かつては，肥料を獲得することが一番の目的であった家畜飼育が，最大の収入源に変化したのです。このような**畜産物の販売に重点を置いた混合農業**を，商業的混合農業といいます。

　フランスやドイツなどある程度国土面積が広い国は，商業的混合農業への変化でこの難局を乗り切るのですが，デンマークやオランダなどの小国はもっと苦しい状況になります。ここでは，デンマークにスポットを当ててみます。

＊イギリス国内の穀物価格の高値維持を目的とする法律で，外国産の安価な穀物流入を厳しく規制した。地主・貴族層の利益を保護していたが，安価な穀物供給による労働者賃金（当時はパンの価格に比例）の引き下げを望む産業資本家と小麦（パン）価格の値下げを望む労働者による反対運動によって，1846年に廃止された。

(3)　いかにしてデンマークは酪農王国になったか

　デンマークは，北海とバルト海を分けるユーラン半島（昔の表記はユトランド半島）とシェラン島（首都コペンハーゲンが位置）などの島々からなる北欧の国です。**社会保障制度**，老人福祉制度が発達する**高所得国**，アンデルセンの人魚姫，チボリ公園などさまざまな印象があると思いますが，読者のみなさんがほぼ全員想像するのではないかと予想されるのが，「酪農」です。日本は，デンマークから多くのチーズと豚肉を輸入しています。また，北海道の酪農のモデルになったのもデンマークだといわれています。

〈戦争に負け続けて，小国に…〉

　かつて，デンマークは北欧の大国でした。スウェーデン，ノルウェーまでも支配していたのですが，16世紀以降次々に領土を失い，19世紀には虎の子である南部のシュレスヴィッヒ・ホルシュタイン＊を失ったことによって，デンマークの農業は危機に瀕します。それまでは，この地を中心とした**小麦などの**

穀物生産が農業の中心だったのですが，これを失ってしまったのです。残されたユーラン半島や島嶼部は，**冷涼な気候**で，**更新世の大陸氷河による氷食を受けていたためやせ地が広がる**…。呆然としているところに，アメリカ合衆国からの安価な小麦の流入…。「泣きっ面に蜂」，「傷口に塩を塗る」，「弱り目に祟り目」，「一難去ってまた一難」，こんなにイヤなことが次々と起こると，けっこうハートが強い人でも参ってしまいますよね。デンマークもやばかったです！　でも，ここでも負けずに考えます。

＊ユーラン半島の基部に位置する平坦な地域で，15世紀以降はデンマーク領であったが，1866年にドイツに割譲され，現在はドイツ連邦共和国の一州。

〈苦難の連続にも負けず，酪農王国へ！〉

「国土もこんなに小さく，気候にも，土壌にも恵まれない自分にできることはないのか？」，ありました！！！　それが『**酪農（dairy）**』だったのです。やせた土壌でも，牧草，飼料の栽培はできます。ただし，国土面積がすごく狭いので，大牧場での放牧は生産効率が悪い。アメリカ合衆国やカナダみたいに広大な農地があれば，大牧場で乳牛を放牧しますけどね。そこで，**畜舎で乳牛を飼育して，飼料を与える**ことにしました。だから，デンマークには意外にも牧場が少ない！　**国土面積のたった5.3%**です。ところが，**耕地は60.5%！！！**国土の60%以上が畑ですよ（お願いですから，驚いてください！）。日本なんて畑の割合は5%しかないのに…。それだけ多くの飼料が必要だということなのです（**図9**）。

　酪農を国策として奨励していこうというのは決まりました。ただし，ここからが大問題！　酪農家が，飼料栽培をしつつ，乳牛の飼育を行い，搾乳した後に，生乳の管理，生クリーム，バター，チーズなどの乳製品の生産・販売などすべてをこなせるわけがない。

　この問題を一気に解決したのが，世界で初の**農業協同組合**の設立です。農家は乳牛飼育と搾乳までを行い，加工，流通，販売などはすべて農業協同組合が行うことによって，高い品質を保てるとともに，農家の労働を軽減できる！

図9 日本とデンマークの農業的土地利用				
国　名	耕地・樹園地（%）	牧場・牧草地（%）	森　林（%）	経営規模（ha）
日本	12.1	1.6	68.4	1.9
デンマーク	60.5	5.3	15.7	42.8

FAOSTATにより作成。統計年次は2018年。耕地・樹園地，牧場・牧草地，森林は国土面積に占める割合，経営規模は，農業従事者1人当たり農地面積。

このような**国を挙げての酪農への転換政策がデンマークの農業を蘇らせたので
す！** 日本をはじめ，多くの国がデンマークをモデルにして酪農を発達させて
います。

　以前，地形のテーマのところでヨーロッパの「**更新世の大陸氷河の拡大**」に
ついて学びましたが，大陸氷河に覆われていたところは基本的にすべて酪農が
発達している地域です。やや冷涼で，氷食によるやせ地だから，最初は苦肉の
策として始めたのが酪農なんですね。だから，オランダ，イギリス，フィンラ
ンド，スウェーデン，バルト三国などはみんな酪農が得意です！ **ヨーロッパ
の酪農＝デンマークだけではありません**（笑）。

⑷　あれ？　地中海地方の農業はどうなった？

　古代ギリシャ・ローマの時代から，あんなに力を入れていた地中海地方の農

表2　商業的農業のまとめ

農業形態	特　色	分　布
混合農業	小麦などの食用穀物と飼料作物を輪作しながら，牛，豚を飼育。	フランス，ドイツなど北西ヨーロッパ，アメリカ合衆国のコーンベルト，アルゼンチンのパンパ
酪　農	乳牛を飼育し，乳製品を出荷。	やや冷涼なやせ地（氷食）。北海・バルト海沿岸，五大湖沿岸，アルプス地方
園芸農業	野菜，果実，花卉を出荷。近郊農業と輸送園芸	大都市近郊（アメリカンメガロポリス），オランダ
地中海式農業	耐乾性樹木作物栽培（オリーブなど），冬季には小麦栽培。羊・山羊を飼育。	地中海沿岸，アメリカ合衆国カリフォルニアなどCs地域

図10　商業的農業の分布

業はどうなったのでしょう？　地中海地方は，今までお話ししてきたヨーロッパの農業地域（大部分が Cfb）と異なり，夏に高温乾燥となる地中海性気候（Cs）の分布地域です。北西ヨーロッパのような，**夏季の農作物の栽培ができないのが最大の問題点！**　ずっと二圃式農業が行われてきましたが，夏季に農業ができないので，出稼ぎに出るしかありませんでした。三圃式農業を行っている北西ヨーロッパとの経済格差は開くばかり…。そこで，誕生したのが地中海式農業です。どんなに祈りを捧げても，夏季の降水量は増えないので，**灌漑設備の建設**にチャレンジします。灌漑をしても，それほど潤沢に水資源があるわけではないので，夏の高温と乾燥に耐えうるオリーブ，**コルクがし**，**オレンジ類**などの樹木作物を栽培し，市場に出荷するようになったのです。冬季は温暖湿潤ですから，小麦栽培は順調にいきます。そして，羊や山羊などの乾燥に強い家畜を飼育する。これが地中海式農業です。最近は，**野菜の栽培**や**牛**，**豚などの飼育**も増えているし，収益性が高い農業も行われるようになりました。スペインのイベリコ豚のブランド化は大成功でしたねえ。スーパーマーケットで，食材を買われる方はきっと共感してくださるはず（笑）。ヨーロッパで，豚の飼育頭数 No.1 と言えば……，ドイツ！！！　ではなく，スペインです！

⑸　**最後は，企業的農業！**

　「農業の工業化」という言葉をご存じでしょうか？　20世紀に入ると，農産物を工業のように企業的・合理的に生産する動きが加速していきました。農業の工業化を代表するのは，アメリカ合衆国で行われている企業的穀物農業と企業的牧畜です。企業的穀物農業は，**大規模に小麦などの穀物生産**を行うもの，企業的牧畜は，**大牧場で大規模に牛や羊などの飼育**を行うものと考えていいです。巨額の資本と最先端の技術を駆使する農業なのです（**表3**）。

〈**企業的農業が最も高度に発達したアメリカ合衆国**〉

　アメリカ合衆国は，「世界の食料庫」とよばれるように，穀物，肉類などを世界各地に輸出していて，**農産物輸出額は世界最大**！　特に，**トウモロコシ**，**大豆**，**小麦などの輸出は世界のトップクラス**の実績を誇ります。アメリカ合衆国の農業の特徴は，それぞれの地域における自然条件に適した作物を大規模に栽培するという点です。これを適地適作とよんでいます。

　ただ，「大規模だ！」って言われても，イメージ湧きませんよね。どれくらい大規模なのかというと，農業従事者1人当たりの農地面積（耕地＋牧場・牧草地）は，インドが0.9ha，日本が1.9ha，イギリスが48.7ha，そして**アメリカ合衆国は……186.1ha！！！！**　とにかくでかい！　規模が大きければ，

その分人件費を抑えることができますから，価格も安くなります。

　もちろん，これだけ大規模になると手作業というわけにはいかないので，**大型農業機械**などを導入しなければならないため，それなりに資金は必要になりますけどね。ただ機械は一度購入してしまえば（ローンは大変みたいですが），かなり長期間使用できるので，**労働生産性がとっても高い*****資本集約的農業****が行われることになります。

　でも，いくら農業大国のアメリカ合衆国とはいえ，**日本と同様に高齢化，後継者不足**に直面しているはず。なのにこんなに農産物の生産・輸出がすごいのはなぜでしょう？　授業中に，生徒たちに対して，「**アメリカ合衆国と日本の産業別就業者割合を比べたら，第１次産業就業人口**（大部分が農業就業人口）**の割合はどっちが高いだろう？**」という質問を投げかけることがあります。すると，けっこうたくさんの子どもたちが，「どちらも低いと思うけど，農業大国アメリカ合衆国って考えると，日本よりアメリカ合衆国の方が高そう！」という発言を…。さて，みなさんはどう思われますか？

　第１次産業就業人口割合は，日本が3.5%，アメリカ合衆国が1.4%（2018年）！　すごいですよねえ，総人口3.3億人のたったの1.4%の人しか農業に従事していないのに，ほぼすべての農畜産物の生産が世界のトップクラスなんて…。

　高齢化，後継者不足に対しては，よりいっそうの規模拡大で対処しようとしているようです。農場数は減少しているのですが，減少しているのは（アメリカ合衆国にしては）規模が小さい農家です。2,000エーカー***以上の農場は増加しています。つまり，「**少数農家による大規模化**」が進行してるのです。あの広大な農場を，わずか１－２人の人で経営しているのですから，ちょっと信じられない。アメリカ人が超人というわけではないので（笑）。

　これを可能にしているのは，最先端の技術を駆使した大型農業機械やドローンの活用です。アメリカ合衆国では，日本の**スマート農業**のように **Ag Tech**（**アグテック**）とよばれる農業テクノロジーが急速に発展し，積極的に投資も行われているのです。**農業は，最も伝統的な産業なのに，最先端の産業になりつつある！**

＊単位労働時間当たりの生産量が多いこと。簡単に言うと，農業従事者１人当たりの収入が大きいということ。
＊＊単位面積当たりの資本投下量が多い農業のこと。ある一定の土地に対して，多くの資本（農業機械，農薬，肥料など）を投下する。
＊＊＊アメリカ合衆国の農地面積を示す際に使用される単位で，１エーカーは約0.4ha。

〈アメリカ合衆国といえば，穀物メジャー！〉

　広大な農地における大規模な農場を支えているのは，アグリビジネスとよばれる農業関連産業です。**アグリビジネス**とは，その名の通り **agriculture（農業）に関連する business** です。農産物の生産・加工・運搬・販売など農業に関連するすべての経済活動に関わります。たとえば，種苗，飼料，農薬，肥料などの供給を行う企業，農産物や食品の流通を行う企業，農産物を農家から買い上げる企業など多岐にわたります。

　特に，アメリカ合衆国の場合には，広大な国土で家族経営の農家が１人ですべてを担うのは無理！　そこで，アグリビジネスが大活躍です。なかでも，穀

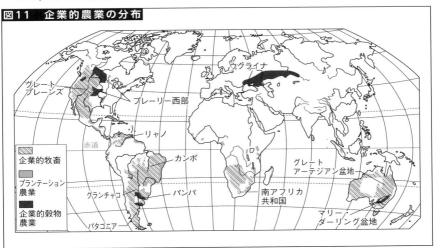

図11　企業的農業の分布

グレート
プレーンズ

ウクライナ

プレーリー西部

赤道

リャノ

カンポ

グレート
アーテジアン盆地

企業的牧畜

プランテーション
農業

グランチャコ

パンパ

南アフリカ
共和国

企業的穀物
農業

パタゴニア

マリー
ダーリング盆地

表3　企業的農業のまとめ

農業形態	特　色	分　布
企業的穀物農業	大型の農業機械を用いて小麦の大規模栽培。	年降水量500mm前後の黒色土地帯。アメリカ合衆国～カナダの**プレーリー**，アルゼンチンの**湿潤パンパ東部**，ウクライナ～ロシアの**チェルノーゼム地帯**，オーストラリア南東部
企　業　的　牧　畜	大規模に肉牛や羊を放牧。	Aw, BS 地域。アメリカ合衆国のグレートプレーンズ，アルゼンチンの**乾燥パンパ西部**，オーストラリア，ニュージーランド
プランテーション農業	主として欧米など先進国向けに熱帯性作物を栽培。	熱帯・亜熱帯地域の沿岸部が多い。

物メジャーとよばれる巨大穀物商社の影響力はすごく大きいです。穀物メジャーは，**穀物エレベーター***という**巨大な穀物倉庫を所有**していて，農家から巨大なトラックを使用して**穀物を集荷**し，穀物エレベーターに**貯蔵**してから，国内外へ輸送して**販売**します。穀物メジャーの事業は，かつては国内の農家から集荷して，国内各地に輸送して販売するというのがメインでしたが，東西冷戦中のソ連の小麦凶作をきっかけとして，**世界中に流通網を形成し，国際的な穀物商社に成長**しました。そして，現在は**ハイブリッド種子**（高収量品種の種子）や**遺伝子組み換え作物**の開発・販売，**フィードロット****の経営，配合飼料や農薬の供給，農業機械の販売，金融・保険に至るまで，**多様なアグリビジネスに進出**し，ますます農家や穀物の国際価格に与える影響が大きくなっています。カーギルやアーチャー・ダニエルズ・ミッドランドなどが巨大穀物メジャーですね。

　アグリビジネスの発展は，農家にとっての利便性が増す分，依存度が高くなって，なかには高額な農業機械などの支払いが滞り，倒産や離農に追い込まれる家族農も出現しています。

＊穀物の貯蔵施設で，穀物貯蔵庫（サイロ）と穀物搬入用エレベーター，穀物の乾燥施設などが設置されており，アメリカ合衆国のグレートプレーンズには高さ30－40mほどの巨大な倉庫もある。生産地，穀物集積地，輸出港湾などに設置されている。日本でも穀物エレベーターが設置されていて，生産農家の共同利用施設として利用され，米，小麦，大豆などの乾燥，貯蔵，調整，出荷を行う。
＊＊肉用牛の集団肥育場のこと。アメリカ合衆国で開発され，当初は裸地を柵で囲い，無畜舎でトウモロコシや大豆などの濃厚飼料の自動給餌装置と給水施設を装備したものが一般的であったが，近年は牧草地に自動給餌装置と給水施設を装備したものや畜舎を装備するものまで，多様化している。フィードロットを使用すると，牧場での放牧と比較し，短期間で多数の肉用牛を肥育できるため，土地生産性が高くなる。

3 食文化の多様性とグローバル化　食文化って，本当に面白い！

　世界の**食生活**や**食文化**って，興味が湧きますよね。いくらグローバル化が進んでいるとはいえ，書籍やテレビで知る異なる食文化には驚きと感動が！
　食文化は，**気候などの自然環境，資本の蓄積や技術の進歩などの社会環境，そして宗教などの文化環境によっても影響**を受けてきました。

① 米と日本人

　われわれは，古くから米を主食とする生活を営んできました。以前もお話し

したように，米の原産地はモンスーンアジア，中国の長江流域ではないかといわれています。中国から南アジア，東南アジア，日本などへ長い時間をかけて伝えられました。日本では，縄文時代中期頃に伝わり，縄文時代後期から弥生時代にかけて，本格的に稲作が始められたようです。

米は，イネの果実である籾から，外皮を取り去ったもので，外皮はすごく硬いのですが，比較的容易にポロッと取り外すことができたため，**粒のまま煮たり，炊いたりして食べる**ようになったのです。このように，粒のまま米を食べる文化を粒食文化とよんでいます。小麦なんかとは大違いですね。

米は，小麦に比べて，**単位面積当たりの収穫量が多く，カロリーも高い**ため，**多くの人口を扶養**することができます。一粒の種米から，約2,000粒の米が収穫できるのですが，これは小麦の5倍以上の還元率といえます。米は優秀ですねえ！　しかも，**米や小麦などの穀物は，長期保存**ができますから，主食としてはうってつけなんです。ただ，どこでも栽培できるわけではなく，**高温多雨の肥沃な沖積低地**を好みますから，**生産・消費の中心は，モンスーンアジア**になるんですね。三大穀物といわれる米，小麦，トウモロコシのなかでは，最も貿易量が少ないのもうなずけます。モンスーンアジアの国々で栽培し，それを大部分食べてしまって，余剰分を輸出に回すのです。

日本人の主食といえば米ですが，**1人当たりの米消費量はかなり減少**しています。1962年と2022年を比較してみましょう。この60年間で，1人1年間当たりの米消費量は，な・な・なんと118.3kgから50.7kg，つまり1/2になっているのです！　すごい減り具合ですね。

どうしてこんなに日本人は米を食べなくなってしまったんでしょうか？

さまざまな理由があると思いますが，第二次世界大戦後の**パン食の普及**や**肉類消費の増加**などの食の多様化，少子高齢化などが主な要因です。でも，ご飯を炊いて食べる量は減っていますが，外食や中食（調理済み食品を家などに持ち帰り食べる）での米の消費は，むしろ増加傾向にあるので，日本人の米離れというわけではないようです。この背景には，**女性の社会進出**や**単身世帯の増加**などによる，調理に時間をかけない人の増加が関係しているようです。

確かに，時間に追われているときは，麺類やパンはお手軽です。でも，確実に言えることは，「炊きたてのご飯は，ものすごく美味しい！」。

② パン食の普及と学校給食

いろいろな世代からなる集まりでは，よく学校給食の話で盛り上がります。みなさんも経験があるんじゃないでしょうか？　私は，好き嫌いが全くないのですが，あの「脱脂粉乳＊」だけは…（もちろん，現在のスキムミルクはあれ

とは違うと思いますが）。死にものぐるいで飲んでましたが，よく牛乳嫌いにならなかったなぁって思います（笑）。給食の話題であがるテーマの一つに，米飯給食があります。私はときどき見栄を張って，「そう言えば，週に1回くらい食べたかも」とか言うことがありますが，みなさんごめんなさい！　全くのウソです（泣）。一度もありません！

　第二次世界大戦後，日本は深刻な食糧難に陥り，**子どもの栄養不足も深刻化**していました。UNICEF（国連児童基金）からミルクが，アメリカ合衆国から小麦粉が寄贈され，**脱脂粉乳とパン食による完全給食**が始まったのです。それまでの日本人の感覚としては，「主食はお米のご飯，パンはお菓子」みたいな感じだったのではないでしょうか。その後，20年以上給食のパン食時代は続きました。この影響を受け，パンもご飯と並ぶ主食の一つという地位を確立するようになったんですね。

　1976（昭和51）年，**国産の在庫米を減らす**ため，米飯給食が開始されました。**米を主食とする文化を大切にしたい**，**箸を正しく使えるようにしたい**などの思惑もあったようですが。

　聞くところによると，現在の給食は米食＞パン食の傾向があるようで，農林水産省が和食給食に補助金を出していることも影響しているみたいです。いやー，一度は給食のご飯（米）を食べてみたかった…（笑）。もっともっと，つっこんで給食の話もしたいのですが，今回はこのあたりで我慢します。次は，小麦についてちょっと物知りになりましょう。

＊牛乳から脂肪分を取り除き，粉末状にしたもの。保存性が高く，カルシウム，タンパク質などを含み，栄養価も高い。戦後の食糧事情を懸念したアメリカの市民団体やUNICEFによる援助物資が戦後しばらく学校給食に用いられた。学校給食では，1960年代から1970年代にかけて，徐々に牛乳に転換された。現在でも，スキムミルクとよばれ，調理用，乳製品の原料，仔牛の飼料などに用いられている。

(1)　小麦について，もっと深く学んでみよう！

　「米を食べたい」っていうと，「ご飯を食べたいんだなぁ」ってイメージ湧きますが，もしも家族や友人が「小麦を食べたい」って言ったらどうでしょう？ちょっと驚きますよね？　「パンを食べたい」ならわかりますが。小麦は，外皮を取り除こうとすると内側の胚乳部分が砕けてしまうため，**製粉して小麦粉として使用**します。米と違って粉食が中心です（粉食文化）。

　そもそも小麦ってどこが出身地なんでしょうね？　生徒にたずねると，だいたい答えはヨーロッパ！　子どもたちの気持ちは分かりますが（笑）。

小麦*の原産地は西アジア，ちょっと細かくいうとカフカス地方からメソポタミア地方周辺だといわれています。小麦は，米と異なり，**冷涼・乾燥に強く，逆に高温を嫌う**ため，気温が高い熱帯地域以外は，ほとんどの地域で栽培できることから，世界中に伝播し，世界中で主食として利用されることになったのです。小麦と米の世界総生産量（小麦は７億6,577万トン，米は７億5,547万トン）はほとんど同じですが，**輸出量は小麦が約４倍と圧倒的に多い！**　つまり，**国際商品として多くの地域に流通**しているんですね。

　話は戻りますが，小麦は粒がすごく硬くて，軟らかくするにはかなり長時間加熱しなければなりませんでした。だから，なんと当初はお粥（かゆ）として食べられていたのです。ちょっと驚きですねえ。われわれにとっては，お粥は米！

　小麦以前から栽培されてきた，小麦の先輩に当たる大麦があります。**大麦は**，中央アジア原産で，**小麦より低温や乾燥に強い**のが特徴です。大麦も粥として食べられてきたので，お粥にする限り小麦とそれほど，味に大差がなかった…。すると栽培が容易な大麦が重宝されます。ところが，石臼（いしうす）の登場で，粉食するようになると，ものすごく味や食感に差が表れるようになりました。大麦だけでつくったパンは，めちゃめちゃ硬い…。個人的な見解ですが，とてもパンとは思えない。

　ヨーロッパに伝えられた大麦，小麦などですが，**粉食によってパンとして食べられる**ようになると，**「圧倒的に小麦が美味しい！」**ということが世の中に知れ渡ります。ところが，小麦は高価なので，中世ヨーロッパでは高所得層は小麦を原料としたパン，低所得層は大麦，ライ麦**などを原料としたパンが中心だったようです。18世紀頃になると，やっと小麦の生産が増加し，**小麦＞ライ麦＞大麦**の順になり，19世紀以降のヨーロッパでは，小麦が大衆化していきました。

　小麦には，大麦などにはない**グルテンというタンパク質**が含まれていて，弾性，柔軟性，膨張性に富んでいるため，特有のもっちり感があります。この「**もっちり感**」が他の麦類を圧倒する長所になったのです。パンだけでなく，パスタ，ラーメン，うどんなどの麺類，ピザ，ケーキ類，お菓子類など用途が多様なのも小麦が人気な理由の一つですけどね。

　中国，インド，ロシア，アメリカ合衆国，フランス，カナダ，ウクライナ，パキスタン，ドイツ，アルゼンチン（2019年）などが小麦生産上位国ですが，みなさんが学生の時に学ばれた名残はありますか？（笑）

＊越冬性作物で，秋に播種（はしゅ），冬に発芽，翌年の初夏に収穫する（冬小麦または秋まき小麦）。後に，突然変異を利用し，発芽のための低温期間を必要としない春小麦（春まき小麦）が開

発された。冬小麦は比較的温暖な地域，春小麦は寒冷な地域で栽培されるが，世界生産の大部分は冬小麦。

＊＊トルコからカフカス地方原産の麦類で，寒冷な気候ややせた土壌でも栽培が可能。19世紀頃までは，パン用穀物としての供給量はライ麦の方が多かったといわれている。やや酸味がある黒パンの原料で，現在の生産量は約1,100万トン。主な生産国は，ドイツ，ポーランド，ロシアなど。

③ トウモロコシも三大穀物の一つ

トウモロコシの生産量は，1990年くらいまでは米，小麦とほぼ同じくらいで，およそ5億トン前後でした。現在，40-50代の方が高校生や受験生だった頃は，「米，小麦，トウモロコシの三大穀物は，生産量はほぼ同じ！」と学んできたはずですし，私もそう豪語してきました。

ところが，現在の**三大穀物の生産量は，トウモロコシ**（約11.6億トン）**>小麦**（約7.6億トン）**≒米**（約7.6億トン）と，トウモロコシの生産が急増していて，他を圧倒しています（2020年）。さて，どうしてだと思いますか？

⑴ 最近はトウモロコシの生産が急増！

米と小麦の主な用途は，主食です。ということは，1人当たりの消費量がほぼ同じと考えると，**米や小麦の生産量の増加率は，人口増加率に比例**するはずです。つまり人口の増加に見合うだけ，生産量も増加していくということになります。でも，トウモロコシは違いますね。主な用途は，**飼料用，工業用，食用とかなり幅広い！** しかも，用途別の供給量は飼料用>工業用（バイオエタノール，コーンスターチなど）>食用となっていて，食用が最も割合が低いです。ということは，人口増加率とは直接対応しないということになります。なぜ，トウモロコシの生産が近年増加しているのかという謎を解くには，その用途に注目するといいですね。

まずは，最も多い**家畜の飼料用**としての供給です。供給量の60%以上を占めるといわれています。仮にみなさんがボーナスや給料をもらった直後に，家族，友人，同僚と「ちょっと今日はぜいたくに○○を食べに行こう！」ってなったとします。○○のなかに，「レタス」とか「ダイコン」とか入るでしょうか？ 読者のみなさん，全員が「瀬川は何を馬鹿げたこと言ってるんだ！」と思われたと確信しています（笑）。人は，まずはおなかを満たすために食事をします。次の段階になると，「美味しいモノを食べたい」という気持ちになるはず。人によって，この「美味しいモノ」は違いますが，人は豊かになると，なぜか○○のなかに「肉」を入れる傾向があるのです。もちろん，食の効率だ

けでいくと，穀物を食べた方がいいのですが…。

　かつては，肉類消費の大部分を欧米先進国が占めていました。でも，近年は中国，ブラジルなどの新興国をはじめ，経済発展とともに多くの国が豊かになってきた。すると，今まで肉を食べていなかった人々が，肉をたくさん食べ始め，**肉類の需要が増加**します。当然ですが，多くの飼料が必要になります。**飼料の需要が増加**すれば，飼料価格が上昇しますから，みんながこぞって飼料となるトウモロコシの生産をするようになったのです。

　もう一つの理由は，地球環境問題のテーマでもお話しした「地球温暖化」です。温暖化を抑制するために，「カーボンニュートラル（carbon neutral）」という考え方が普及してきました。カーボンニュートラルとは，「現存する植物は，成長過程で光合成を行い**二酸化炭素を吸収**する。だから，この**植物を原料とした燃料をつくって，燃焼させたとしても，二酸化炭素の量は±０になる**はずだ」という考え方です。また，再生可能エネルギーの一つとしても注目されています。

　植物起源の燃料をバイオ燃料とよんでいますが，バイオ燃料には，木材，間伐材，廃材などを原料とする固体バイオ，トウモロコシ，サトウキビなどを原料とする液体バイオがあります。なかでも生産量が多いのが，トウモロコシやサトウキビを原料とするバイオエタノールとよばれるアルコール燃料です。糖質やデンプン質を多く含んでいれば，いろいろな農作物からバイオエタノールを採取できますが，**アメリカ合衆国ではトウモロコシ，ブラジルではサトウキビ**，EU ではテンサイが主な原料になっています。

　アメリカ合衆国は，世界有数のトウモロコシ生産国です。バイオエタノールの人気が高まれば高まるほど，原料となるトウモロコシの需要は高まり，価格が上昇します。すると農家は，「どうせ手間をかけてつくるなら，高く売れるトウモロコシをつくろう！」となるため，このような動きがあらわれた結果が，トウモロコシの増産につながりました。

　アメリカ合衆国では，1990年代以降小麦の作付け面積が減少するのに反比例して，**トウモロコシの作付け面積が増加**しています。アメリカ合衆国の小麦生産量が減少傾向なのも納得ですね。

⑵　トウモロコシを主食にしているのは？

　トウモロコシは，米，小麦と異なり，総供給量に占める食用としての割合がとっても小さいことがわかりました。でも一部には，**主食としている地域もある**はずです。このあたりで，少しだけトウモロコシの歴史についてお話をしておきますね。トウモロコシは，メキシコ高原あたりを原産地とするイネ科穀物

です。BC5,000年頃までには大規模栽培が行われるようになり，**マヤ文明**＊や**アステカ文明**＊＊を支え，**インカ文明**＊＊＊でもジャガイモとともに重要な食料でした。つまり**中南米の先住民**（インディオ，インディヘナ）**にとっては，なくてはならない食料**だったのです。メキシコなどの中南米諸国の一部では，現在でもたくさん食べられていて，メキシコ料理といえば「**トルティーヤ**（トウモロコシの粉を原料とした薄焼きパン）」や「**タコス**（トルティーヤでさまざまな具材を包んだ料理）」が超有名ですね。トルティーヤは，私の大好物！　必ず冷蔵庫に常備（最近はかなり本格的なトルティーヤがスーパーでも売ってます）。

　長らく先住民の食料だったトウモロコシですが，**コロンブスの新大陸発見**によって，ヨーロッパに持ち帰られます。温暖な地中海地方やトルコなどに栽培が拡大し，16世紀末までにイギリスや東欧に伝播していきました。当初は，貧困層の食料となっていたようです。さらに，植民地支配を通じてアフリカに伝わり，東アフリカや南部アフリカで栽培されるようになりました。**東アフリカのケニア**には**ウガリ**＊＊＊＊という伝統的な食品もあります。サハラ砂漠南縁のサヘル地方でも栽培されていますが，高温乾燥にはあまり強くないので，雑穀のソルガムに負けています。ということで，世界中に広がったものの，主食として食べられている国や地域はそれほど多くはないようです。

　トウモロコシの生産上位国は，**アメリカ合衆国**，**中国**，**ブラジル**，**アルゼンチン**，ウクライナ，インドネシア，インド，メキシコなどですが，新大陸のアメリカ合衆国，ブラジル，アルゼンチンなどが強いですね。輸出上位国は，かつては圧倒的にアメリカ合衆国だったのですが，**最近はブラジルの成長が著しい！**　首位を毎年アメリカ合衆国と競っています。

＊メキシコ南東部，グアテマラ，ベリーズにかけて栄えた古代文明。
＊＊15世紀頃から16世紀にかけてメキシコ高原で栄えた文明。
＊＊＊15世紀頃から16世紀にかけて中央アンデスのペルー，ボリビアなどを中心に栄えた文明。
＊＊＊＊ケニアなどアフリカ東部から南部にかけて食されている粥で，トウモロコシやキビ，キャッサバなどの粉を混ぜてつくられる。

⑶　**世界最大のトウモロコシの輸入国はどこ？**
　では，**世界最大のトウモロコシ輸入国はどこでしょう？**…ちょっとだけ昔を思い出してみてください。年度によって若干変わりますが，ほぼ首位に立つのはわれらが**日本！！！**　アメリカ合衆国（63.9％），ブラジル（34.3％）の二か国からそのほとんどを輸入しています（2020年）。そして，驚くなかれ日本は，**トウモロコシの自給率が０％**です！　この話を授業中にすると，生徒た

ちはみんな「？？？？？」という顔をします。「だって，北海道産のトウモロコシを食べたことがある」って顔です。不思議なデータですねぇ。

　食料自給率で使用される「トウモロコシ」は，飼料用のトウモロコシを指します。われわれの食卓にあがるトウモロコシは，「**スウィートコーン**」で，飼料用のトウモロコシではない！　スウィートコーンは統計上，**「野菜類」に含まれます**。ということで，いくら北海道ががんばってスウィートコーンを生産しても，トウモロコシの自給率には無関係だということになるのです。ここでまた別の疑問が浮かぶはずです。「以前，テレビで北海道の酪農家が飼料用トウモロコシの生産をしてる風景を見た！」などなど。

　飼料用として，国内の酪農家なども年間400－500万トンを生産しているようですが，市場に流通していないため，自給率に反映されないのです。つまり，**自分で栽培して，自分で消費してしまう分は，国内自給率には入れない**のです。野菜に分類されてしまうスウィートコーンは，自給率が100％に近いんですけどね。このように，データを分析する場合には，指標となる作物などの定義をしっかり理解していないと，大きな勘違いを起こしてしまうことがあるので要注意です。

④ イモが主食ってすごい！

　日本人には，主食と副食という概念が古くからありますよね。主食といえば，米，パン，餅，うどん，そば，パスタなどがパッと思い浮かびます。主に**炭水化物を主成分として，人間が活動する際のエネルギー源**になります。国や地域によっては，主食と副食の区別がはっきりしないところもありますけどね。特にヨーロッパでは，穀物＋畜産物が主食って感じです。

　ここまで，われわれは**「米，小麦などの麦類，トウモロコシ，ソルガムなどの雑穀などが主食として，古くから人間を支えてきた」**ということを学んできましたが，なかには**イモ類**を主食としている地域もあります。

　たとえば，アフリカ・ギニア湾岸に位置するガーナでは，1人1日当たりイモ類の供給量が1,258g（2019年），つまり1日に約1.3kgのイモを食べています。われわれも，フライドポテトなどいろいろな種類や調理法のイモを美味しく食べますが，いくらなんでも1日平均して1kg以上のイモを食べることはないですよね。ガーナでは，明らかにイモ類が主食の役割を果たしています。

(1) ジャガイモはナス科，サツマイモはヒルガオ科！

　われわれが，日常生活で何気なく使用している「イモ」という用語ですが，実を言うと「イモ科」という品種があるのではないのです。ちょっとびっくり

しますよね！　「じゃあ，イモってなんなの？」ということになります。イモは，植物の根や地下茎が肥大化して，養分を蓄えたモノの総称で，なんとジャガイモはナス科，サツマイモはヒルガオ科！

　イモ類は，**デンプンなどの炭水化物を多く含み，栄養価もとっても高い**です。しかも**やせ地で栽培**できるのがすごい！　さらに栽培が水田稲作などと違って，ものすごく簡単です。種をまくこともありますが，一般的には**茎を地中に挿すだけで成長する！**　なんてありがたい農作物でしょう。単位面積当たりの収穫量も多く，人口支持力が高い。いいことずくめですね。

　ちょっとだけ，学生時代など若かりし頃を思い出してみてください。もし，お父さんやお母さんが，一人暮らしをしているあなたに3ヶ月分のお米を送ってくれたとします。うれしいですよね，涙が出るくらい…。ところが，もし送ってくださったモノが，米ではなくてイモだったらどうでしょう？　うれしい気持ちは変わりませんが，「なんで米じゃなくて，イモなんだ？？？」。

　米は，よほど劣悪な環境でない限り，かなり**長期間保存ができます**よね。でも，イモ類は含有水分が多く，最も保存に耐えるジャガイモでも1か月程度，キャッサバに至っては，なんと3日目から腐敗が始まります。つまり**イモ類は保存しにくい**んですね。どこでも栽培できて，簡単だけど，保存がしにくい。言い換えれば，貯金ができないので，いつもいつもつくり続けなければならないという大きな欠点を持っているのです。だから，みなさんが学生時代に学んだ古代の4大文明（**インダス文明，黄河文明，メソポタミア文明，エジプト文明**）はすべて**保存ができる穀物によって支えられた文明**だったのです。

⑵　イモ類で最も生産量が多いのはジャガイモ

　イモ類の中でも生産量が多いのは，ジャガイモとキャッサバです。まずは，ジャガイモのお話を！

　ジャガイモは，美味しいですねえ。できたてのフライドポテトやじゃがバターはもちろん，肉じゃが，ジャーマンポテト，ポテトサラダ，ポテトのミートソースグラタンなどさまざまな調理法で，世界中の人々に愛されています。

　ジャガイモは，**アンデス原産**のイモ類で，ペルー・ボリビア国境付近に位置するチチカカ湖畔付近に自生していたようです。先ほどもお話ししましたが，ジャガイモはイモ類の中では比較的保存性が高く，みなさんも幼少の頃から台所でジャガイモをみかけたことがあるのではないでしょうか。

　新大陸原産ですから，アジア，アフリカ，ヨーロッパでは，コロンブスの新大陸発見後に伝えられることになります。日本に伝えられたのは，17世紀の初め頃といわれていますが，オランダ船によって**ジャワ**（旧名ジャガタラ，現

在のインドネシア）**から伝来**したため，ジャガタライモ→ジャガイモとよばれるようになりました。ジャガイモには，もう一つの呼び名がありますよね。それは，「馬鈴薯（バレイショ）」です。私が子どもの頃は，祖父母や父母はこの「バレイショ」という名前を連呼していました（笑）。だから，ジャガイモ＝バレイショは当然でしたが，最近の生徒たちからは問題文に，「バレイショ」と書いてあると，「瀬川先生，これっていったい何なんですか？」って聞かれます。みなさんはどうでしたか？ ジャガイモとバレイショの関係をご存知でしたか？

　馬鈴薯とは，ジャガイモが馬の首に付ける鈴に似ていたことから，このようによばれるようになったみたいですね。

⑶　新大陸からヨーロッパへ，ジャガイモの旅が始まる！

　さて，コロンブスの新大陸発見によって，ヨーロッパ人から見て数々の面白いモノが持ち帰られることになりました。その一つがジャガイモです！

　インカ帝国から，スペイン人が持ち帰り，ヨーロッパに伝えられたのですが，なかなか農家や一般家庭に普及しませんでした。ジャガイモは，年に複数回栽培が可能で，地中に埋まっているため鳥にも荒らされにくいです。しかも，北西ヨーロッパの土壌は，**氷食を受けているのでやせ地が多い**。さらに酸性土壌が多いため，やせ地に強く酸性土壌でも栽培ができるジャガイモは，救荒作物＊としてうってつけです。国王や領主はできるだけジャガイモを普及させようとします。ただ普及にはさまざまな障害がありました。

　１つ目は，**ヨーロッパではイモを食べる習慣がなかった**ことです。ヨーロッパに限らず西アジア，北アフリカでもイモを食べる食習慣がなかったため，聖書にも記載がなかったようです。２つ目は，**visual の問題！**　スーパーでジャガイモを見て，「わぁー，きれいだなー！」って感動したり，人をほめるときに「あなたはまるでジャガイモみたいに素敵ですね」とは形容しませんよね（笑）。つまり見た目が悪い。しかも，当時のジャガイモは現在販売されているモノより，小さく，さらに黒くて敬遠されたのです。

　３つ目は，**種をまかずに増える**ジャガイモの性質が不気味に感じられたこと。そして４つ目は，われわれも幼い頃，親から「ジャガイモの芽が出てきたら注意しなさい！」，「日に当たって緑色になった皮は食べたらダメ」と言われてきたように，**発芽した芽や，緑色になった皮の部分には毒性**があり，吐き気や下痢などの症状を起こすという危険性があるという点です。でも，そんなことを全く知らないヨーロッパ人は，見た目が悪いジャガイモを食べて，腹痛に苦しむ。そんな経験をしたらなかなか普及しませんよね。ジャガイモは，**冷涼な気**

候には強いのですが，いったん収穫すると低温に弱くて，4℃以下になるとデンプンが変質すると言われています。だから冷蔵庫には入れないんですね。

　ジャガイモがヨーロッパで普及し始めたきっかけは，諸説ありますが，三十年戦争＊＊によって国土が荒廃したプロイセン王国＊＊＊で，飢饉が発生した際，国王（フリードリッヒ大王）が勅命により栽培を強制・奨励したのがきっかけではなかったかといわれています。麦類などは農地が戦場になると，めちゃめちゃに踏み荒らされてしまいますが，ジャガイモは**地下で実るため被害を受けにくかった**んですね。プロイセンによる普及は，フランス，イギリス，アイルランドに広がり，17世紀になると**アイルランド移民**によって，**北アメリカに渡った**のです。すごいですねえ，16世紀にスペイン人が南アメリカから持ち帰ったジャガイモが，100年かけて北アメリカに伝わるなんて。**新大陸→旧大陸→新大陸**って，ちょっと不思議な感じです。う〜ん，地理は面白い！！

＊凶作，飢饉，戦争などで食料が不足した場合に，不足をしのぐために栽培される作物。ジャガイモ，サツマイモ，アワ，ヒエ，ソバなど。
＊＊主にドイツ（当時の神聖ローマ帝国）を舞台に，1618年から1648年にかけて行われた宗教的・政治的戦争の総称。ドイツにおけるプロテスタントとローマ・カトリックの対立，ハプスブルク家（オーストリア，スペイン）とブルボン家（フランス）の対立などを背景として，ヨーロッパ諸国の大半を巻き込んだ戦争となった。
＊＊＊ドイツ統一の中核となった王国。現在のポーランド北東部，ロシア飛び地のカリーニングラード州，リトアニアにかけての地域。

⑷　ヨーロッパの次は，アジアを救う！

　授業中に，「ジャガイモの生産量が多そうな国を，ノートに書いてごらん！」というと，ほとんどの生徒たちは，「**ドイツ**」，「**ポーランド**」，「**ロシア**」などやや**高緯度に位置するヨーロッパの国**を挙げます。この子たちは，ちゃんとジャガイモの特性をわかっているんです。立派です！

　でも，現在は**中国**（24.8%），**インド**（13.5%）の2か国で，世界の約40%を生産していて，次いでロシア（6.0%），ウクライナ（5.5%），アメリカ合衆国，ドイツと続きます（2019年）。このデータを見るとわかりますよね？ジャガイモは，**ヨーロッパの次にアジアを救った**のです！　もちろん，ドイツやイギリスでは，ジャガイモ料理が必ずと言っていいほど振る舞われますが，ジャガイモはヨーロッパだけのモノではないんですね！

⑸　熱帯地域の主食は，キャッサバ，ヤムイモ，タロイモ
　熱帯気候に属するサハラ以南のアフリカや東南アジア，オセアニア島嶼部で

もイモを主食にしている地域があります。もちろん，ジャガイモじゃありませんよ。熱帯性のイモ類である**キャッサバ，ヤムイモ***，**タロイモ****などのことです。なかでもキャッサバは生産性が高いため，人気ですね。

　キャッサバの原産地は**ブラジル**で，15世紀末頃には南アメリカ北部，中央アメリカ南部，西インド諸島などで主食として用いられていたようです。さらに，ブラジルを支配していたポルトガル人が，栽培が容易な奴隷貿易用の食料として採用したため，アフリカに拡大していきました。キャッサバ（cassava：英語）には，マニオク（manioc：フランス語），マンジョーカ（mandioca：スペイン語，ポルトガル語）といろいろな呼び名があるので，一瞬違う作物なのかと思ってしまいますが，すべて同じイモです！

　熱帯のやせ地で栽培が可能っていうのが最大のメリット！　茎を地面に挿すだけで成長するので，極端に言えば素人でも栽培できる。単位面積当たりの収穫量も多く，なんと**いかなるイモ類，穀類よりもデンプンの生産効率は高い**のです。なんと優秀なイモでしょう！（笑）

　ただ，種類にもよりますが，**表皮に青酸性の毒**を含んでいるので，加熱したり，水にさらしたりしないと危険です。

　そして，最大の弱点は…とんでもなく腐敗しやすいこと！　地中にあるときはいいのですが，収穫すると3日目から腐り始め，5日目には食べられなくなります。だから，その場で加工する必要があるのですね。ちょっと，手間がか

表4　主な穀物

農作物名	原産地	特　徴
米	中国南部〜インド北東部	夏の高温多雨（年降水量1,000mm 以上）を好む。アジアが世界総生産量の90％以上を占める。
小　麦	西アジア	年降水量500mm 前後の黒色土（こくしょくど）を好む。熱帯を除き広範囲で栽培。温暖な地域では冬小麦，寒冷な地域では春小麦。
トウモロコシ	メキシコ高原	年降水量1,000mm 前後の温暖気候を好む。先進地域では飼料としての重要性が高いが，発展途上地域では重要な食料となる。近年はバイオエタノールの原料としても。
ライ麦	西アジア	耐寒性が強く，やせ地でも栽培が可。黒パンやウイスキーの原料。
エン麦	西アジア	冷涼湿潤な気候を好む。飼料，オートミール。
大　麦	西アジア	小麦栽培が不可能な寒冷地域でも栽培が可能。乾燥にも強く最も広範囲で栽培が可能な穀物。飼料，ビールの原料。

表5　主な嗜好作物

農作物名	原産地	特　　徴	主要生産国
コーヒー	エチオピア高原 (カッファ地方)	成長期に高温多雨, 収穫期に乾燥を必要とする。Aw～Cw の高原・高地を好む。ラテンアメリカでの生産量が多い。	ブラジル, ベトナム, コロンビア, インドネシア, インド, エチオピア
カカオ	熱帯 アメリカ	年中高温多雨な Af～Am の低地を好む。ギニア湾岸などアフリカでの生産量が多い。	コートジボワール, ガーナ, インドネシア, ブラジル カメルーン, ナイジェリア
茶	中国南部～インド・ アッサム地方	温暖多雨で排水良好な高原,丘陵, 台地を好む。アジアでの生産量が多い。ロシアとイギリスの輸入量が大きい。	中国, インド, ケニア, スリランカ, ベトナム, トルコ

表6　主な農作物と家畜

農作物名	原産地	特　　徴	主要生産国
大　豆	東アジア	夏の高温を好む。油脂原料, 飼料として重要。アメリカ合衆国の生産・輸出が極めて多かったが, 近年はブラジルとアルゼンチンの輸出が急増。	アメリカ合衆国 (29.0%), ブラジル (34.2%), アルゼンチン (16.6%), 中国 (東北地方), インド
サトウキビ	熱帯アジア	Aw～Cwを好む。砂糖原料の大部分を占める。寒冷な地域ではテンサイが砂糖原料。	ブラジル (38.6%), インド (20.8%) の2か国で世界の50%以上を生産。
綿　花	種類によって原産地が異なる	乾燥には強いが, 寒さに弱い。綿工業の原料。	インド (19.3%), 中国 (24.8%), アメリカ (16.2%), パキスタン (6.7%), ブラジル (7.8%)
ジャガイモ	アンデス地方	冷涼な気候を好む。食料, 飼料として利用。アジアとヨーロッパでの生産が多い。	中国 (24.8%), インド (13.5%), ロシア (6.0%), ウクライナ (5.5%), アメリカ (5.2%)
天然ゴム	アマゾン地方	高温多雨の Af を好む。自動車産業の発展により需要が増大。	タイ (33.1%), インドネシア (23.6%), ベトナム (8.1%), マレーシア (4.4%) など東南アジアに集中。

家畜名	特　　徴	飼育頭数上位国
羊	乾燥地域でも飼育が可能なため, 旧大陸では遊牧, 新大陸では企業的牧畜。かつては, オーストラリアの頭数が最大であったが, 近年は中国とインドが増加。	中国 (13.2%), インド (6.0%), オーストラリア (5.3%), イラン (3.3%), ナイジェリア (3.8%)
牛	肉牛は混合農業地域や企業的牧畜地域で, 乳牛は酪農地域で飼育。牛肉の生産量は, アメリカ合衆国が最大。	ブラジル (14.2%), インド (12.8%), アメリカ (6.3%), 中国 (4.2%), エチオピア (4.2%)
豚	混合農業との結びつきが強い。北アフリカや西アジアなどイスラム圏では宗教上の理由から飼育されていない。	中国 (36.5%), アメリカ合衆国 (9.3%), ブラジル (4.8%), ドイツ, ベトナム

※統計年次は2019年。

152

かりますが，これさえ克服できれば熱帯地域では最高の主食の一つです。

　キャッサバの生産上位国は，**ナイジェリア**，**コンゴ民主共和国**，**タイ**，ガーナ，ブラジル，インドネシアなどの熱帯諸国がずらっと並びます。アフリカの人口大国のナイジェリア（約2.2億人）は，キャッサバ，ヤムイモ，タロイモなどのイモ類の生産を奨励しているため，すべて世界最大の生産国になっています。

　キャッサバは用途が広く，日本でも（私にも）人気のタピオカパール＊＊＊，ミスタードーナツのポン・デ・リング，コンビニで販売されている白い鯛焼きなどのもっちり感を出すための原料，中華料理の食材などの食品だけでなく，バイオエタノールの原料としても人気があります。意外でしょ？　食文化について語り始めると，それだけで一冊の本になってしまいそうなので，このあた

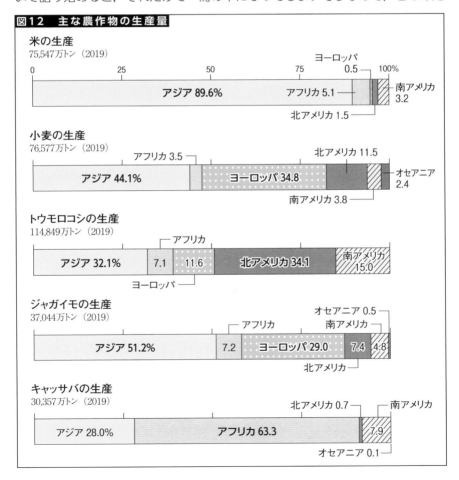

図12　主な農作物の生産量

りで終了します。

＊熱帯アジア原産（極めて種類が多いため，原産地の特定が困難）のイモ類で，日本の山芋（ヤマノイモ）もその一種。熱帯アジア，アフリカ，ラテンアメリカなどで主食や根菜として栽培される。
＊＊東南アジア原産のイモ類で，東南アジアやオセアニア島嶼部，熱帯アフリカなどでは主食として栽培されている。里芋（サトイモ）もタロイモの仲間で，タロイモのなかで最も高緯度地域で栽培される。
＊＊＊タピオカは，キャッサバから製造したデンプンで，球状の加工品をタピオカパールという。お菓子の材料，料理のつなぎなどにも用いられる。日本のタピオカの輸入先は，約90％が台湾。

工業立地と発展

1 工業と工業立地　工業っていったいどんな産業？

　「工業」のテーマになると，生徒たちの顔がちょっと曇ります。春に地理の授業が始まった時，「あんまり地理って面白そうじゃないな」とか「地理は好きじゃない」っていう生徒たちは，残念ながら数え切れないほどいます。

　でも，「地図と地理情報」，「地形環境」，「気候環境」，「農業」などのテーマを学んでいくと，「先生，地理はとっても面白いです」とか「数学や英語の勉強に疲れたら，地理をやることにしてます」など，いっぱいかわいいことを言ってくれます（笑）。そんな生徒たちも，ちょっと顔が曇るのです。「毎週，あんなに笑顔で授業を受けているのに，『工業』ってそんなに嫌い？」と聞くと，「だって，やたら工業都市，工業地域を覚えて，○○の生産は□□が多いとかやるんでしょう？」という答えが…。もちろん，ある程度の基礎的知識・情報は必要ですけど，単語の丸暗記をひたすらする必要はないような気が……。

① 工業ってどんな産業なのか？

　農林水産業などの第1次産業で人々の生活を支えていた社会から，モノを生産・販売する**工業化社会**へ移行していったのですから，今でも工業は重要な産業です。

　工業（industry，製造業：manufacturing industry）は，自然界から獲得した**農林水産物や資源などの一次産品に，資本，技術，労働力を投下することによって，製品化する産業**です。原材料から製品化する際に，高い**付加価値**を生み出しますから，農林水産業や鉱業に比べると，労働生産性が高い産業といえます。言い換えると，**1人当たりの収入が多い産業**ということです。

　だから，経済発展とともに，就業人口が第1次産業から第2次産業へ移動していくんですね。工業化が進めば，人々の生活は豊かになります。所得も上昇するし，生活や社会に役立つ製品が身の回りにたくさん！　より多くの資本が蓄積され，高度な技術が磨かれ，良質な労働力が増加する。すると，より高度で高付加価値な製品を生み出す工業が発展していくというわけです。

② 工業・工場はどんなところに立地するのか？

　農業の立地には，さまざまな自然的条件や社会的条件が必要でした。**工業の立地**＊も同じです。やっぱり，**地形や気候などの自然的条件**と**交通・情報の発**

達，**市場の位置**，**資源の有無などの社会的条件**に左右されます。「えーっ！農業では自然的条件が重要でしょうけど，工業には関係ありますか？」という質問を生徒たちから受けることがあります。みなさんはどう思われますか？

　どの産業でも，やっぱり用地に適した**広い平野**があると有利ですよね。ほとんど水が得られない砂漠地域より，**水資源が豊富な湿潤地域**がいいし。ただ，農業ほどは，自然の制約が大きくはないので，ある程度恵まれた自然条件があれば，工業の立地は可能です。だって，どんなに肥沃なチェルノーゼム＊＊が分布していても，高品質な家電製品が生産できるわけではないので（笑）。

　工場を経営する企業は，できるだけ輸送費が節約でき，労働費が安く，生産や販売に関する情報が得やすい地域に立地しようとします。ただ，**工業の種類によって，立地の傾向はかなり違う**んですけどね。

＊工業立地の上で必要な条件を立地因子，工場が立地する場所が持つ条件を立地条件という。立地因子では輸送費，労働費が重要な因子で，立地条件には地形，気候などの自然的条件と資源，市場，交通・通信などの社会的条件などがある。ドイツの社会・経済学者であるアルフレッド・ウェーバー（兄は社会・経済学者のマックス・ウェーバー）は，最大の利益をあげるためには，輸送費，労働費などの費用が最小になる場所に立地すべきだという工業立地論（1909年）を提唱した。
＊＊主にステップ気候に分布する肥沃な黒色土で，小麦栽培には最適な土壌。ウクライナ，ロシア南部，カザフスタン北部に広がる。

⑴　工業立地にはさまざまなタイプが！　しかも立地は変化する

　鉄鋼業，**紙・パルプ工業**，**セメント工業**などのように，**原料重量**（鉄鋼業なら鉄鉱石・石炭，紙・パルプ工業なら木材，セメント工業なら石灰石）**が製品重量を上回るようなタイプ**の工業は，できるだけ重い原料を輸送したくないので，**原料産地付近に立地**する方が有利になります。

　たとえば，４トンの原料を使って，１トンの製品を生産したい場合には，原料産地付近に工場を建設し，生産された製品を市場まで運んだ方が，重い原料を運ぶより輸送費は節約できますよね。このような立地タイプを原料指向型工業とよんでいます。それぞれの業種の詳しい説明はあとのお楽しみ！

　では，**ビール工業**，**清涼飲料水工業**の立地はどうでしょう？　ビールには，いろいろな作り方がありますが，一般的には大麦を発芽させた麦芽をビール酵母によってアルコール発酵させます。ビール工業の主な原料は，水，麦芽などのデンプン源，ビール酵母，ホップなどの香味料です。大麦麦芽の代替物としてトウモロコシ，米，アワ，ソルガム，ジャガイモなどが使用されることもありますが。ビール原料として，まっさきに思い浮かぶのが大麦です。でも，原

料重量の大部分を占めるのは水なのです。水に含まれるミネラルの組成が異なるので，ビールの味には地域性が現れますけどね。

もし必要とする水が，どこでも得られるとするならば，**なるべく水を輸送したくないですから，ビールがたくさん売れる大市場付近に立地**することになります。ビールを製品化した後に，瓶や缶に詰めるので，ものすごく重くなりますし。

ということで，ビール（同様に清涼飲料水も）は典型的な大都市型の**市場指向型工業**だということがわかります。もちろん，これは大手ビール会社の工場立地です。地ビールとかクラフトビールとよばれる「小規模な醸造所で製造したビール」は，伝統的な製法でつくられていて，こうした地場の原料などを使用した個性溢れるビールの製造に関しては，必ずしも市場指向型の立地ではありません。

原料指向型工業，市場指向型工業などさまざまな立地のタイプがあるんですねえ。けっこう面白いでしょう？　このほか，労働力に大きく依存するタイプもあります。たとえば，**衣服製造業**などは，典型的な**労働力指向型工業**です。特に縫製部門は，**安価で大量な労働力を必要**としますから，先進国の大都市圏内のような低賃金労働力を得にくいところは立地に不利です。そこで，発展途上国のように豊富な低賃金労働力に恵まれるところに，工場を立地させることになるんですね。今の日本が衣服製造を苦手としているのは，豊富な低賃金労働力を持たないからなのです。確かにほとんど輸入品！！！

では，**日本の鉄鋼業とか石油化学工業**はどんなところに立地しているのでしょう？　**図1，図2**を見てください。鉄鋼・石油化学ともに，**太平洋ベルト**の臨海部に立地していることが読み取れます。日本は鉄鋼原料の鉄鉱石，石炭，石油化学原料の原油を**ほとんどすべて海外に依存**しています。

すると，鉄鉱石，石炭，原油などの資源は，重量物なので海上輸送されますから，臨海の港湾地域に工場が立地すると有利ですよね。しかも，生産された製品も船舶で輸送できますから。ということで，日本の鉄鋼業，石油化学工業は，すべて**臨海指向型**だということになります。

この他にもさまざまな立地型があるのでp159の**表1**を見てみてくださいね。

(2)　工業立地にも変化が…

時代背景や都市化，技術革新などによって，工業立地が変化することもあります。その時々で，有利性に変化があらわれるため，工場はより有利な条件を求めて移動するのです。

産業革命後は，石炭を燃料とする蒸気機関が利用されていたので，**石炭産地**が工業立地には有利でしたが，第二次世界大戦後，原燃料の輸入や製品の輸送

に便利な**臨海地域**に鉄鋼業などの工場が立地しました。

それから，国内だけでなく国際的な立地の移動（企業の海外進出）も増えています。現代世界の工業立地は，多数の工場をもつ多国籍企業の戦略に大きな

図1　主な鉄鋼工場所在地（2021年12月1日現在）

高炉一貫製鉄所

室蘭市（日本製鉄）

倉敷市（水島）（JFEスチール）

福山市（JFEスチール）

姫路市（日本製鉄）

加古川市（神戸製鋼所）

北九州市（日本製鉄）

神戸市（神戸製鋼所）

鹿嶋市（日本製鉄）

千葉市（JFEスチール）

東海市（日本製鉄）

君津市（日本製鉄）

大分市（日本製鉄）

和歌山市（日本製鉄）

川崎市（JFEスチール）

沖縄県

日本鉄鋼連盟資料，「全国製鉄所見学MAP」および各社ホームページによる。

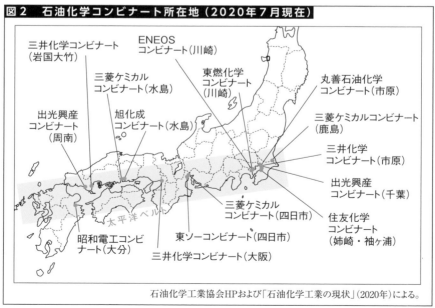

図2　石油化学コンビナート所在地（2020年7月現在）

三井化学コンビナート（岩国大竹）

ENEOSコンビナート（川崎）

三菱ケミカルコンビナート（水島）

東燃化学コンビナート（川崎）

丸善石油化学コンビナート（市原）

出光興産コンビナート（周南）

旭化成コンビナート（水島）

三菱ケミカルコンビナート（鹿島）

三井化学コンビナート（市原）

出光興産コンビナート（千葉）

太平洋ベルト

三菱ケミカルコンビナート（四日市）

住友化学コンビナート（姉崎・袖ヶ浦）

昭和電工コンビナート（大分）

東ソーコンビナート（四日市）

三井化学コンビナート（大阪）

石油化学工業協会HPおよび「石油化学工業の現状」（2020年）による。

影響を受けています。**多国籍企業**は，市場，原料や部品の調達先，自らが求める労働力の供給先などとの地理的な位置関係を考慮して，最適な場所に工場を配置するからです。

　たとえば，テレビなどの家電製品を生産する工場もかつてはほとんど欧米に立地していたのに，やがて日本が中心となり，その後はより労働力の安い韓国，シンガポールなどの NIEs[*] やマレーシア，タイ，そして中国，インドネシア，ベトナムなどへ立地が移動していったのです。

　工場の海外移転のメリットは，**製造コストの削減**や**貿易摩擦の回避**などいろいろありますが，国内の工業地域の生産や雇用は減少します。これを「**産業の空洞化**」とよんでいて，日本もアメリカ合衆国も先進国はみんな苦慮してるのです。つまり，日本のメーカーは強いけど，日本国内でそのメーカーに勤務している人は少なく，国内での製造品出荷額が落ち込んでしまうという現象です。

　空洞化が進む国では，発展途上国でできないような，より高度な製品の生産や技術革新をはかって，**国際競争力を強める努力**を続けているんですね。みなさんのなかにもさまざまな研究開発に取り組んでおられる方がいると思いますが，日本の将来はみなさん方のがんばりにかかっていると言っても過言ではありません。

＊ Newly Industrializing Economies（新興工業経済地域）のことで，発展途上国の中で急速に工業化が進み，先進国に迫る経済成長を遂げた国・地域。アジア NIEs はシンガポール，韓国，台湾など，ラテンアメリカ NIEs はメキシコ，ブラジルを指す。

表1　工業立地のタイプ

タイプ	特　　徴	例
原料指向型	多くの資源を使用することから，原料の重量が大きくなり，輸送費を節約するため原料産地に立地する。	鉄鋼，セメント，ガラス，製紙・パルプ
労働力指向型	安価な労働力，または高度な技術を持つ労働力への依存度が大きいため，それらの労働力が豊富にあるところに立地する。	繊維，電気機器・自動車などの組立工業
市場指向型	製品の重量が大きくなったり，豊富な情報に依存するため，大市場付近に立地する。	ビール，清涼飲料，印刷・出版，高級服飾品
臨海指向型	輸入原料に依存するため，海上輸送に有利な臨海部に立地する。	石油化学，鉄鋼，造船
臨空港指向型	軽量・小型で高付加価値な製品は，生産費に占める輸送費の割合が小さいため，労働力や土地が得やすい地方空港周辺に立地する。	ICなどのエレクトロニクス製品

2 工業の種類　昔学校で習った工業の種類っておぼえてますか？

　工業を語る上で，**工業にはさまざまな分類がある**ということを知る必要があります。まずは，小学校の時に学んだ軽工業と重化学工業です。

　産業革命＊期に発達したのが軽工業ですが，衣服製造業，食料品工業，印刷業など日用品や雑貨の製造業などがこれにあたります。**比較的小資本で可能**なので，**発展途上国の工業化は，軽工業から始まることが多い**ですね。

　軽工業と対になるのが重化学工業です。自動車工業，鉄鋼業，各種機械工業，造船業，石油化学工業などで，**巨額な資本**と**高度な技術**が必要になります。

　これ以外にも，用途による分類として生産財工業（鉄鋼，非鉄金属，機械類など）と消費財工業（日用消費財，耐久消費財）などに分類したり，基礎素材型工業（鉄鋼，アルミニウム，石油化学製品など）と加工組立型工業（産業用機械，電気機械，輸送用機械，精密機械など）に分類することもあります。これらの用語は，テレビや新聞・書籍などでも多用されているので，きっとごらんになったことがあると思います。もちろん，読者のみなさんの中にはそれぞれの工業の専門家もおられると思いますが，工業のテーマを学ぶ上では，これらの用語は必要になってきます。

＊18世紀後半にイギリスで始まった，道具から機械の使用への技術革新をいう。動力源が従来の人力や水力や蒸気機関に変わり，工場制機械工業のもとで大量生産が可能になった。さらには，蒸気船，蒸気機関車の普及（19世紀半ば）により，大量かつ広範囲に物資を運搬することができるようになったため，飛躍的な経済発展をもたらした。

① 繊維工業ってどんな工業だろう？

　主にわれわれの**衣服を製造**する繊維工業は，イギリス，アメリカ合衆国，日本などの**産業革命期における基幹産業**でした。繊維工業には，糸を紡ぐ紡績，糸を織って布をつくる織布，布から衣服をつくる縫製（アパレル）の三部門があります。紡績と織布の工程は，資本集約的で巨額な資本と高度な技術が必要になります。日本でもこの工程を担っているのは，大手繊維メーカーで，かつては先進国の繊維産業がこの工程を独占的に支配していました。近年は，綿，羊毛などの天然繊維，原油を原料とする化学繊維ともに，**中国とインドのシェアが大きくなっています**。

　日本やアメリカ合衆国の繊維メーカーは，新興国に負けじと，新素材などの研究・開発・生産などを積極的に進めています。特に日本における新素材の開発は世界の最先端を突っ走ってます！　たとえば，保温性や吸湿性に優れてい

たり，廃棄の際に環境負荷が小さかったり，再生できたり，伸縮性は大きいのに金属に負けないくらい強かったりと，あげるときりがないほどすごいです！また，航空宇宙産業や医療の分野にも幅広く利用されているのです。まさに，日本の誇り！！！　心から応援したくなってしまいますね。

縫製部門（アパレル）は，手やミシンで布を縫いますから，典型的な労働力指向型工業です。つまり，**豊富な低賃金労働力をもつ国が圧倒的に有利！**　残念ながら，現在の日本にはありませんね。ところが，1950年代の日本の繊維産業における平均賃金は月額10,000円（旧労働省の資料による）あるかないか…。しかも国中に若い労働力が有り余っている！　日本で繊維工業が発達するはずです。でも，現在では中国，インド，パキスタン，インドネシア，ベトナム，バングラデシュなど**アジアの新興国が生産を圧倒**しています。ただ，発展途上国や新興国の縫製は，先進国の資本や技術に依存していて，製品の開発・企画や販売も先進国企業によって管理されていることが多いです。

(1)　高級アパレルは，やっぱり先進国

高級アパレルは，高価な原材料を使用し，高品質の衣服を生産・販売する産業です。高い品質，スタイル，フィッティング（着心地），快適性，耐久性などを兼ね備え，職人技で仕上げられる製品です。つまり「**価格が高くても，高品質でモードの先端を走っている製品が欲しい**」という富裕層を対象とした製品ですから，ファッション情報の発信地になっているヨーロッパのパリ，ロンドン，ミラノ，アメリカ合衆国のニューヨーク，ボストン，そして東京などの先進国の大都市圏で発展しています。近年は，発展途上国の企業も高級アパレルに進出していますが，まだまだ先進国にはかなわないようです。

(2)　綿工業は，Tシャツなどの綿織物を生産

繊維工業の中でも，綿工業と化学繊維工業で生産される製品は，世界の総生産量に占める割合が大きいです。伝統的に生産量が多かったのはもちろん綿工業！　特に産業革命期には先進国で中心的な工業となり，今でも**発展途上国の工業化の初期段階**では重要な工業になっています。比較的小資本での生産が可能で，綿製品は世界中どこでも季節を問わず，たくさん売れますからね。第二次世界大戦前は欧米先進国が，戦後は日本が中心的な役割を果たしてきましたが，現在は**表2**のように中国，インド，パキスタンの生産が圧倒的に多いです。日本で販売されている衣類も，大部分が中国，インド，パキスタン，バングラデシュ，インドネシア，ベトナム製！！！

表2　綿織物の生産	
世界計　1,723万トン	
国　名	生産量に占める割合（%）
中　　　国	32.5
イ　ン　ド	29.3
パキスタン	18.9
インドネシア	4.5
ブ　ラ　ジ　ル	3.7

※統計年次は2014年。
繊維ハンドブックにより作成

表3　化学繊維の生産	
世界計　6,358万トン	
国　名	生産量に占める割合（%）
中　　　国	81.7
イ　ン　ド	8.6
（台　湾）	2.6
韓　　　国	2.2
日　　　本	0.9

※統計年次は2018年。
繊維ハンドブックにより作成

② 羊毛工業とは，羊の毛を刈ること？？？

　これまで40年以上，生徒たちと楽しい地理の時間を過ごしてきましたが，授業中や授業前後で出会う不思議な質問が最高（笑）。「瀬川先生，羊毛工業って，羊の毛を刈る産業ですよね？　ということは，オーストラリアやニュージーランドが得意なはずです！」。自分の素直な感想や思いを，ぶつけてくれるのはとっても嬉しいことです。数えたことはありませんが，初めて高校の教壇に立ってから今日に至るまで，とんでもない数の質問を受け，質問に答える中で，生徒にアドバイスを与えることができた（と信じている）し，生徒たちから多くのアドバイスをもらってきたことに心から感謝しています。それにしても，さっきの質問は衝撃でした！　羊毛工業＝羊の毛を刈る…，**羊の毛を刈るのは畜産業つまり農業**です。羊毛を原料として，ジャケット，コート，セーター，マフラーなどをつくるのが羊毛工業＝毛織物工業です。

　羊毛の生産上位国は，中国（19.8%），オーストラリア（19.1%），ニュージーランド（7.1%）です（2019年）。オーストラリアとニュージーランドは，中国に次ぐ羊毛生産国ですから，羊毛工業が発達していそうな気がするのはわかります。でも，毛織物工業は綿織物工業と同様に，労働集約型の工業です。豊富な低賃金労働力を有する国が有利！　**オーストラリアとニュージーランドは，れっきとした先進国**です。1人当たりGNIは，オーストラリアが55,100ドル，ニュージーランドが42,610ドル！　日本は41,580ドル（2019年）ですから，日本より高い！　さらに**オーストラリアの人口は約2,600万人，ニュージーランドは約480万人**です。豊富な低賃金労働力に恵まれるわけがない！ということで，オーストラリアとニュージーランドは，羊毛の生産は世界のトップクラスですが，毛織物製品の生産はあまり得意ではないということが判明しました（笑）。もちろん，土産品はたくさん売ってますけど。

(1) 羊の飼育頭数，羊毛の生産はオーストラリアが最大？

　羊毛工業の話題からそれますが，高校生や予備校生に「羊と牛の飼育頭数が最も多いと思う国を，１か国ずつ書いてごらん？」という質問を１年に１回は投げかけます。毎年，衝撃の解答が…！　一部の生徒を除いて，大半の子どもたちが書くのは，「羊はオーストラリア，牛はインド」。

　さて，読者のみなさんの感想はいかがですか？　私が教室で話すのは，「君たちのお父さんやお母さんを教えてきたときは，**羊の飼育頭数はオーストラリア，牛の飼育頭数はインドがダントツでした**…，でも今は…」という出だしからです。現在40−50代の方が高校生の頃が，羊の飼育頭数はオーストラリアが圧倒的でした。正確には20世紀の半ばが全盛で，その後はどんどん羊の飼育頭数が減少していきました。1970年代と比較すると，羊の飼育頭数も羊毛の生産量も1/2以下！　背景には，世界の肉類需要として，**羊肉より牛肉の方が人気がある**こと，化学繊維の発達によって**羊毛価格が下落**したこと，などがあります。ということで，中学生や高校生のお子さんがおられたら，「羊の飼育頭数トップはどこの国か知ってる？」と聞いてみてください。感動的または衝撃の解答が返ってくるかも（笑）。

　現在の**羊の飼育頭数上位国**は，中国（１億6,349万頭），インド（7,426万頭），オーストラリア（6,576万頭）で，オーストラリアは第３位（2019年）！

　ついでに，牛の話も！　30代以上の方なら，間違いなく「牛の頭数が多いのはインド」だったはずです。インドの総人口13.8億人の約80％がヒンドゥー教徒で，ヒンドゥー教徒にとっては，**牛は「神聖」な家畜**！　雄牛はシヴァ神の乗り物，雌牛は神の化身ですから，とっても大切な家畜です。ですから，**「牛肉を食べるなんてとんでもない！」**　でも，牛がもたらしてくれる生乳・乳製品はたくさん摂ります。牛糞だって燃料として大切に使います。

　インドでは，牧場ではなく，それぞれの農家が数頭ずつ飼育してきましたが，農家数が多いので，牛の飼育頭数も世界最大でした。

　ところが，最近は**ブラジルにおける牛の飼育頭数が急増**！　熱帯草原のカンポ・セラードや密林のセルバを開拓して，**肉牛の大牧場**が次々と造成された結果，牛の飼育頭数はインドを抜いてブラジルがトップに！　現在の**牛の飼育頭数上位国**は，ブラジル（２億1,466万頭），インド（１億9,346万頭），アメリカ合衆国（9,480万頭）です（2019年）。

③ 人が最もたくさん使う金属，それは鉄鋼！

　金属は，さまざまな工業製品を生産する際の素材として，とっても重要です。われわれの生活に金属がないなんて，とても考えられませんよね。金属には，

消費量が多い**鉄**，**アルミニウム**，**銅**などのベースメタルと希少なレアメタルがあります。

　まずは，金属工業の代表である鉄鋼業の話をしましょう！　鉄は，ビル，橋，道路などを建設する**土木・建築**，各種の機械類，船舶，自動車などの**工業製品の素材**として，現在の社会にとって必要不可欠です。

⑴　鉄鋼はどうやってつくる？

　鉄鋼業の主な原料は，鉄鉱石と石炭です。鉄鉱石（酸化鉄を含む岩石）の中から金属の鉄を取り出す，つまり鉄鉱石中の酸化鉄を還元するためには，炭素が必要です。木炭などを使っていた時代もありますが，現在は石炭を使用します。高炉という溶鉱炉に鉄鉱石と石炭からつくられたコークス（石炭を乾留した炭素物質）を入れて高温で処理すると，鉄を取り出すことができます。

　取り出した鉄は銑鉄（iron）といいます。この"iron"は，衣服のしわを伸ばす「アイロン」の語源と言われており，もともとは鉄を熱したモノを使っていたからのようです。銑鉄は，炭素を多く含んでいるため，**硬度は高いのですが**，**靭性**（粘り強さ）**が低下**するため，加工がしにくいのです。そこで，再び転炉，平炉，電気炉などの特殊な溶鉱炉に入れ，不純物を除去すると，鉄鋼・鋼鉄（steel）という**しなやかで強い金属**になります。そして，**鋼鉄は圧延（加工）されて鋼板や鋼管などの鋼材**に仕上げられるというわけです（**図3**）。

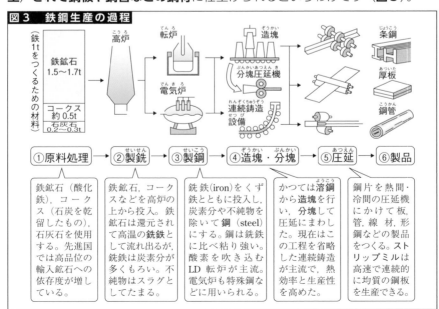

図3　鉄鋼生産の過程

（鉄1tをつくるための材料）
鉄鉱石 1.5〜1.7t
コークス 約0.5t
石灰石 0.2〜0.3t

高炉　転炉　電気炉　造塊　分塊圧延機　連続鋳造設備　条鋼　厚板　鋼管

①原料処理 → ②製銑 → ③製鋼 → ④造塊・分塊 → ⑤圧延 → ⑥製品

①原料処理	②製銑	③製鋼	④造塊・分塊	⑥製品
鉄鉱石（酸化鉄），コークス（石炭を乾留したもの），石灰石を使用する。先進国では高品位の輸入鉱石への依存度が増している。	鉄鉱石，コークスなどを高炉の上から投入。鉄鉱石は還元されて高温の銑鉄として流れ出るが，銑鉄は炭素分が多くもろい。不純物はスラグとしてたまる。	銑鉄(iron)をくず鉄とともに投入し，炭素分や不純物を除いて鋼（steel）にする。鋼は銑鉄に比べ粘り強い。酸素を吹き込むLD転炉が主流。電気炉も特殊鋼などに用いられる。	かつては溶鋼から造塊を行い，分塊して圧延にまわした。現在はこの工程を省略した連続鋳造が主流で，熱効率と生産性を高めた。	鋼片を熱間・冷間の圧延機にかけて板，管，線材，形鋼などの製品をつくる。ストリップミルは高速で連続的に均質の鋼板を生産できる。

鉄鋼は，鉄（Fe）に炭素（C），シリコン（Si），マンガン（Mn），リン（P），硫黄（S）を加えることによって，さまざまな特性を与えることができます。ただ，加えることで靱性や加工性が増す反面，加えすぎると強度が下がるので要注意です。また，鉄鋼にクロム（Cr），ニッケル（Ni），モリブデン（Mo），タングステン（W），コバルト（Co）などの**レアメタルを加える**ことによって，特殊鋼とよばれる合金鋼を製造することもできるのです。鉄鋼（steel）とはいってもいろいろあるんですねえ。

　ところで，「製鉄業」と「鉄鋼業」という用語は，ちょっとわかりにくいですよね。さきほど説明した，「鉄鉱石から銑鉄をつくる」ことを製鉄業，「鉄鉱石から鉄鋼をつくる」ことを鉄鋼業と考えていいです。現在は，鉄鉱石から銑鉄→鉄鋼→圧延加工までを，同一敷地内ですべて行う銑鋼一貫工場が一般的なので，**製鉄業＝鉄鋼業**のようにとらえましょう！

⑵　鉄鋼業はどんなところに立地するの？

　近代鉄鋼業は，18世紀末のイギリスで行われるようになりました。20世紀の初めは，1トンの鉄鋼（steel）をつくるのに，約4トンの石炭と約2トンの鉄鉱石が必要でした。ということは，**原料の中で最も重量が大きい石炭の産出地に立地**すると，輸送費が節約できて有利ですよね。

　だから，アメリカ合衆国の**ピッツバーグ（アパラチア炭田）**やドイツの**エッセン（ルール炭田）**など，古くからの鉄鋼業は，炭田立地が多かったのです。日本でも筑豊炭田から石炭を供給できる**八幡製鉄所**（現在の北九州市）はメリットが大きかったというわけですね。

　ところが，現在は技術革新が進み，約0.5トンのコークス（石炭だと約0.8〜1.0トン）と約1.5〜1.7トンの鉄鉱石で，1トンの鉄鋼を生産できるようになったので，鉄鉱石産地（鉄山立地）か，**鉄鉱石，石炭の輸入**や製品の輸送に**便利**な臨海地域に製鉄所が立地するようになります。ただ，先進国では国内の鉄鉱石が枯渇している国がほとんどなので，比較的新しくできた製鉄所はすべ

表4　鉄鋼業の立地型

立地型	例
炭田立地	ピッツバーグ（アパラチア炭田），エッセン（ルール炭田）
鉄山立地	アンシャン（アンシャン鉄山），メス，ナンシー（ロレーヌ鉄山）
炭田・鉄山共存立地	バーミンガム（イギリス），バーミングハム（アメリカ合衆国）
臨海立地	ダンケルク，フォス（以上フランス），タラント（イタリア），ブレーメン（ドイツ），フィラデルフィア，スパローズポイント（以上アメリカ合衆国），パオシャン（中国），ポハン（韓国），日本の製鉄所

て臨海立地です。学生時代に，ロレーヌ鉄山（フランス），ビルバオ鉄山（スペイン）などを学んだ方もおられると思いますが，残念ながらすべて閉山！！！

⑶　鉄鋼生産国はどんな国？

　鉄鋼業が発達するには，**広い敷地**や大規模な装置のための**巨額な資本**と**高度な技術**が必要です（**資本集約型工業**）。だから，古くから鉄鋼業が発達していた国は，アメリカ合衆国やドイツ，フランス，イギリスなど欧米の先進国だったのです。19世紀にドイツ統一を牽引した宰相ビスマルクは，「鉄は国家なり」と述べたと言われています。それほど，鉄はその国の工業化，インフラ整備，軍需産業の発展に欠かせないモノだったんですね。

　日本も欧米先進国に遅れて，製鉄業が発展しましたが，第二次世界大戦後になって本格的に鉄鋼業が成長します。第二次世界大戦後の鉄鋼業を牽引してきたのは，アメリカ合衆国でしたが，それをソ連，日本が追いかけ，ソ連の解体によって，アメリカ合衆国と日本が粗鋼生産の首位を争うようになります。現在は，国内需要が極めて多い中国の鉄鋼生産が圧倒的で，なんと**世界生産量の50% 以上の鉄鋼を生産！！！**

　日本の鉄鋼業は，量こそ中国にはかないませんが，質は世界一と言っていいと思います。最先端の技術とコンピュータ化された高度な自動プログラムによって，粗鋼生産だけでなく，特殊鋼の生産，鋼材生産や鉄加工など，**made in Japan は高級ブランド化**しています。**日本の技術力はすごい！**

　生徒に授業していると，原料の鉄鉱石と製品の鉄鋼を，入試当日まで混同したまま臨む人がいることに驚きます。「**鉄鉱石**」は**酸化鉄を含む岩石**で，鉄鋼業の原料の１つです。「**鉄鋼**」は，**鉄鉱石や石炭を原料としてつくられた金属製品**で

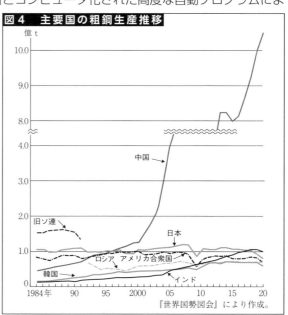

図4　主要国の粗鋼生産推移

『世界国勢図会』により作成。

す。それから**図4**の粗鋼生産にみられるような「**粗鋼（crude steel）**」っていうのは「**steelの塊**」のことで，鋼板などの鋼材とは違います。地理用語を無意味におぼえても面白くありませんが，しっかり興味を持ってマスターしていると，理解度が一気に上がります。ちょっとは，地理が楽しくなってきたんじゃないですか？（笑）

④ 軽くて，さびにくくて，強いアルミニウム！

　次は**アルミニウム工業**の話をしましょう。アルミニウムは，**軽量性，熱伝導性，耐食性に優れている**ため，自動車や自動車部品，航空機，建材，日用品などさまざまな用途で使用されています。

　アルミニウムの歴史は，意外にも新しく，19世紀に初めて電気分解によって金属アルミニウムを分離できるようになりました。そして19世紀末にやっと本格的なアルミニウム精錬が行われるようになったんですね。**古代から利用されてきた鉄や銅に比べると，ものすごく新しい金属**です。

　アルミニウムの原料っておぼえていますか？　アルミニウムの原料は，**ボーキサイト**（**酸化アルミニウムを含む岩石**）です。ボーキサイトから不純物を除去し，中間製品のアルミナを生産します。さらに，多量の**電力**を用いて電気分解し，**アルミニウム**を製造するのです。

　4トンのボーキサイトから2トンのアルミナを生産し，1トンのアルミニウムが生産されます。**重量減損原料**（製品化すると著しく軽くなる原料）なので，ボーキサイト産地に立地しそうですが，精錬の過程で銅精錬の10倍以上という大量の電力を使用するので，電力費が安いところに立地する**電力指向型工業**です。「**電気の缶詰**」っていうニックネームがあるくらいですから。

　電力費が安いのは，**化石燃料などのエネルギー資源が豊富な国や水力発電を得意とする国**です。**表5**のアルミニウム生産の上位国を見るとそれがはっきりと読み取ることができますね。中国，インド，ロシア，UAE（アラブ首長国連邦），オーストラリア，バーレーン，アメリカ合衆国

表5　アルミニウム生産上位国

国　　名	生産量（万トン）	割合（%）
中　　　　　国	3,504	55.4
イ　ン　ド	364	5.8
ロ　シ　ア	364	5.8
カ　ナ　ダ	285	4.5
U　A　E	260	4.1
オーストラリア	157	2.5
ノ ル ウ ェ ー	140	2.2
バ ー レ ー ン	137	2.2
アメリカ合衆国	109	1.7
アイスランド	85	1.3
サウジアラビア	79	1.3
世界計	6,320	100.0

※統計年次は2019年。
『世界国勢図会』により作成。

などは化石燃料の豊富な国々，カナダ，ノルウェー，アイスランド，ブラジル（14位）は水力発電が盛んな国々です（2020年）。

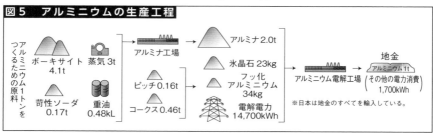

図5　アルミニウムの生産工程

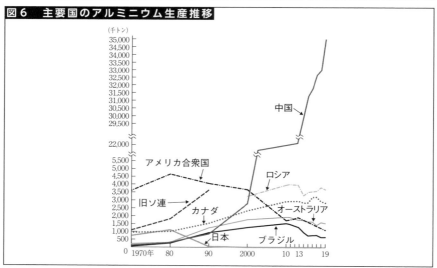

図6　主要国のアルミニウム生産推移

(1)　日本のアルミニウム生産は？

　日本は，化石燃料が豊富ではないし，水力発電が超得意というわけではありません。つまり，**国内の電力費が高い**ので，国内でアルミニウム精錬をしていてはとても採算がとれない！　ということで，現在の日本のアルミニウム生産量は"**0**"，**100％アルミニウム地金を輸入**しています。

　ところが，1970年代は世界有数のアルミニウム生産国でした（**図6**）。信じられないですが，1位アメリカ合衆国，2位ソ連，なんと**日本が3位！**　銅メダルですよ，すごいでしょう？　でも，1973年と1979年の**石油危機**による**原油価格の高騰**で，**日本のアルミニウム工業は強烈なダメージ**を受けます。1973年の第1次石油危機はなんとか耐え忍んだのですが，さすがに1979年の第2次石油危機は致命傷でした。1980年代後半からの円高も追い打ちをか

け，競争力を失った国内メーカーは次々とアルミニウムの精錬業から撤退していったのです。最後に残った1社が日本軽金属！　自社で水力発電所を稼働していたことなどから粘りましたが，2014年に蒲原工場の設備老朽化を理由に撤退したため，**日本国内にはアルミニウム精錬工場がなくなってしまった**のです。1970年の時点では，誰も日本からアルミニウム精錬工場がなくなってしまうとは思わなかったでしょうね。

　今後，再び海外と同じようなアルミニウム精錬工場を建設・稼働させることは，コスト面から困難なので，アルミニウムを使用する場合には輸入に依存するしかありません。これからの日本にできることは，いかに環境負荷を小さくしつつ，**アルミニウムのリサイクル，再生アルミニウムの生産技術の向上**を図るかです。

⑤ 機械工業って，なんだかイメージが湧きにくい…

　機械工業は，鉄鋼やアルミニウムのような基礎素材型工業とは異なり，**部品を製造**し，部品を組み立てる加工組み立て型工業です。工業製品の中では，**最も付加価値が高い**ので，先進国や新興国などでは輸出品目の首位に「機械類」がきます。これまでも生徒たちから「どうしてほとんどの先進国は，輸出品目の1位が機械類なんですか？」と聞かれてきましたけど，価格が高いからなんですね。機械工業全般の特徴として，研究開発には**巨額な資本，高度な技術，高度人材**などが不可欠ですが，量産部門では**豊富な労働力**を必要とします。

(1)　機械工業の4分類

　機械工業には実に複雑な分類があって，専門家の方にはそれが当然でしょうが，ここでは高校教育までで使用されている分類を使って説明します。

　機械工業は，工作機械（機械や部品などを製造するための産業用機械で，最先端の技術が必要）に代表される一般機械，テレビなどの家電や情報通信機器などを中心とする電気機械，自動車，航空機などを中心とする輸送用機械，カメラ，時計，各種測定機器などを中心とする精密機械に4分類することができます。

(2)　電気機械工業とは何を生産するのだろう？

　われわれの生活に欠かせない電気機械工業についてとりあげてみましょう。電気機械工業とは，テレビ，冷蔵庫，エアコンなどの**電気機械器具**，PCやスマートフォンなどの**情報通信機械器具**，IC（集積回路）や半導体素子などの**電子部品・デバイス**などを製造する工業です。先端技術産業との関わりが大き

＜，**新製品の開発によって**，**機能が大幅にアップ**することから，研究開発部門がとっても重要になります。

今でこそ，量産部門は中国などの発展途上国が圧倒していますが，かつての日本はR&D（研究開発）も量産も，ともに**世界のトップクラスでした**。1960年代の**トランジスタ・ラジオやカラーテレビ**，1970年代から1980年代にかけては**家庭電化製品**，1990年代以降は**コンピュータや周辺機器**などあげたらきりがない！　ところが，1980年代以降の円高*によって，日本の家電メーカーはコストダウンを余儀なくされます。その結果がマレーシア，タイ，中国などへの**生産拠点の海外進出**です。

表6　主な電子機器の生産上位国（2015年）

パーソナルコンピュータ（PC）※

国　名	生産台数（万台）	割合（%）
中　　　国	27,039	98.2
日　　　本	371	1.3
韓　　　国	130	0.5
世界計	27,544	100.0

※ノートパソコンを含む。

ハードディスクドライブ（2014年）

国　名	生産台数（万台）	割合（%）
タ　　　イ	22,034	39.5
中　　　国	19,863	35.6
マ レ ー シ ア	7,474	13.4
世界計	55,756	100.0

携帯電話※

国　名	生産台数（万台）	割合（%）
中　　　国	139,569	78.6
ベ ト ナ ム	19,075	10.7
韓　　　国	6,415	3.6
世界計	177,487	100.0

※スマートフォンを含む。
JEITAの資料により作成。

近年は，「産業の空洞化」抑制や安全保障上の問題として，ICなどの電子部品をはじめとする「産業の国内回帰」が望まれています。2022年以降の急速な円安による原燃料や部品の価格高騰も気になりますが…。

＊1985年9月22日，ニューヨークのプラザホテルにて，先進5か国（アメリカ合衆国，西ドイツ，フランス，イギリス，日本）蔵相・中央銀行総裁会議が開かれ，為替レート安定のための合意（プラザ合意）がなされたが，実質的にはアメリカ合衆国の対日貿易赤字を軽減するための，円高ドル安誘導だったといわれている。

⑥ 輸送用機械をリードするのは，やっぱり自動車！

自動車工業は，ものすごくたくさんの部品（なんと2万点以上！）を使用する総合組立工業の一つで，**巨額な資本**と**高度な技術**を必要とします。また，鉄鋼，ガラス，ゴム，電子機器など多様な産業が発達していなければ，部品調達ができませんし，それを組み立てる熟練労働力も必要になるので，かなりハイレベルな工業なのです。

(1)　自動車工業は，集積指向型！

　自動車工業は，ある一定の地域に集積する傾向があります。完成品を生産する最終組み立て工場のほかに，**多くの下請工場や関連企業**も集まってきます。やっぱり，それぞれの工場が近くにあると情報交換や輸送に便利だからです。だから，自動車関連産業は，ぽつんぽつんと散在するのではなく，**最終組み立て工場を中心に一か所に集まってくる**んですね。このような工業を集積指向型工業とよんでいます。自動車よりもはるかに部品点数が多い航空機工業なども，同じような立地傾向がみられます。

(2)　自動車大国といえば，アメリカ合衆国！

　さきほども述べたように，自動車工業は巨額の資本と最先端の技術を必要とするので，当初は**先進国での生産が中心**でした。ガソリン自動車は，ドイツのダイムラーやベンツによって発明され，ヨーロッパで普及し始めますが，ヨーロッパでの自動車はどちらかというと上流階級のおもちゃっぽい性格をしていたようです。ところが，アメリカ合衆国では，広大な国土の実用的な移動手段として「自動車は便利だ！　買えるものなら，ぜひとも使ってみたい！」という高い評価を得たのです。その結果，モータリゼーション（自動車が人々の生活必需品として大衆化すること）が最初に進んだのは**アメリカ合衆国**でした。第二次世界大戦前後のアメリカ合衆国を描いた映画やドラマを見ると，どこでも，誰でも，ふつうに自動車を走らせているのに気づくはず。

　アメリカ合衆国のモータリゼーションに大きな貢献をしたのが，20世紀の初め，ヘンリー・フォード*が開発した**フォードシステム**という**大量生産方式**です。Ｔ型フォードを大衆向けに安価に製造できるよう，ベルトコンベアを使

Ｔ型フォードを囲む家族（1926年ごろ）

Godber Collection, Alexander Turnbull Library

った移動組み立てラインを導入したのです。工業化とともに，アメリカ合衆国国民の所得が増加し，多くの人々がＴ型フォードを購入できるようになりました。

　第二次世界大戦前の世界恐慌で，多数の小規模自動車メーカーは没落しますが，不況を乗り切ったのが「ビッグ３」といわれるフォード，GM（ゼネラルモーターズ），クライスラーです。

　ということで，第二次世界大戦前から1970年代までは，ビッグ３を中心にアメリカ合衆国の自動車産業が世界をリードし，自動車生産台数も首位を独走します。アメリカ合衆国は，第二次世界大戦で国土がほぼ無傷だったこともあり，戦後はその繁栄を謳歌します。そして国民は，大きくてパワフルな自動車を求めます。いわゆる，フルサイズのボディに大排気量のアメ車！　自動車の大型化とハイパワー化は，著しいガソリン消費の増大を招きますが，なんといってもアメリカ合衆国国内のガソリン価格は安かった！　コルベット，カマロ，トランザム，マスタング，キャデラックがどんどんパワーアップしていったのです。私は，かつて（心の中では今でも）アメ車の大ファンで，若かりし頃は「車はハイパワーのアメ車さ！」みたいに豪語していましたが，今はドイツ車オンリーになってしまいました（笑）。日本車も輸入車も車好きにはたまりま

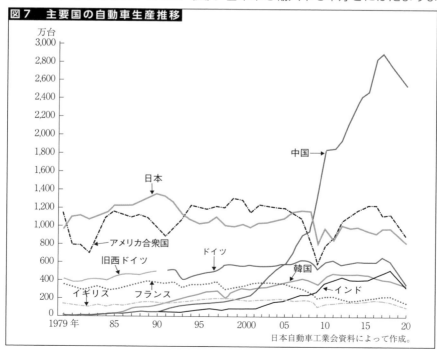

図7　主要国の自動車生産推移

日本自動車工業会資料によって作成。

せんが，最近は若者の車離れが進んでいるみたいで，ちょっぴり寂しい（泣）。

＊ヘンリー・フォード（Henry Ford，1863-1947）は，フォードモーターの創設者で，工業製品の製造におけるライン生産方式（フォードシステム）の普及に努めた。

表7　自動車生産の上位国

（千台）

年次 国名	1990		2020			
	乗用車	商用車	乗用車	商用車	合計	％
中　　　　国	87	383	19,994	5,231	25,225	32.5
ア　メ　リ　カ	6,078	3,707	1,927	6,896	8,822	11.4
日　　　　本	9,948	3,539	6,960	1,108	8,068	10.4
ド　イ　ツ	4,661	290	3,515	227	3,742	4.8
韓　　　　国	987	335	3,212	295	3,507	4.5
イ　ン　ド	177	188	2,851	543	3,394	4.4
メ　キ　シ　コ	598	222	967	2,209	3,177	4.1
ス　ペ　イ　ン	1,679	374	1,801	468	2,268	2.9
ブ　ラ　ジ　ル	665	249	1,609	405	2,014	2.6
ロ　　シ　　ア	1,259	858	1,261	175	1,435	1.8
⋮	⋮	⋮	⋮	⋮	⋮	⋮
世　界　計	36,273	12,281	55,835	21,787	77,622	100.0

世界自動車統計年報

⑶　石油危機と自動車産業

　ところが，1970年代になると世界を揺るがす衝撃の出来事が！　それが**石油危機（オイルショック）**です。原油価格の高騰によって，ガソリン価格も急騰します。一気に，**アメリカ車が不人気に！！！**　ヨーロッパは，ドイツを中心にフォルクスワーゲンなどのコンパクトカーの開発を進めてきました。でも，そのヨーロッパ諸国を抜き去ったのが，**日本**です！　日本の自動車メーカーが生産していたのは，もともと低燃費のコンパクトカー。1960年代から1970年代前半までは，国内市場が中心で，まだまだ国外での評価は高くありませんでしたが，石油危機とともに，日本車の**低燃費**，**高性能**，**コストパフォーマンスの高さ**が，世界中から注目されるようになりました。もちろん，アメリカ国民からも。

⑷　ついに，日本が世界最大の自動車生産国に！

　1980年になると，ついに日本が**悲願の自動車生産台数世界一に！**　この時代のアメリカ映画を見ると，本当に感動します。アメリカ中を日本車が走りまくっている。大人気になった日本車に比べて，**アメリカ合衆国の自動車産業は**，

設備の老朽化，賃金の高騰なども伴い，衰退していきます。日本車の輸入が急増し，「アメリカ合衆国の自動車産業が苦境に陥った原因は，日本車にある！」という雰囲気が漂ってきました。なかには日本車に対する輸入制限という案も出ましたが，これをやってしまうと日米間に大きな亀裂が入ってしまいます。そこで，苦肉の策として打ち出されたのが，「現地生産」と「自主規制」です。

⑸　**アメリカ合衆国が，日本に現地生産と自主規制を要求！**

　　アメリカ合衆国は，日本に対して，日本の自動車メーカーによる投資を求めました。つまり，**日本の自動車メーカーにアメリカ合衆国へ工場などを進出**させて，「現地生産」を行って欲しいということです。これは，アメリカ合衆国にとってメリットが大きい。日本のＴ社がアメリカ合衆国に企業進出をすれば，その企業の国籍はアメリカ合衆国です。つまり，法人税などの税金はアメリカ合衆国に納められます。さらに，日系Ｔ社で働く労働者はアメリカ人です。多くの雇用が創出されます。そして生産された自動車は，アメリカ合衆国の生産台数に計上されます。「自主規制」は文字通り，**日本車メーカー各社が対米輸出を自ら削減**するということです。このようにして，日本とアメリカ合衆国がお互いに配慮を見せることで，致命的な対立を回避したのです。でも，日本人から言わせると，「アメリカ車のデカさは，日本の道路事情に合わない」，「車両価格も部品価格も日本車より高い」，「なんか作りがチャチで，すぐに壊れそう」とかいろいろあったんでしょうけどね。

　　その結果，**1990年代になると，再びアメリカ合衆国が首位，日本が２位**となり，このまましばらくはトップ２の時代が続くだろうと思われていました。

⑹　**世界金融危機と自動車産業**

　　しかし，21世紀に入ると，再び衝撃的な出来事が…，リーマンショック＊を契機とする世界金融危機（2007－2010年）です。世界的な不況の影響を受けて，アメリカ合衆国や日本などの先進国を中心に自動車産業もかなり深刻なダメージを受けました。世界的な経済の冷え込みから，先進国における消費が著しく落ち込んだのです。当然ですが，**自動車販売も著しく減少**します。そこで，世界各国の自動車メーカーは，比較的影響が小さかった**中国，インドなどの新興国に進出**し，現地で生産・販売を伸ばそうとしたのです。

＊2008年，アメリカ合衆国の投資銀行であるリーマン・ブラザーズ・ホールディングスが，住宅市場の悪化による住宅ローン問題をきっかけとして，経営破綻したことによって，連鎖的に世界金融危機を引き起こした。

⑺ **なんと，中国が世界最大の自動車生産国に！**

　2009年から，ついに中国が日本，アメリカ合衆国を抜き世界最大の生産国になりました。中国での自動車生産は，ほとんどが国内市場向けでしたが，**近年は輸出も増加**してきました。自動車業界も激動ですねえ。ガソリン自動車からEV（電気自動車）などへの転換も控えているし。

⑦ **最後は，先端技術産業の一つ，エレクトロニクス産業**

　近年は，新しい分野の技術革新が進み，集積回路（IC）やコンピュータなど電子部品や機器の需要が増えています。これらの先端技術産業は，新製品の開発による企業間の競争が激しく，研究開発部門がとっても重要になるのです。

　研究開発や**新製品の企画**などにおいては，必要な資本と高度な技術（ハイテク）をもっているアメリカ合衆国や日本などの**先進国がリード**をしていますが，量産部門では，安価で良質な労働力があるNIEsやASEAN（東南アジア諸国連合），中国，インドなど**新興国・発展途上国を中心**に，多くの工場が建設・稼働しています。PC（パーソナルコンピュータ）の生産台数は中国が世界最大で，**世界総生産のなんと98.2%**（2015年）（p170**表6**）！

　また，最近は情報化の進展に伴うICT（情報通信技術：Information and Communication Technology）の進歩によって，携帯電話やスマートフォンなどの通信機器やインターネット用コンピュータなど，ICT関連の製品開発が先進国だけでなく，新興国や発展途上国でも進んでいるのです。

　先端技術産業は，製品革新のスピードがとんでもなく速いので，**企業は製品開発や工程革新の競争にさらされています**。よりいっそうR&Dをがんばらないと日本の地位も危うい！！！

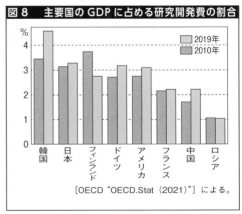

図8　主要国のGDPに占める研究開発費の割合

[OECD "OECD.Stat（2021）"] による。

③ 先進国の工業化　　先進国ってどんな国なんだろう？

　われわれは必要に応じて，さまざまな製品を手に入れることができますよね。ところが，かつては熟練した職人が製造できる製品の量は少なかったし，交通機関も発達していなかったから，ほんの一部の人しか工業製品なんて買え

なかったのです。ここで、ちょっとだけ先進国の工業化について触れておきましょう。

① 工業化を進めた先進国

世界の工業は**家内制手工業**から始まり、**工場制手工業**（manufacture）を経て、18世紀後半、イギリスで紡績機械（綿花を綿糸にする機械）や蒸気機関の発明・改良などの技術革新による**産業革命**が起こると、**工場制機械工業**に移行し、**大量生産、大量輸送が可能**になりました。そして、この産業革命がヨーロッパ諸国、アメリカ合衆国、日本などに波及していったのです。当初は、綿工業などの軽工業が中心でしたが、徐々に製鉄業や機械工業などの重工業が発達していったのです。

このような**工業化をいち早く成し遂げ、長い期間を通じて巨大な資本を蓄えていったのが先進国**です。ただ、「先進国」であるための資格なんていうものはないので、自他ともに先進国だと認められるようになる必要があります。

先進国であるかどうかの一つの基準に、**OECD**（Organization for Economic Co-operation and Development：経済協力開発機構）に加盟しているか否かがあります。OECDは、**発展途上国への援助を通じて、国際経済の発展を目指す組織**ですから、この組織に加盟していれば、ほぼ先進国といえます。ただ、トルコ、メキシコ、チリ、イスラエルなど、もうちょっとかなぁという国も加盟していますけど。

② 先進国の工業にも大きな変化が…

第二次世界大戦後は、アメリカ合衆国、ドイツ、日本などの先進国を中心に鉄鋼・造船・石油化学など**資源多消費（重厚長大）型工業**（資源やエネルギーを大量に消費するタイプ）が発展しましたが、**1970年代の石油危機以降は、先進工業国での重工業生産が停滞**したため、産業構造の転換を迫られました。つまり、安い資源や原材料を輸入してきて、大量に製品を生産して輸出するというのが苦手になってきたのです。賃金や地価などが高いから、安くて高性能な製品をつくるのが難しくなってしまいました。

そのため、エレクトロニクス産業など**知識集約（軽薄短小）型工業**（高度な技術や知識を必要とするタイプ）に移行することで、**さらに高付加価値な製品を開発・生産**し、経済を発展させていったのです。

近年は、高付加価値製品の生産だけでなく、**ICT**（情報通信技術：Information and Communication Technology)*を導入し、さまざまな分野で**情報化****を進めています。また、製品へのICTの導入だけでなく、生産

工程についても，IoT＊＊＊（Internet of Things：モノのインターネット）や
AI（Artificial Intelligence：人工知能）などを活用した**スマート化**＊＊＊＊の
実現に向けて模索しているのが現状です。世界経済をリードしてきた先進国
も，リードし続けるというのは大変なことなんですね。

　ICT，IoT，AI，スマート化など，若い世代の読者の方は，会社や学校であ
たりまえのように使っているかもしれませんが，50－70代（私も含め）の方
には，「何言ってるかさっぱりわからない」と思われたかも…。でも，高校の
地理の教科書にもゴチック体で書かれている時代なので，われわれも追いつき
ましょう！（笑）

＊コンピュータネットワークなどを活用して，人々が情報をアクセス，保存，送信，操作でき
るようにする技術。情報通信に関わる機器・サービスなどのすべてを包含する。
＊＊情報が，マスメディアやインターネットなどの通信ネットワークなどを通じて，社会や
人々に影響を与えること。
＊＊＊インターネットは，自宅や企業・学校などのパソコンだけでなく，スマートフォンや
タブレットなどのさまざまな端末と接続が可能である。このため，あらゆる場所に存在する
人やモノから，データを収集・解析し，インターネットを通じて人やモノに情報を伝えること
とがIoTの概念となっている。具体的には，離れた場所からモノの状態を把握し，モノ同士
を連携することによって，日常生活や仕事の効率化を図る。外出先から家電や風呂などを遠
隔操作することが可能なスマートハウスなども好例。
＊＊＊＊ICTなどを用いることによって，さまざまな装置やシステムに状況に応じた制御や
処理を自動で行う機能を持たせること。スマートハウス，スマートシティなどが模索されて
いる。

4 発展途上国の工業化　　発展途上国のがんばりもすごい！

　工業化を図るためには，資本，技術が必要であるというお話をしましたね。
十分な資本を持っているのが先進国，持たないのが発展途上国！　ということ
は，発展途上国には工業は無理だ！　となってしまいます。しかし，現実には
発展途上国の中にも工業化を進めていて，なかには先進国に追いつきそうな国
だってあります。**どうすれば工業化できるのでしょう？**

① 発展途上国の工業化は，輸入代替型工業から

　まずは，**工業化するための資本が必要**になります。国内に資本がある程度あ
ればいいですが，ない場合には先進国からの援助，借款（借り入れ）に頼るし
かないですね。仮に，工業化するための資金を手に入れたとします。

　発展途上国が工業を発展させる最初の段階は，それまで**輸入に頼っていた製**

品を国産化して，**国内で販売**することです。比較的簡単につくれる衣類や食料品のような日用品などです。もちろん，海外からの安価で優秀な製品が入ってくると，相対的に価格が高い国産品が売れないので，できるだけ輸入品に高額の関税をかけるなど，保護貿易※的な措置をとります。すると，国民は多少高かろうが，多少イマイチであろうが，国産品を買わなくてはいけませんよね。すると，徐々に製品の質も向上するようになるし，価格も低下してきます。このようなやり方を輸入代替型工業とよんでいます。ただし，**発展途上国は国内市場が狭い**（国内で，たくさんの製品は売れない）ので，工業生産や販売にも限界が見え始めます。

※政府が企業や個人と海外との取引に干渉すること。

② 自信がついたら，輸出指向型工業へ転換

　そこで，次の段階は広い市場をもつ（購買力がある）先進国に製品を売ろうと考えます。これを輸出指向型工業とよんでいて，**国外市場をターゲットにした工業化**です。ただ，輸入代替型工業に比べて，先進国などの目が肥えた市場に製品を出荷するのはかなり困難が！　みなさんだって，価格が安い製品ならいちいち「これって，どこで生産された商品ですか？」とか気にしないでしょうが，けっこう値が張る製品の場合ならどうでしょう？　スマートフォン，パソコン，太陽光パネル，自動車などなど。

　たとえば，日本で自動車を買い換えるとき，多くの人が国産車やドイツ，アメリカ合衆国，フランスなどの先進国の有名な自動車メーカーの自動車を購入しているとします。ところが，ある販売店に行くと，○○国という国名を聞いたこともなく，地図上でもどこにあるかわからず，しかも聞いたことがないメーカーの自動車が売ってあった。価格は恐ろしく安い！　まぁ，見た目も悪くない！　販売店の方が一生懸命営業してくれます。なかなか買う勇気が出ませんよね。「もしも，買ってすぐに壊れたらどうしよう？」，「もしブレーキが効かなかったら…」など不安要素がいっぱいです。つまり，先進国を相手に発展途上国が製品を売るのは至難の業！　特に，価格が高ければ高いほど。

　ほとんど不可能に見える発展途上国の工業化を可能にする方法があります。さきほどの例えですが，○○国の製品は不安だらけです。でも…その自動車に記してある made in ○○のとなりに，by Mercedes とか by TOYOTA って書いてあったらどうですか？　突然，「おー！！！　なーんだ，これってメルセデス（トヨタ）が，○○国に工場を進出させてつくったのか。だったら，高性能で安いのもわかるな」と自分で勝手に納得してしまいますよね。つまり，

発展途上国が輸出指向型工業を成功させるのに，最も手っ取り早い方法は，**海外の有名メーカーを誘致**することで，**国外市場での信頼を勝ち取る**ことなのです。

　そして，これを続けると，「そういえば，○○国は自動車生産が得意だよね」，「○○国の自動車って，コストパフォーマンス高いよ」のような国外からの高い評価が得られるようになります。すると，○○国のオリジナルブランドが発売する自動車まで売れ始めるのです。すごいでしょ？

③ 輸出加工区ってどんなところ？

　問題は，海外の超有名な自動車メーカーが○○国に進出してくれるかどうかです。ここが難しい。なぜなら，先進国のメーカーが発展途上国に企業進出（**海外直接投資**）する場合には，**豊富な低賃金労働力**が存在し，**安価で広大な用地**があるため，**コストダウンができる**というメリットを考えます。

　でも，いくら賃金が安く，広大な用地があったとしても，道路，上下水道，送電網，港湾，住宅などインフラが全く整備されていなければ，逆にコストはかかってしまいます。この先進国企業の不安を払拭するために設置されるのが**輸出加工区**です。輸出加工区は，**先進国並みにインフラは完璧！**　そして，外国企業が進出してくれたら，「税金を安くしますよ」，「原材料に関する関税はかけませんよ」，「ある一定期間なら電気代や水道代を割り引きますよ」などさまざまな特典を用意するのです。こうすれば，来てくれる外国企業は出てきます。

　そして，もうそこまでして外国企業に来てもらわなくていいやと思ったら，輸出加工区をやめてしまえばいいわけです。だから，ほとんどの発展途上国は，輸出加工区を設置して，外国企業を誘致するんですね。なんせ工場建設資金は，すべて先進国企業が出してくれますから，万々歳！

　ただ，できるだけ早く，自国ブランドを立ち上げないと，そのうち賃金が上昇したりすると，「最近，○○国は賃金水準が上がっちゃったね。悪いけど，隣の△△国に工場移転することにしたから」ということになりかねないので，注意が必要です。

　このような**輸出指向型の工業化に成功**したのが，韓国，シンガポールなどの**NIEs**，マレーシア，タイなど**ASEAN**（東南アジア諸国連合）諸国，**中国**なのです。特に，衣服製造，家電や自動車の組み立てなどの労働集約的な工業（多くの労働力を必要とする工業）で成功している国が多いですね！

　工業も想像していたよりは，楽しくなかったですか？（笑）

商業・サービス業の発展

1 商業立地と人々の生活　買い物に行くとしたらどこにいく？

　地理の学習といえば，地形，気候，農業，工業，人口，都市，地球環境問題，民族・領土問題などいろいろなテーマが頭に浮かぶと思いますが，意外に記憶に残っていないのが第3次産業！　特にその中核を占める商業やサービス産業です。

　もちろん，世界の産業を俯瞰（ふかん）する時に，農業，工業のテーマが重要だということは言うまでもありませんが，日本の産業別人口構成は，**第1次産業**（農林水産業）3.5%，**第2次産業**（鉱工業，建設業）24.4%，**第3次産業**（商業，サービス業など，第1次産業と第2次産業に含まれないすべての産業）72.1%です（2018年）。つまり，**国民の70%以上が従事している第3次産業**について，学びを深めないのはおかしいですよね（**図1**）。

　商業は，**商品をつくった生産者から消費者に売る経済活動**で，商品や店舗にはさまざまな種類・形態があります。小中学校の時に，最寄り品，買い回り品，専門品などの商品の種類について学んだことをおぼえておられるでしょうか？「そんな昔のことは，はるか忘却の彼方…」ですよね（笑）。

① 最寄り品，買い回り品，専門品とは…

　最寄り品は，**購買頻度がとても高く，日常的に購入される商品**で，洗剤，トイレットペーパー，ティッシュペーパー，食料品などを指します。最寄り品は，日々の生活に必要なモノですから，住居の近くや最寄り駅付近のスーパーマーケットやコンビニエンスストアで販売していて，**商圏が狭い**のが特徴です。

　買い回り品は，**購入頻度が低く，やや価格も高い**ので，消費者が**いろいろな店舗で比較検討して購入する商品**で，衣服，家具，家電などを指しています。

　やっぱり，価格が高い家電を買おうかなと思うと，ちょっとでも安かったり，よりサービスが充実していたりするところで買いたくなりますよね。買い回り品は，大都市の中心部などのように交通アクセスがよく，人が集まりやすいところなどに立地した大型の百貨店や専門店で販売していて，**商圏がかなり広い**です。

　専門品は，**消費者が価格以外の要素に魅力を感じて購入する商品**で，めったに購入しない高級自動車，高級アパレル，高級宝飾品，高級時計などを指しています。買い回り品以上に，集客力がある地域に立地していて，**商圏がものす**

ごく広いです。

② 小売業と卸売業

小売業と卸売業については，間違いなく小学校で学んだはずですが…（笑）。

卸売業は，**生産者**（生産メーカー）**から工場で生産された商品を仕入れて，小売業者に販売する商取引**です。**企業間取引**（会社同士の取引）なので，商圏がとても広く（商品を販売する範囲が広い），**企業が集積している中心地で発達**しています。一般の消費者（われわれ）が，消しゴムを買うのに，わざわざ地方から東京にまでは買いに行きませんよね？　でも，消しゴムを取り扱っている企業は，東京だろうが，どこだろうが，日本全国のあらゆる企業から商品を購入します。すごく**商圏が広い**ことがわかりますね。

三大都市圏の中心地である**東京**，**大阪**，**名古屋**などの**国家的中心都市**，地方の中心地である**札幌**，**仙台**，**広島**，**福岡**などの**広域中心都市**（地方中枢都市），**新潟**，**金沢**，**高松**，**那覇**などの**準広域中心都市**，そして**県域中心都市**（主に県庁所在地）では，卸売業が発達しています。これらの都市は，商取引の中心となるため，企業本社，支社，支店などが設置されていることが多いです。

小売業は，デパート（百貨店），スーパーマーケット，コンビニエンスストア，専門店などの**小売業者が**，**一般消費者に商品を販売する商取引**です。もし，消費者の所得が全員同じだとすると，**小売販売額は人口に比例**しますから，人口規模が大きい都市ほど小売販売額が大きくなります。つまり小売市場がとっても広いので，商品販売のターゲットになりやすいのです。

そうとう，懐かしいテーマだったでしょう？　子どもの時はそれほど興味がないことでも，大人になると地理の重要性がいやというほどわかりますよね？

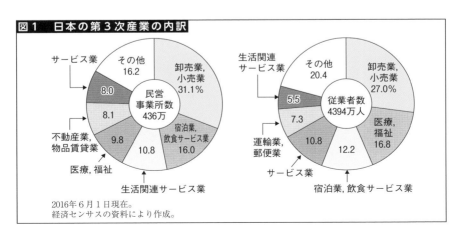

図1　日本の第3次産業の内訳

サービス業

その他 16.2

卸売業, 小売業 31.1%

民営事業所数 436万

8.0

8.1

不動産業, 物品賃貸業

9.8

医療, 福祉

10.8

宿泊, 飲食サービス業 16.0

生活関連サービス業

生活関連サービス業

その他 20.4

卸売業, 小売業 27.0%

従業者数 4394万人

5.5

7.3

運輸業, 郵便業

10.8

12.2

医療, 福祉 16.8

サービス業

宿泊, 飲食サービス業

2016年6月1日現在。
経済センサスの資料により作成。

表1　経済活動別国内総生産

		2019	2020	構成比 （%）	対前年 増加率 （%）
第一次産業	農林水産業	5,769	5,620	1.0	−2.6
	農業	4,803	4,659	0.9	−3.0
	林業	247	233	0.0	−5.8
	水産業	719	729	0.1	1.4
第二次産業	鉱業	381	384	0.1	0.8
	製造業	112,027	106,274	19.7	−5.1
	食料品	13,555	13,211	2.5	−2.5
	化学	12,000	12,094	2.2	0.8
	石油・石炭製品	5,785	5,553	1.0	−4.0
	一次金属	9,350	8,371	1.6	−10.5
	金属製品	5,701	5,476	1.0	−3.9
	はん・生産・業務用機械	17,042	15,619	2.9	−8.3
	電子部品・デバイス	5,425	5,396	1.0	−0.5
	電気機械	7,320	6,959	1.3	−4.9
	情報・通信機器	2,855	2,693	0.5	−5.7
	輸送用機械	14,090	12,875	2.4	−8.6
	電気・ガス・水道・廃棄物処理業	16,988	17,636	3.3	3.8
	電気	8,169	8,505	1.6	4.1
	ガス・水道・廃棄物処理	8,820	9,131	1.7	3.5
	建設業	30,457	31,862	5.9	4.6
第三次産業	卸売・小売業	69,151	67,906	12.6	−1.8
	卸売	36,544	36,974	6.9	1.2
	小売	32,607	30,932	5.7	−5.1
	運輸・郵便業	29,814	23,399	4.3	−21.5
	宿泊・飲食サービス業	13,765	9,501	1.8	−31.0
	情報通信業	27,064	27,462	5.1	1.5
	通信・放送	11,820	12,191	2.3	3.1
	情報サービス・映像音声文字情報制作	15,244	15,271	2.8	0.2
	金融・保険業	22,541	23,144	4.3	2.7
	不動産業	65,653	65,909	12.2	0.4
	住宅賃貸	53,114	53,394	9.9	0.5
	専門・科学技術, 業務支援サービス業	46,301	45,002	8.4	−2.8
	公務	27,888	27,931	5.2	0.2
	教育	19,249	19,220	3.6	−0.2
	保健衛生・社会事業	43,711	44,215	8.2	1.2
	その他のサービス	22,550	20,144	3.7	−10.7
	小計	553,308	535,607	99.5	−3.2
	輸入品に課される税・関税	9,671	9,518	1.8	−1.6
	（控除）総資産形成に係る消費税	7,192	7,783	1.4	8.2
	国内総生産	558,491	538,155	100.0	−3.6

（単位：十億円）
『日本国勢図会』により作成。

2 業種と業態　売り方も買い方も変化してる！

　交通・通信が発達し，大量のモノが流通する社会では，物流・商流を担う流通産業が著しく発達しています。

① かつては，業種が重要！

　高度な都市化や交通・通信の発達が現在ほど進行していなかった頃は，商取引において業種が重要でした。50代以上の方はご自分の，もっと若い方はお父さん，お母さんの世代を想像してみてください。キャベツを買うなら八百屋さん，鯛を買うなら魚屋さん，豚バラを買うなら肉屋さんです。鉛筆を買うときは文具店，レコードを買うときはレコード店，洋服を買うなら洋装店，お茶を買うなら御茶屋さん，まんじゅうを買うなら和菓子屋さんでした。

② 今は，業態が重要！

　ところが，今だったらどうですか？　たぶん，百貨店，大型スーパー，ショッピングモールなど品揃えが豊富なところへ行っちゃいますよね。日本では，**1960年代の高度成長期**に高級志向の百貨店，消費財の大量生産に対応するスーパーマーケットなどが発達し，**1990年代**には，情報化，規制緩和*などにより量販店が拡大していきました。つまり，**どのような商品を取り扱っているのか**という業種ではなく，**どのようにして商品を売るのか**という業態が重要になってきたのです。現在は，さまざまな業態が発達していて，百貨店（デパート），総合スーパー，専門スーパー**，家電大型専門店，ドラッグストア***，ホームセンター****，コンビニエンスストア，専門店などに分類されます。

　これらの業態のうち，百貨店・専門店と残りの業態とで異なる「あることがら」があります。さて，なんだと思いますか？　……それは，百貨店と専門店は対面接客販売を行いますが，その他はセルフサービスによる商品販売を行うということです。今では，あたりまえになりましたが，以前なら「なんで，自分で商品をレジに持って行かなくちゃいけないんだ！」とか，「せっかく商品を買いに来たのに，誰も説明してくれない！」ってなったのでしょうが，今は昔です。セルフサービスによる人件費の削減は，商品価格の低下を可能にしたため，現在では対面接客を望む人は，百貨店や専門店に行こうということになります。

＊1974年から施行された大規模小売店舗法（大店法）は，小規模小売店や地元商店街などを保護するため，大型小売店舗の出店を厳しく規制してきたが，1990年代以降は規制緩和

が進められたため，大型ショッピングセンターや大型スーパーの出店が相次いだ。

＊＊食料品スーパーは，取り扱い商品の70％以上が食料品，衣料品スーパーは取り扱い商品の70％以上が衣料品で，セルフサービス方式の販売を行っている店。

＊＊＊取り扱い商品の一定以上医薬品・化粧品を取り扱い，セルフサービス方式の販売を行っている店。

＊＊＊＊住関連専門スーパーのうち，金物，荒物（台所などで使う雑貨類），種苗を一定以上取り扱っている店。

③ なぜ，百貨店の売り上げが落ちているのか？

　百貨店（デパート）は，立地が最高！　大都市中心部やターミナル駅付近など，交通アクセスに優れ，人が集まりやすいところに立地しています。特に買いたいものがなくても，ウィンドウショッピングをしていると，思わず購買意欲が…（笑）。

　ところが，**図2，表2**からも読み取れるように，最近は百貨店の売り上げが苦戦しています。新型コロナウイルス蔓延のダメージもあるとは思いますが，そもそも**1990年頃をピークに売り上げが激減**しています。魅力ある商品を豊富にそろえているのに，どうしてなんでしょう？

　1980年代後半はすごい伸びですよね。「**1980年代後半から1990年頃**」って，日本はどんな時代だったかを考えると答えが出てきます。そうです，日本は バブル景気＊ に沸いている！！！　**企業の収益は増加**し，**人々の所得水準も上昇**したため，**高級品や贈答品が飛ぶように売れた**のです。ということで，デパートも大人気！　売り上げもどんどん増加します。

　ところが，バブル崩壊によって，高級品の購入が激減し，人々はできるだけ安い商品を買うようになり，人の流れがスーパーマーケットなどに向かうことになったのです。

　また，贈答品の場合には，デパートの包装紙はすごいパワーを発揮します。「おー！　わざわざ○○百貨店まで買いに行ってくれたんだね。百貨店の品物だったら，良いモノに違いない」。でも，自分の収入が減少したり，会社の経費が使えなくなったりすれば，まずはカットされるのが贈答品です。

　2000年代以降も平成不況やコロナ禍の外出自粛などによって，依然として低迷しており，**売り上げがバブル期の1/2以下**にまで落ち込んでいます。なんとか盛り返そうと，百貨店各社はさまざまな催しを打つなど，工夫や努力を続けているようですが…。逆にスーパーは，「巣ごもり需要」の拡大によって，食料品を中心に売り上げが増加しています。

　ちなみに私は，みかけによらずスーパーマーケットが好きです（笑）。特に，食料品の内外の産地や季節による商品の品揃えの変化など地理的な要素がちり

ばめられていて，楽しいで
す。ただ，奥さんにとてつも
ない量の荷物を，しかもすべ
て持たせられるのは問題です
が…。その際は，「みなさー
ん，かわいそうな私を見てく
ださーい！」と大きな声で叫
びます（笑）。

＊1986年12月から1991年2月
までに起こった地価や株式の高騰

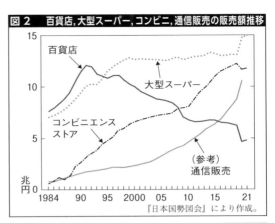

図2 百貨店, 大型スーパー, コンビニ, 通信販売の販売額推移

『日本国勢図会』により作成。

III

人文地理の系統的考察

表2 大型小売店とコンビニエンスストアの販売額

(単位 億円)

	2018	2019	2020	2021	前年比（％）
大型小売店計	196,044	193,962	195,050	199,071	0.9
百貨店	64,434	62,979	46,938	49,030	4.5
衣料品	27,807	26,699	18,687	19,571	4.7
飲食品	18,116	17,756	14,899	15,353	3.0
その他	18,511	18,524	13,352	14,107	5.7
スーパー	131,609	130,983	148,112	150,041	− 0.3
衣料品	11,352	10,842	8,939	8,251	− 7.9
飲食品	98,302	98,469	116,268	119,405	0.9
その他	21,956	21,672	22,905	22,385	− 3.6
コンビニエンスストア	119,780	121,841	116,423	117,601	1.3
商品販売額	113,263	115,034	110,291	111,536	1.4
ファストフード	45,392	46,028	43,081	43,005	0.0
加工食品	32,302	32,494	30,883	30,765	− 0.1
非食品	35,569	36,513	36,327	37,766	4.2
サービス売上高	6,518	6,807	6,132	6,065	− 0.7
（参考）店舗数					
百貨店	225	213	201	196	− 5.6
大型スーパー	4,997	5,036	5,806	5,849	1.1
コンビニエンスストア	56,574	56,502	56,542	56,352	0.1

『日本国勢図会』により作成。

図3 業態別小売業の単位当たり年間商品販売額（2014年）

就業者1人当たり

		売場面積1㎡当たり
7347	百貨店	103
2261	総合スーパー	48
2048	専門スーパー	53
1205	コンビニエンスストア	149
2299	ドラッグストア	60
5550	家電大型専門店	69

8000 6000 4000 2000 万円 0 ／ 0 万円 50 100 150 200

などの資産価格の上昇に伴う好景気。

④ コンビニは，なぜこんなに発展したのだろう？

コンビニエンスストア[＊]（以下コンビニ）は，現在のわれわれの生活に欠かすことができない業態ですね。ちょっとだけ，古い記憶をたどってみてください。世代によって，物心ついたときにはすでにコンビニがあるのがあたりまえだった方，中高生の頃にコンビニができはじめたなぁっと思われる方，社会人になった頃「初めてコンビニを見た！」という方，さまざまだと思います。

＊商業統計における業態分類では，食料・飲料を取り扱い，売り場面積が$30m^2$以上$250m^2$未満で，１日の営業時間が14時間以上のセルフサービス販売店。

⑴ コンビニはどこで始まった？

コンビニエンスストアの原型は，1920年代に**アメリカ合衆国で生まれた**ようです。三大コンビニと言えば，セブンイレブン（・ジャパン），ローソン，ファミリーマートですが，セブンイレブンはサウスアイス社という氷販売，ローソンはローソンミルクという牛乳販売（ローソンのマークは牛乳缶をイメージ）から始まったといわれています。ファミリーマートは日本企業ですが，セブンイレブンとローソンの起源はアメリカ合衆国にあります。

アメリカ合衆国で生まれたコンビニですが，郊外ではガスステーション（ガソリンスタンド）に併設するものが多く，アメリカ映画やドラマではたびたび出てきます。ガソリンを入れるついでに，さまざまな日用品を買う姿が。逆に大都市の都心部などでは，**日本のコンビニとは異なり，生鮮食料品や日用雑貨が中心**です。そして，チェーン展開ではない，個人経営の店舗が多く，grocery とよばれています。

⑵ コンビニは，日本で独自に発展！

われわれが，イメージするコンビニは，日本で大きく変化し，発展していきました。1970年前後に，日本ではコンビニが登場しますが，**著しい発展を遂げるのは1980年代**です。この頃には，「コンビニ」という呼び名が定着し，日本において明確な市民権を得ます。学生の頃，「おー！　これがコンビニエンスストアかぁ」って感動した思い出が（笑）。

コンビニが日本で急速に発展していった背景には，**消費者のライフスタイルの変化**があります。かつては，朝５時に起きて夜は９時に寝る，日祝日，盆・正月は国民が一斉に休む，つまり夜中や日祝日に店が開いている必要がなかっ

たのに，さまざまな職種や働き方が生まれ，**人々のライフスタイルが多様化**していきました。さらに，**女性の社会進出に伴う共働き世帯や単身世帯の増加**によって，会社帰りにちょっとした日用品や食料品を買うようになった。すると，**24時間営業**で，深夜でも利用できるという利便性が消費者の圧倒的な支持を得るようになったのです。

　それこそ，1970年代までは，盆や正月にはほとんどの店が閉まっていて，食料品などを前もって買い置きしておかないと，大変な事態に！　夜におなかがへろうものなら大変です。夜中は飲み屋さん以外，全く店が開いてない…。ところが，ところが，今は本当に便利になりました。街中に自分のための冷蔵庫があるようなもの（笑）。

(3)　POS システムと多頻度配送がコンビニの要！

　コンビニ側に立つと，極めて**省スペースで店舗を構えることができる**というのが大きなメリットです。つまり，どこにでも出店できる！

　ただし，省スペースだと，在庫を保管する場所を確保できません。その割に**品揃えが豊富**で，よっぽど特別なことがない限り，コンビニの陳列棚がガラガラっていうことはないですよね。いやー，不思議です…。

　この**在庫スペースがない**という弱点を補ってくれるのが，**POS システム**[*]とトラックによる**多頻度配送**です。バーコードを使ったデータ収集と分析によって，「○○店は，大学の前にあるので，昼休みに大量に弁当やサンドウィッチが売れる！」とか，「○○店は，夕方になると，一斉にビジネスマンが飲み物を買いに来る」などの情報を収集することで，一日に何回もその店舗のニーズに合わせたトラックによる配送が行われるのです。ちゃんとその配送ルートに沿って，コンビニが出店していくんですね。

　日本のコンビニは，**都心部にある店舗**と**郊外の店舗**に違いがあります。きっと，みなさんもお気づきでしょうが，都心の店舗はオフィスやマンションの近くにあって，店舗面積が狭い！　駐車場はもちろんないし，通路をすれ違うのも苦労します。そして，**商圏がかなり狭い**のも特徴ですね。

　ところが，郊外の幹線道路沿いなどに立地しているコンビニは，広い駐車場を備えていて，店舗面積もかなり広いです。ちょっとした，スーパーのような感じです。そして，広範囲から集客するので**商圏が広い**のです。面白いですねえ，同じコンビニでもかなり地域差があるようです。

　どんどん増加していったコンビニですが，さすがに飽和状態になってきた地域もあります。そこで，新たなチャレンジをします！　陳列商品の販売だけでなく，銀行の ATM 設置，公共料金の決済や電子マネーの取り扱い，宅配便の

取り扱い，マルティメディア端末による写真プリント・コピー，チケットサービスなどの**商品販売以外のサービス**を実施することによって，競争力を強化しているのです。売り上げが伸びているのも納得ですね！

＊販売時点情報管理システム（Point of Sales system）のことで，商品の販売や支払いが行われる場で，その商品による情報を収集・記録し，売り上げや在庫管理などを行う経営手法。商品につけられたバーコードをレジスキャナーで読み取り，商品を登録する。

3 モータリゼーションの進展やインターネットの普及による商業の変化　昔懐かしい商店街はどこに行った？

　これまでさまざまな業種や業態について，お話ししてきましたが，小売業の立地は，流通産業の発達や消費行動の変化によって，変化を続けています。**日本の都市の中心商店街は，鉄道などの公共交通機関の利用や徒歩を前提に形成**されてきました。東京，大阪，名古屋などの三大都市圏では，公共交通機関が縦横無尽に走っていて，東京なんかだったら，（私のような）一部の車好き以外なら，自家用車は持っていなくても，まったく不便は感じないですよね。どうしても乗りたければレンタカーに乗ればいいし。

　でも，**地方の中小都市**ではそうはいきません。公共交通機関は，JRとバスだけ！　しかもJRの駅やバス停まで遠かったら，自動車を使うしかありません。最近は，鉄道会社やバス会社も**赤字路線の廃止や縮小**が進んでいますから，そうなるとかなり不便です。そのかわり，モータリゼーションによって，ほとんどの家庭が自動車を持っていますから，**郊外には大規模な駐車場を備えた大型スーパーやショッピングセンターが立地**するようになります。これでかなり便利になりましたね。あー，良かった！！！

① 増加するシャッター通り

　ところがこのような地方中小都市にも問題が生じます。まずは，**駅前などの中心商店街の衰退**です。もともと駅前商店街は，鉄道利用者がターゲットですから，駐車場が不十分な場合が多い。地価も高いですし。すると，**モータリゼーション**の進展によって，買い物客の足が駅前商店街から郊外のショッピングセンターへ向くようになります。売り上げが低迷すると，後継者問題も生じ，高齢化によって「**シャッター通り**＊」になってしまうのです。商店街や地域の方々の努力によって，活力を取り戻しているところもありますが，日本の中小都市にある昔ながらの商店街は苦戦を強いられているのです。伝統ある商店街

って，どこに行ってもいいですよね。地域の人々の温かさや個性が詰まっていて。衰退していくのはとっても寂しい…。

② 買い物難民が発生！

もう一つの問題は，消費者側の問題です。**自動車を駆使して，ちょっと遠くの大型スーパーまで行き，大量に商品を買えているときは快適**なのですが，お歳を召して，運転免許証を返上でもしようものなら，**突然不便**になります。歩いて行くには遠すぎる！　重たい荷物を運ぶこともできない！　近所の個人商店は廃業してしまってるってなると，特に毎日必要な生鮮食料品を購入するのが，困難になってしまいます。つまり，**買い物難民**＊＊になってしまって，日々の生活がとってもしづらくなってしまうんですね。一部には，買い物代行，おつかいタクシー，宅配，移動販売・出張販売，乗り合いバス・タクシーなどのサービスが導入されている地域もありますが，高齢化が進むとどこでも起こりうることなので，**国や自治体が本気で対策を練らないとマズイ**ですね！

＊商店などが閉店し，シャッターを下ろした状態が目立つ商店街や街並みのこと。中心商店街の空洞化を表現する用語。
＊＊過疎化や高齢化などの影響で，小売店が撤退し地域の流通機能が弱体化するとともに，鉄道や路線バスなどの公共交通機関の廃止や衰退によって，生鮮食料品や日用品の買い物が困難になった人々。特に，高齢者など自家用車を運転できない交通弱者が，買い物難民化しやすい。買い物難民問題は，フードデザート問題ともいわれる。

4　さまざまなサービス産業の発展　サービス産業ってなんだろう？

商業と並んで，第3次産業の中核を占めるのがサービス産業（広義のサービス業）です。サービス産業は，**形あるモノの生産や販売に直接関わらない**のが特徴ですね。経済の発展と都市化の進展によって，サービス産業はどんどん拡

表3　サービス産業の分類1

生産者サービス業 （対事業所サービス）	コンピュータ・ソフトウェア業，情報処理・情報提供サービス業，デザイン業・広告業など
消費者サービス業 （対個人サービス）	飲食サービス業，宿泊業，理容・美容業，映画館，学習塾，冠婚葬祭業，スポーツ施設，公園，テーマパーク・遊園地など
公共サービス業 （対社会サービス）	医療サービス，教育サービス，社会福祉サービスなど

表4　サービス産業の分類2（総務省統計局）

大分類	中分類
情報通信業	通信業，放送業，情報サービス業，インターネット付随サービス業，映像・音声・文字情報制作業
運輸業・郵便業	鉄道業，道路旅客運送業，道路貨物運送業，水運業，航空運輸業，倉庫業，運輸に附帯するサービス業，郵便業
不動産業・物品賃貸業	不動産取引業，不動産賃貸業・管理業，物品賃貸業
学術研究，専門・技術サービス業	専門サービス業，広告業，技術サービス業
宿泊業，飲食サービス業	宿泊業，飲食店，持ち帰り・配達飲食サービス業
生活関連サービス業・娯楽業	洗濯・理容・美容・浴場業，その他の生活関連サービス業，娯楽業
教育・学習支援業	その他の教育，学習支援業
医療・福祉	医療業，保健衛生，社会保険・社会福祉，介護事業
他に分類されないサービス業	廃棄物処理業，自動車整備業，機械等修理業，職業紹介・労働者派遣業，その他の事業サービス業，その他のサービス業

大し，新たに生まれていきました。**表3**，**表4**を見てください。ここに挙げられないくらい多岐にわたります。みなさんの中には，**表3**，**表4**のサービス産業に就かれている方もたくさんおられるのではないでしょうか。

　日本をはじめとして，先進国では産業構造に占めるサービス産業の割合が高まる**サービス経済化**が進んでいます。特に大都市になればなるほど，多様なサービス産業が発達しています。そして，大都市には多くの企業が集積していますから，**表3**，**表4**にみられる**企業向けの生産者サービス業**もたくさん集まっているのです。

5 情報産業の発達と生活の変化　情報産業によって，世界は変化している！

　1990年代以降，**ICT（情報通信技術）が急速に発達**し，**インターネット**と**スマートフォン**などの**携帯端末普及**によって，日常生活は大きく変わりました。特に**スマホが大衆化したのは2010年代以降**です。ということは，10代の方ならほぼ物心ついたときから，スマホに慣れ親しんできたということになります。40代の方なら学生時代はスマホがなかったはず。「あの頃，スマホがあったらなぁ」って思われる方はいーっぱいいるのではないでしょうか。60代の方は，人生の半分以上が固定電話しかなかったはず。80代の方なら，固定電話さえなかったという話もふつうだと思います。

先日，高校生に「固定電話を使ったことがない人？」って聞くと，驚きの事態が…。生徒に問いかけをした後，私は固まってしまった（笑）。予想以上にいっぱい手があがってしまったので，ちょっと困ってしまいました。多少は，いるだろうなとは思っていましたが，こんなにいるとは…。電話といえば，家の固定電話か公衆電話だったのに。

私の学生時代は，友人と待ち合わせするだけでも大変でした。正確に時間を守り，ピンポイントの集合場所に行かなければ，楽しい集いも×に！

今は，集合場所がわからなくなっても，時間通りに行けなくても，なんとかなる。本当に便利になりました。**コミュニケーションの利便性が格段に向上**したのです。また，個人での情報収集能力が著しく上がり，情報の発信も容易になりました。そして，**情報収集や伝達における地理的制約が大幅に軽減**されたのです。

① 情報産業の発展

アメリカ合衆国で起こった「ICT 革命」*によって，情報や知識などに関する新しい産業が誕生しました。Google などの検索エンジン，LINE・Facebook・Instagram・Twitter・TikTok などの SNS（Social Networking Service），YouTube などの動画配信サービスなど，**インターネット関連サービスに特化した企業が急速に成長**したのです。

また，ICT は農業，工業，医療，金融など幅広い産業分野においても導入され，効率化やサービスの改善などが進められています。これを「産業の情報化」とよんでいます。われわれの日常生活だけでなく，ほとんどすべての産業にも変化をもたらしているんですねえ。最近は，変化についていくのが大変です（笑）。

＊1990年代後半〜2000年代初めに情報通信技術が飛躍的に発展し，広範な社会需要に直結したことによって個人や企業・組織の活動が大きく変革したこと。IT 革命ともいう。

(1) 高度情報化社会の問題，デジタルデバイド

このように「情報化社会」が到来すると，情報を収集したり，伝達したりする能力に格差が生まれます。先進国では，**情報通信インフラが整備**されていて，**ブロードバンドによる高速・大容量の通信が可能**です。また，会社でも，学校でも，自宅でも，街中で Wi-Fi が使えるので便利です。ところが，発展途上国ではまだまだ情報通信インフラが不十分で，インターネットやソフトウェアやアプリを使いこなせる能力，つまり教育水準にも差があるので，先進国と発

展途上国との間には大きな**デジタルデバイド**（情報格差）が生じます。また，日本国内においても，**情報リテラシー**（**情報を獲得したり，発信できる能力**）がある人とそうでない人の間ではデジタルデバイドが生じてしまいます。たとえば，高齢者でもインターネットや SNS を使いこなせる人とそうでない人では，日常生活の利便性がかなり異なってくるということです。ただ，情報通信産業は技術革新のスピードがとんでもなく速いので，ついていくのに一苦労ですが…。生徒たちはその点すごい！！！　あの若さに伴うスピードにはとてもついていけません（笑）。

　インターネットは，驚くほど便利ですが，インターネットに接続することによる問題もあります。**個人情報漏洩**，**オンラインショッピングをよそおった詐欺**，携帯会社・銀行などさまざまな**企業になりすました詐欺**，**サイバーテロ**などの**サイバー犯罪**が急増していて，多くの人が被害にあっています。詐欺メールなどはあまりにも精巧につくられているので，詐欺とわかっていても，「もしかして，本当かな？」と思ってしまいます。**不審に思ったら，家族・友人・知人・同僚・警察などに相談しましょう！**

⑵　情報化社会における働き方の変化

　2020年の春，新型コロナウイルスの急速な拡大で，日本中が大混乱に！学校の一斉休校と**オンライン授業**，**企業の在宅勤務やオンライン会議**など，従来は考えられなかった事態に陥りました。ICT の発展がこのとんでもない事態を救済する手助けをしてくれたのです。もちろん，**対面とオンラインはそれぞれメリット，デメリットがある**ので，後はわれわれがどれだけ上手に使えるかですけどね。

　地理的に離れた場所との情報伝達や共有が可能になったことで，人々の働き方や学び方にも変化があらわれました（**図4**）。オフィスに通勤せず，在宅勤務や近隣の**サテライトオフィス** ＊ での**テレワーク**を推奨したり，認めたりする企業も増えています。また，大都市以外にオフィスを設ける ICT 関連企業もみられます。ただ，業種によってはテレワークが困難であったり，効果や効率が低下するものもあるので，すべての企業や業種が可能なわけではありません。みなさんは，どちらがお好みですか？

＊企業の本社などから離れた場所に設置されたオフィスのこと。就業者の通勤時間，移動時間の短縮や経費の節減などができるという利点がある。

図4　テレワークの形態

所属オフィス

モバイル勤務

サテライトオフィス勤務

在宅勤務

※複数企業で共同のシェアオフィスを使用することもある。

交通・通信と世界の結びつき

1 交通の発達　　どんなときに，どんな交通機関を使う？

　交通機関がまったく存在しない世界を想像してください。とんでもなく狭い世界でしか活動ができなくなります。健康のために歩くことは大切ですが，徒歩だけで日常生活を送ることはまず無理！

① 時間距離が著しく短縮！

　人やモノの移動手段は，最初は徒歩（荷物を担ぐ）。そして，いかだ・小舟，馬車へ。さらに蒸気機関車・蒸気船，自動車，航空機へと発展していきました。交通機関の発達によって，地球上の「時間距離」はみるみる短縮され，人やモノの移動がグローバルな規模で行われるようになったのです。

　時間距離とは，**2地点間の地理的な距離ではなく，移動にかかる時間であらわされる距離**のことです。

　1860年（江戸末期）なら浦賀（神奈川県）からサンフランシスコまで，蒸気船を使って**38日間**かかりました。この時代なら東京－サンフランシスコを往復すると，2か月半以上かかるわけですから，3か月の長期休暇をもらったとしても，行って帰ってくるだけで終了！（笑）　まぁ，カヌーやいかだで行くよりはかなり速いですが，まだまだ。

　産業革命後は，工業化と同時に交通機関が著しく発展していきます。1930年代（第二次世界大戦前）ならハワイ経由のディーゼル機関船でサンフランシスコまで**13日**！　かなり速くなりましたね。1950年代（第二次世界大戦後）ならプロペラ機で**31時間**！　なんと1日とちょっとでサンフランシスコまで行けるようになりました。そして，現在はジェット機でたったの**9時間**です！

　私もこれまで全国各地で授業をしてきましたが，航空機と新幹線なしには絶対に不可能でした。かなりミラクルな移動を30年近く続けてくることができたのも，日本の交通機関の優秀さのおかげです。感謝，感謝！！！

② 陸上交通の発達

　18世紀後半の産業革命期には，蒸気機関の発明・改良によって，**鉄道が発達し**，**長い間陸上交通の主役**でした。鉄道交通のメリットは，人やモノの**長距離大量輸送**ができること，**安全性が高い**こと，**定時性に優れる**こと，**大気汚染などを招かない**こと（電化されている場合）などたくさんあります。デメリッ

トはどんなことがあるでしょう？　みなさんもちょっとだけ考えてみてください。

　授業中，生徒に「自動車のデメリットは？」と聞くと，即座にたくさんあげてくれます。自動車の弊害については，いろいろ話題になっているからでしょうね。ところが，「鉄道のデメリットは？」と聞くと，しーん…（笑）。

　鉄道のデメリットの一つに，**線路や駅の敷設・維持に多額の費用がかかる**ことがあります。乗る側のわれわれには気づきにくいところです。だから，先進国などは発展途上国の鉄道敷設などを援助・支援することがあるんですね。費用以外には，**路線のルートが固定**されていることです。「あっ！　ここを右に行ってくれると私の家がある…」，「A駅とB駅の間に停まってくれたらなぁ」とか。つまり融通が利きませんよねえ。

図1　世界の鉄道網

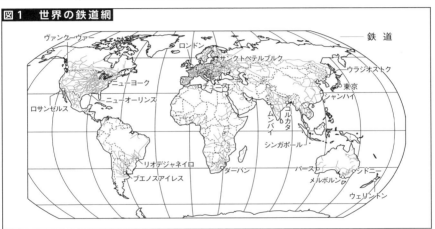

図2　各国の鉄道輸送量（2017年）

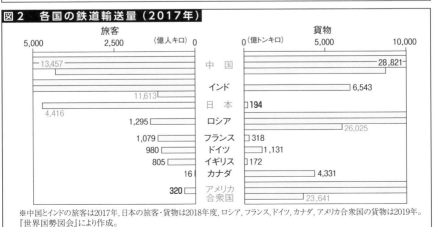

※中国とインドの旅客は2017年,日本の旅客・貨物は2018年度,ロシア,フランス,ドイツ,カナダ,アメリカ合衆国の貨物は2019年。『世界国勢図会』により作成。

それから，**地形的な制約が大きい**です。自動車以上に，傾斜に弱いので，できるだけ水平なところを走らなければならない。**山地ならトンネルを建設**しなければなりませんし，多少凹凸がある場合には，**盛り土，切り土**などを行い，傾きを小さくします。

　鉄道って，巨額な資本が必要で，安全に運行するための整備やダイヤ編成など高度な技術も欠かせないので，けっこう大変なんですね。**鉄道に関わっている多くの人々に感謝しなくては**。

(1)　陸上交通の主役が鉄道から自動車へ！

　鉄道交通は，産業革命以降，陸上交通の主役として君臨してきました。しかし，19世紀の後半になると鉄道のライバルが登場します。それが自動車交通（道路交通）です！　当初は，石炭を燃料とする蒸気自動車と電気自動車でしたが，19世紀の末にはドイツのダイムラーやベンツによって**ガソリン自動車が発明**され，20世紀初頭には，蒸気自動車と電気自動車は姿を消していきました。当時の自動車はものすごく価格が高かったため，所有できたのはほんの一部の貴族や富裕層だったので，自家用自動車の普及はなかなか進みませんでしたが，乗り合いバスやタクシーとして自動車交通は普及していきました。

　このような状況を一気に変えたのが，工業のところでお話しした，1908年にアメリカ合衆国の**フォードが発売したT型フォード**です。流れ作業による大量生産方式で，庶民に手が届く価格に引き下げることに成功したのです。これによって，一般市民が自家用自動車を保有することができるようになり，アメリカ合衆国では**1920年代に**モータリゼーションが進行しました。

　その後，ヨーロッパ諸国でもモータリゼーションは進行し，日本も**1960年代頃**にモータリゼーションが始まったといわれています。移動手段を個人で所有することができるようになった！　これは，かなり画期的です。

　この当時，大部分の人々は，**鉄道や船などの公共交通機関に依存**していました。公共交通機関には，時間，場所などさまざまな規制がありますが，自家用自動車の自由度はすごい！　**自動車の普及は個人の行動半径や消費行動に大きな影響**を与えたんですね。

　自動車が普及し始めた頃，陸上交通は上手に分業化していました。短距離は自動車，中長距離は鉄道！　ところが，高速道路が建設されるようになり，**自動車の高速化・大型化**が進むようになると，利便性が高い自動車が鉄道を圧倒するようになってきたのです。もちろん，鉄道の大量性，高速性，安全性，定時性はすぐれたメリットなので，「東京から名古屋や大阪へ」などのような**大都市間中長距離旅客輸送や大都市圏内の通勤・通学輸送に関しては，かなり健**

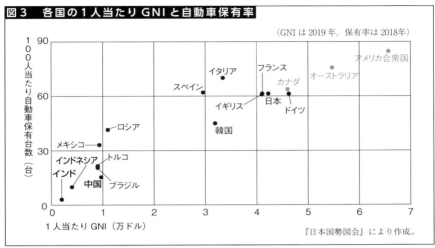

図3　各国の1人当たりGNIと自動車保有率

（GNI は 2019 年，保有率は 2018 年）

100人当たり自動車保有台数（台）

1人当たり GNI（万ドル）

『日本国勢図会』により作成。

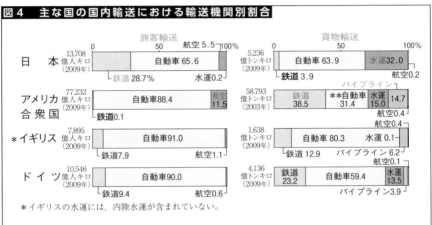

図4　主な国の国内輸送における輸送機関別割合

旅客輸送　　　　　　　　　　　　　　　　貨物輸送

日本　13,708億人キロ（2009年）　自動車65.6　航空5.5　鉄道28.7%　水運0.2
　　　5,236億トンキロ（2009年）　自動車63.9　水運32.0　鉄道3.9　航空0.2

アメリカ合衆国　77,232億人キロ（2009年）　自動車88.4　航空11.5　鉄道0.1
　　　58,793億トンキロ（2003年）　鉄道38.5　**自動車31.4　パイプライン水運15.0　14.7　航空0.4

*イギリス　7,895億人キロ（2009年）　自動車91.0　鉄道7.9　航空1.1
　　　1,638億トンキロ（2009年）　自動車80.3　水運0.1　鉄道12.9　パイプライン6.2　航空0.4

ドイツ　10,546億人キロ（2009年）　自動車90.0　鉄道9.4　航空0.6
　　　4,136億トンキロ（2009年）　鉄道23.2　自動車59.4　水運13.5　パイプライン3.9　航空0.1

＊イギリスの水運には，内陸水運が含まれていない。

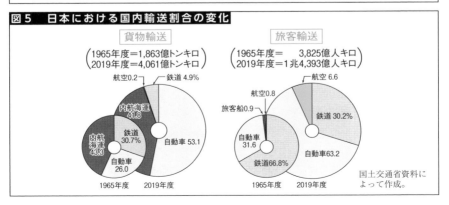

図5　日本における国内輸送割合の変化

貨物輸送
（1965年度＝1,863億トンキロ
　2019年度＝4,061億トンキロ）

航空0.2　鉄道4.9%
内航海運41.8　鉄道30.7%　自動車53.1
内航海運43.3　自動車26.0
1965年度　2019年度

旅客輸送
（1965年度＝　3,825億人キロ
　2019年度＝1兆4,393億人キロ）

航空6.6　航空0.8　旅客船0.9　鉄道30.2%
自動車31.6　鉄道66.8%　自動車63.2
1965年度　2019年度

国土交通省資料によって作成。

闘しています。やっぱり，時間通りに移動しようと思うと鉄道を選んでしまいますよね。雨の月曜日のラッシュ時に，自動車で通勤するのは，よっぽど時間的に余裕がないと遅刻必至（笑）。

(2) 自動車のメリットとデメリット！

　自動車の優れた点を考えてみましょう！　まず，われわれの頭に浮かぶのは「戸口輸送」（door to door）です。戸口輸送は，最大のメリットと考えていいですね。なんといっても**最終目的地まで，移動できる**のですから。

　特に，モノ（貨物）は自ら移動できないので，自動車は最高に便利です。宅配便やインターネット通販などは，「戸口輸送」によって発展したと言っても過言ではありません。

　自家用車の場合は，利便性がすごく優れていますよね。行きたい場所へ，時間を選ばずに移動できる。他の交通機関ではとても無理です。新幹線に乗って，「すみませんが，ここで停めてください！」なんてありえない（笑）。さきほどもお話ししましたが，**自動車の自由度の高さによって，個人の移動が飛躍的に拡大**したのです。

　このように優れた機能を持っている自動車交通（道路交通）ですが，近年はそのデメリットが話題になっています。まずは，少人数（少量）の人（モノ）を移動させるのに，大きなエネルギーを必要とします。つまり，**エネルギー効率が悪い**んですね。移動重量当たりのエネルギー消費量が多いので，地球環境への負荷が大きくなります。**温室効果ガスの二酸化炭素**や**窒素酸化物などの大気汚染物質**も多く排出するという問題もあります。それから，**交通渋滞**や**交通事故**の問題も…。

(3) かつては道路建設と拡幅，今は TDM ！

　かつての先進国における道路行政は，**自動車の増加→交通渋滞→道路建設・拡幅→自動車の増加→交通渋滞→道路建設・拡幅**を繰り返してきました。これを続けるといったいどうなるのか？　そうです，国土のほとんどが道路になってしまいます。これでは，本末転倒ですよね。そこで，近年は TDM（Transportation Demand Management：交通需要マネジメント）とよばれる自動車の抑制が進められるようになってきました。

　たとえば，パークアンドライド（Park and Ride）です。もう日本でも日常的に使用される用語になりましたね。パークアンドライドとは，自宅から最寄り駅やバスの停留所，または目的地の手前まで**自動車で移動して駐車し，そこから公共交通機関を利用**して，都心部などの目的地まで移動する方法です。こ

うすることによって，**都市部や観光地などの交通渋滞緩和**，**大気汚染物質や温室効果ガスの抑制**，**違法駐車の削減**などを図ることができるため，日本でもパークアンドライドの政策が推奨されています。ただ義務づけられているわけではないので，パークアンドライドに参画することは，交通問題・環境問題に貢献することなんだという意義を国民（市民）に認識してもらわないと，あまり効果がありません。できる範囲でかまわないので，**パークアンドライドにチャレンジしてみましょう！**

　パークアンドライドより，強制力があるのがロードプライシング（Road pricing：入域課金制）です。**特定の道路，地域，時間帯における自動車の利用者に対して，課金**することによって自動車交通量の抑制を図る施策です。日本国内でも検討はされていますが，実現には至っていません。

　ロードプライシングで有名なのは，イギリスの首都ロンドンです。2003年に，平日の7:00－18:30の間に課金エリアを通行する車両に対して，一定の通行料（当時は5ポンド，以後徐々に値上げ）を課すロードプライシングを導入しました。次いで，2006年（恒久的措置としては2007年）スウェーデンの首都ストックホルムでも導入されました。平日の6:30－18:30まで，中心部を通過する際に，レーザーで車両を検知しナンバープレート撮影する仕組みになっていて，課金額は時間帯によって異なるようです。両市では，ロードプライシングによって，**公共交通機関の利用増，自動車の利用抑制**に効果があり，社会全体に望ましい影響を与えているという結論を出しています。

　お国柄，土地柄，国民性，所得水準などによって，さまざまな手法が考えられますけど，知恵を働かせることによって，**人々の生活の快適性を維持しながら，環境負荷が小さくなるような努力**をすること，これが**持続可能な社会に必要**なんでしょうね。

③ 水上交通の発達

　船舶を用いた水上交通は，**速度は遅い**ですが，重量や容積の大きい貨物を**大量に，かつ安価に輸送**できる利点があります。輸送時間はかかるため，時間経過とともに劣化したり，価格が大きく変化するモノの輸送には適していませんが，重量当たりの単価が安い石炭，石油，鉄鉱石などの資源や鉄鋼，アルミニウムなどの素材を運ぶのには最適！　ということで，**世界貿易の中心は船舶輸送**です。とにかく**運賃が安い！**　運賃は，容積建て，重量建てなどさまざまな算出方法があります。海上運賃に，貨物海上保険料，コンテナ貨物留置料，輸入関税や内国消費税，沿岸荷役費用，倉庫保管料などが加わりますが，なんせ莫大な量の貨物を運搬できるため，単位重量（容積）・距離当たりの輸送費が

他の輸送機関に比べて格段に安くなるのです。

　ただ輸送は**ほとんどが貨物輸送**です。旅客輸送に関しては，20世紀前半までは，大陸間交通など長距離旅客輸送の主役で，豪華客船の建設も相次ぎましたが，20世紀後半になると航空輸送の発達で，旅客機に主役の座を奪われるようになりました。

　私は，航空機をまるで JR に乗るがごとく，日々乗ってきましたが，船に関しては学生時代にフェリーの三等船室に友人と乗ったり，家族と近距離の離島まで往復したりするくらいでしか使ったことがないので，一度は豪華客船の旅をしてみたいですね（笑）。

⑴　船舶による輸送のデメリットは？

　安いけど遅い！　この「遅さ」をなんとか克服できないかというのが大きな課題でした。もちろん，いかだ・カヌー→帆船→石炭を燃料とする蒸気船→重油やガスを燃料とする蒸気タービン機関，ディーゼル機関や電気推進システムの船舶への移行とともに高速化も図られてきましたが，速度には物理的な限界があります。そこで，力を入れたのが，「荷役時間の短縮」なのです。船舶は大量の貨物を輸送できる分，その大量の貨物を積み込んだり，荷下ろししたり，倉庫などへ入出庫しないといけません。船内荷役では，多くの作業員が船舶に乗り込んで，船倉の隅から隅まで貨物を積んだり下ろしたり，実に大変な作業です。また，沿岸荷役では，船舶と屋根付きの貨物置き場や野積場の間で，運搬・搬出をし，貨物置き場では仕分け作業などを行うのです。この**荷役作業に膨大な時間**を費やします。

　近年は，船舶の合理化が進んでいて，従来のように人も貨物も輸送し，さらに実にさまざまな種類の貨物を一斉に運ぶという方式から，ばら積み船*，オイルタンカー，LNG（液化天然ガス）タンカー，自動車専用船などの**専門化が進行**しています（p202図**7**）。

　みなさんは，コンテナって見たことがありますか（ありますよね）？　みなさんのなかには，業務で取り扱っておられる方もいらっしゃるでしょうけど，ちょっとだけ説明しておきますね。**コンテナ**＊＊**は ISO（国際標準化機構）によって標準化された輸送用の容器**で，巨大なスチール製ボックスと考えていいです。このコンテナを専用で輸送する船舶をコンテナ船といいます。

　コンテナを用いた物流の仕組みは，「**20世紀最大の発明**」の一つで，**物流システムを大きく変革**させました。コンテナによる海上輸送が始まったのは，1956年アメリカ合衆国のニューアーク港だと言われています。この輸送が**世界のサプライチェーン**（原材料・部品の調達から販売に至る一連の流れ）**に革**

命をもたらすとは，誰もが想像していなかったと思います。コンテナによる輸送は，従来の海上輸送の課題を次々と解決していきました。

第1に荷役作業時における**貨物の盗難防止**や**輸送中のダメージ低減**です。荷揚げされた貨物は，港湾の貨物置き場にしばらく放置されます。コンテナの使用によって，「これって，ちょっといいなー。もらっておこう！」みたいなことがなくなります。コンテナごと盗んでたら，誰でも「あれー？？？　あいつ何してるのー？」ってなるし（笑）。貨物をコンテナに入れてロックしておけば安心！　船舶航行中や荷役中の貨物に対する損傷も防げます。

第2に，それまでは規格化されていない貨物の積み替えに多くの労働力と時間を要していましたが，**規格化されたコンテナ専用のクレーンや運搬車を導入**することで，スムーズに行えるようになりました。人件費などの荷役コストがかなり節約できるようになりました。

第3に港湾における荷役の効率化をもたらしただけでなく，鉄道，トラックによる**陸上輸送との連携**をスムーズにしました。毎回梱包をばらして，積み替える必要がない！

このように，コンテナ輸送の導入によって，貨物を安全に効率よく輸送できるようになったんですね。コンテナ輸送は，世界の製造業，小売業のグローバル化に大きく貢献しています。コンテナの偉大さに感動！！！

＊バルクキャリア（bulk carrier）ともよばれる。梱包されていない石炭，鉄鉱石などの鉱石，小麦などの穀物のような「ばら積み貨物」を船倉に入れて輸送する船舶。世界の商船の30－40％を占めている。
＊＊輸送用コンテナ（container）は，規格化されているため，機械化された荷役が可能で，積み込みや荷下ろしもコンピュータ制御され，迅速に行うことができる。また，コンテナ船の積載能力は，ISOの規格による20フィートコンテナ1個分に相当するTEUという単位であらわされる。

(2)　船舶の大型化，高速化，専門化とともに…

船舶がどんどん大型化されれば，従来の国際運河＊は不便になります。「せっかく巨大なタンカーを造ったのに，パナマ運河を通れないじゃないか！」みたいにです。そこで，近年はパナマ運河などの拡張が行われています。また，世界の主要な港湾には**コンテナ船専用の埠頭**が整備されたり，**国際物流の拠点**となるハブ港湾が発達しています。特に，「世界の成長センター」とよばれるアジアには，多くの国際港湾が整備されているんですね。**表1のコンテナ取扱量上位港湾**を見てください！　上位にはずらっとアジアの港湾が…。そして，大量の貨物を処理するために，AI（人工知能）も活用されているのです。

表1　港湾別のコンテナ取扱量

2018		2019		2020	
上海	42,010	上海	43,303	上海	43,501
シンガポール	36,599	シンガポール	37,196	シンガポール	36,871
寧波舟山（中国）	26,350	寧波舟山	27,540	寧波舟山	28,734
深圳（中国）	25,736	深圳	25,770	深圳	26,553
釜山（韓国）	21,663	広州	22,840	広州	23,192
広州（中国）	21,623	釜山	21,740	青島	22,005
香港	19,596	青島	21,010	釜山	21,599
青島（中国）	19,315	香港	18,302	天津	18,356
ロサンゼルス	17,550	天津	17,301	香港	17,971
天津（中国）	16,007	ロサンゼルス	16,970	ロサンゼルス	17,327

国土交通省「海事レポート」より作成。　　　　　　　　　　　　　　　　単位：千TEU

余談になりますが，さっきさらっと話した国際運河（**スエズ運河，パナマ運河**）ですが，これらの運河を建設するのは想像を絶する大変さでした。スエズ運河やパナマ運河建設にまつわる話については，いろいろな書籍が刊行されていますから，ぜひとも読んでみてください。へたなドラマを見るより，はるかに面白いし，感動します！

図6　世界の主要航路

― スエズ運河航路
― 喜望峰航路
‥‥ パナマ運河航路
― 大西洋横断航路
― 太平洋横断航路
○ 主な貿易港

ルソン海峡　ロンボク海峡　スンダ海峡　ホルムズ海峡　マンダブ海峡　ジブラルタル海峡　マゼラン海峡　ドーヴァー海峡　スエズ運河　喜望峰　パナマ運河　東京・横浜　プサン　上海　香港　シンガポール　ロサンゼルス　ニューヨーク　ロッテルダム　ドバイ　リオデジャネイロ

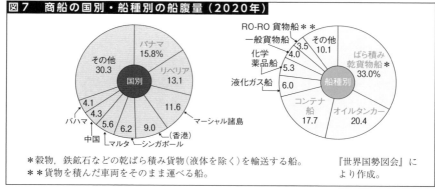

図7　商船の国別・船種別の船腹量（2020年）

国別：パナマ 15.8%　リベリア 13.1　その他 30.3　11.6　マーシャル諸島　9.0（香港）　6.2 シンガポール　5.6 マルタ　4.3 中国　4.1 バハマ

船種別：RO-RO貨物船＊＊　一般貨物船 4.0　その他 10.1　ばら積み乾貨物船＊ 33.0%　化学薬品船 5.3　3.5　液化ガス船 6.0　コンテナ船 17.7　オイルタンカー 20.4

＊穀物，鉄鉱石などの乾ばら積み貨物（液体を除く）を輸送する船。
＊＊貨物を積んだ車両をそのまま運べる船。

『世界国勢図会』により作成。

＊船舶は，大圏航路（最短コース）をとることができないため，できるだけ移動距離を短縮する必要がある。これを目的に建設されたのが国際運河で，太平洋とカリブ海を結ぶパナマ運河（パナマ），地中海と紅海・インド洋を結ぶスエズ運河（エジプト），北海とバルト海を結ぶ北海＝バルト海運河（キール運河，ドイツ）などがある。スエズ運河やパナマ運河を通行できる船舶の大きさを，スエズマックス，パナマックスとよんでいて，造船業界にも大きな影響を与えている。第二次世界大戦時には，アメリカ合衆国の軍艦を建造する造船所が，大西洋岸に集中していたため，パナマックス以上の戦艦や空母を建設することができなかったというのは有名な話。パナマ運河は2016年に拡張され，スエズ運河も拡張計画がある。スエズ運河では，2021年3月，日本の正栄汽船が所有するエバーギブンが砂塵に巻き込まれて座礁し，6日間にわたって航路をふさいでしまう事故が起きた。これを受けて，エジプトのスエズ運河庁がスエズ運河の拡張計画を発表した。

④ 航空交通の発達

　航空交通の最大のメリットは，ほかのいかなる交通機関よりも**輸送速度が速い**ことです。大圏航路を移動することができるし，航空路の建設も必要ない。ただ，**輸送費がすごく高くなってしまう**のがデメリットとしては大きいですね。だから，**輸送の中心は旅客！**　そして，**軽量・小型・高付加価値**な半導体，電子部品，鮮度が重要な花卉，食品などを輸送することになります。

　1903年にライト兄弟が初飛行を行ってから，この100年間で航空輸送は飛躍的に発展しました。当初は，郵便と小口貨物の輸送に航空機が利用されましたが，第一次世界大戦からは軍用機が著しく発達しました。軍事的な需要と必要性に牽引されて，急速に発展します。

　第二次世界大戦後の1952年，世界で初めてジェット機による定期便が就航し，**1970年代には航空旅客輸送が大衆化**することになったのです。そして，さらなる**高速化**，**大型化**が進行し，世界中が航空交通網で結ばれることになりました。航空交通の発達に伴って，国際的な航空交通網の拠点となるハブ空港＊の重要性が高まり，先進国，発展途上国を含め多くの国で，国際ハブ空港の建設が行われたのです。特に，近年は**アジアなどの発展途上国における国際ハブ空港建設が盛ん**です。空港による経済効果は，空港使用料はもちろんですが，人の宿泊，観光などによる経済効果も期待されるため，国際的な航空交通網の主導権争いが激化しています。

　日本もなんとか参加したいのですが，国際ハブ空港の立地条件としては，**地価が安く空港使用料が安いこと**，**24時間体制で離着陸ができること**，**中心部と空港とのアクセスがよいこと**など厳しい条件が制約となってしまいます。日本の場合には，空港建設のための広大な用地の確保がなかなか難しいですよねえ。

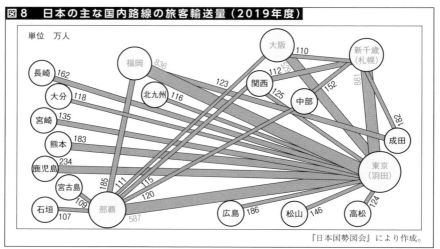

図8 日本の主な国内路線の旅客輸送量（2019年度）

単位 万人

長崎 162
大分 118
宮崎 135
熊本 183
鹿児島 234
宮古島
石垣 107
那覇 587
福岡 836
北九州 116
広島 186
松山 146
高松
大阪 110
関西 112
中部 125
新千歳（札幌） 881
成田 182
東京（羽田）
123
152
185
111
115
120
109
124

『日本国勢図会』により作成。

みなさんは，LCC**（Low Cost Carrier：格安航空会社）を利用されたことがありますか？ 内外を問わずびっくりするくらい安いです。サービスは簡素化されていますが，コストだけを考えたらこの価格でこんなところまで行けるなんて…，価格革命です！ 特に，LCCの就航が**国境を越えて移動する人々を**

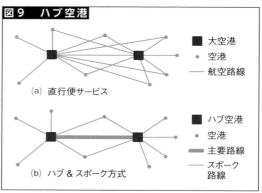

図9 ハブ空港

（a）直行便サービス

■ 大空港
・ 空港
— 航空路線

（b）ハブ＆スポーク方式

■ ハブ空港
・ 空港
— 主要路線
— スポーク路線

増加させている背景の一つになっていることは間違いないようです。サービスが多様化するのは，利用者にとってありがたいことですね。

＊人やモノの効率的な輸送を行うための拠点空港。**図9**のように自転車の車軸（ハブ：hub）とそこから放射状にのびる細い棒（スポーク：spoke）の関係のように，さまざまな地域を結びつける機能を有する。代表的な国際ハブ空港には，ドバイ（UAE），アムステルダム・スキポール，ヒースロー（ロンドン），パリ・シャルルドゴール，フランクフルト，イスタンブール，ハマド（ドーハ），インチョン（ソウル），チャンギ（シンガポール）などがある。
＊＊JAL（日本航空），ANA（全日空）などのフルサービスキャリアに対して，効率化により低価格かつサービスが簡素化された航空輸送サービス。日本では，ピーチ（Peach Aviation：ANAグループ），ジェットスター（JALグループ）などが運行している。

2 交通の発達と人の移動　日本でも多くの外国人労働者が活躍！

交通の発達で時間距離が短縮され，地球規模の人口移動が活発化しています。

① 移民

古くは，15世紀末以降の大航海時代にさかのぼります。**征服や植民のために移動したヨーロッパ人**，**奴隷として強制的に移送されたアフリカ人**，迫害から逃れたユダヤ人など移動の理由や背景はさまざまでした。

また，ヨーロッパ人により植民地化されたアフリカ，アジア，ラテンアメリカには，鉱山労働やプランテーション労働に従事するため，世界中から国境を越えた人の移動が行われました。さらに**アメリカ合衆国**，**カナダ**，**オーストラリア**など新大陸諸国には，現在でも世界中から**移民**が行われています。

② 難民と出稼ぎ労働者

国境を越える人々の中には，**政情不安**，**内戦**，**迫害や環境破壊などによって居住地を離れなければならなくなった難民**もいます。かれらは周辺諸国や安全の確保を期待してヨーロッパなどの先進国へ逃れていきます。一方，**高所得**や**就業機会**を求めて，先進国，新興国，アラブ産油国などへの**出稼ぎ労働者**も増加しています。出稼ぎ労働者の収入は，発展途上国にとって重要な外貨獲得源になりますし，少子高齢化による労働力不足が深刻化している先進国では，外国人労働者が重要な働き手となっているのです。

③ 日本における外国人労働者

第二次世界大戦後，日本は**日本国民の雇用を確保**するため，できるだけ外国人労働者を受け入れない政策を採ってきました。特に，**非熟練の単純労働者の受け入れを原則禁止**してきたのです。背景には，1950年代から1960年代にかけて，日本には豊富な若年労働力が存在していたため，「工場や建設現場に外国人を受け入れたりしたら，日本人の若者の仕事がなくなってしまうじゃないか！」という風潮が優勢だったことがあります。

ところが，日本は急速に少子高齢化と高学歴化の波にさらされます。つまり，10代後半から20代の若い労働力が激減し，高学歴化が進むと，工場や土木・建設現場での肉体労働を好まなくなる。その結果，**若年労働力＋現業労働力が不足**するようになりました。さらに，1980年代後半から1990年代前半の好景気（バブル景気）が人手不足に拍車をかけ，「ここは，思い切って外国人労働者の力を借りよう！」という決断をしたのです。

表2　日本における外国人雇用事業所数と外国人労働者数の推移

	2017	2018	2019	2020	2021
事業所数（所）	194,595	216,348	242,608	267,243	285,080
派遣・請負	17,312	17,876	18,438	19,005	19,226
［産業別］					
建設業	16,711	20,264	25,911	31,314	33,608
製造業	43,293	46,254	49,385	51,657	52,363
情報通信業	9,247	10,037	11,058	11,912	12,180
卸売業，小売業	33,229	36,813	42,255	48,299	52,726
宿泊業	27,779	31,453	34,345	37,274	40,692
教育，学習支援業	5,856	6,144	6,471	6,663	6,991
医療，福祉	8,719	9,913	11,700	13,804	16,455
サービス業	15,528	17,419	19,510	21,195	22,625
［事業所規模別］					
30人未満	111,847	127,226	145,000	161,429	174,214
30〜99人	36,284	40,096	44,384	48,499	50,891
100〜499人	23,360	25,321	27,530	28,917	30,288
500人以上	7,949	8,546	9,098	9,374	9,546
外国人労働者（人）	1,278,670	1,460,463	1,658,804	1,724,328	1,727,221
派遣・請負	273,648	309,470	338,104	342,179	343,532
［在留資格別］					
専門的・技術的	238,412	276,770	329,034	359,520	394,509
特定活動	26,270	35,615	41,075	45,565	65,928
技能実習	257,788	308,489	383,978	402,356	351,788
資格外活動	297,012	343,791	372,894	370,346	334,603
留学	259,604	298,461	318,278	306,557	267,594
身分に基づく資格	459,132	495,668	531,781	546,469	580,328
永住者	264,962	287,009	308,419	322,092	345,460
日本人の配偶者	85,239	89,201	94,167	95,226	98,881
永住者の配偶者	12,056	13,505	14,742	15,510	16,589
定住者	96,875	105,953	114,453	113,641	119,398
［国籍別］					
中国	372,263	389,117	418,327	419,431	397,084
韓国	55,926	62,516	69,191	68,897	67,638
フィリピン	146,798	164,006	179,685	184,750	191,083
ベトナム	240,259	316,840	401,326	443,998	453,344
ネパール	69,111	81,562	91,770	99,628	98,260
インドネシア	34,159	41,586	51,337	53,395	52,810
ブラジル	117,299	127,392	135,455	131,112	134,977
ペルー	27,695	28,686	29,554	29,054	31,381
G7＋2か国	73,636	77,505	81,003	80,414	78,621
アメリカ合衆国	31,548	32,976	34,454	33,697	33,141

厚生労働省「外国人雇用状況」（2021年10月末現在）より作成。

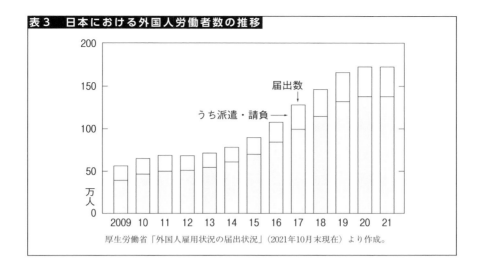

表3　日本における外国人労働者数の推移

厚生労働省「外国人雇用状況の届出状況」（2021年10月末現在）より作成。

（1）　出入国管理法改正で日本は変わった！

　1990年代になると，**出入国管理法の改正**が行われました。従来の日本にとってはかなり大きな決断です。外国人が日本で働くためには，**在留資格**＊が必要になります。改正されたのは，定住資格と研修・技能実習資格です。

　まずは，**日系人**＊＊とその家族に**定住資格**を認め，非熟練の単純労働者として受け入れるという法改正が行われました。これによって，今までは認められなかった工場労働に就くことができるようになったため，静岡とか群馬などの自動車工場からひっぱりだこに！　**日系人の人口が多いのは，アメリカ合衆国とブラジル**ですが，アメリカ合衆国は先進国なのであえて日本に出稼ぎに来る必要はない！

　ところが，ブラジルは違います。第二次世界大戦前後，日本がまだまだ貧しく，農村地域では困窮を極めていた時代，**多くの日本人が農業開拓を行うため，遠くブラジルに移民**をしていったのです。でも，現在日本は先進国となり，圧倒的な経済力の差があります。ということで，日系移民が多い**ブラジル**やペルーなどから多くの外国人が日本で就労することになったのです。

＊日本では，出入国管理及び難民認定法により規定されており，許容される活動内容，期間などが細かく分類（27種類，2022年）されている。
＊＊日本以外の国に移住し，移住先の国籍または永住権を取得した日本人並びにその子孫。1990年の出入国管理法改正によって，日系2世，3世またはその配偶者においては，就労活動に制限がない在留資格が与えられている。

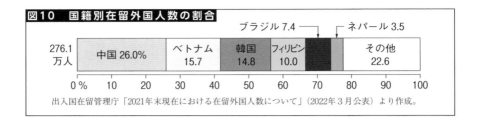

図10　国籍別在留外国人数の割合

| 276.1万人 | 中国 26.0% | ベトナム 15.7 | 韓国 14.8 | フィリピン 10.0 | ブラジル 7.4 / ネパール 3.5 | その他 22.6 |

出入国在留管理庁「2021年末現在における在留外国人数について」（2022年3月公表）より作成。

(2)　研修・技能実習っていう在留資格はどんなモノ？

　もう一つは研修・技能実習資格です。厳密にはかなり難しい内容なのですが，簡単に説明すると，**日本企業で一定期間**（原則３年間），**報酬を伴う研修・技能実習を行うことを認める**という制度です。理念としては，日本の優れた技能，技術，知識を発展途上国へ移転させ，経済発展に寄与することを目的としていますが，労働力不足を補完するという側面もみうけられます。近隣の中国，ベトナム，フィリピン，ネパールなどからの移住者が多くなっています（**図10**）。

　近年は，労働力を外国人に依存しようという方向に，より舵を切る法律に改正されています。それが，2019年の**特定技能*の在留資格**の設置です。従来は就労が認められていなかった介護，建設，宿泊，農業などの12分野で就労が認められるようになったのです。

　コンビニに行くと外国人がたくさん働いていますよね。かれらは，日本企業で研修・技能実習や留学という在留資格で働いている人が多いのです。以前に比べると，かなり外国人の就労者を見かけますが，それでも**日本の総人口の２％程度**ですから，諸外国に比べるとかなり割合は低いです。

　歴史的に見て，外国人労働者の難しいところは，景気が良くて雇用が豊富なときは重宝されますが，不景気になって，失業者が増加すると，突然邪魔者扱いされること。今までどこの国・地域でも同じようなことを繰り返してきました。**自国民にとっても，外国人にとっても，お互いのためになるような制度・仕組みが必要**なのは言うまでもありません！

＊介護，ビルクリーニング，素形材・産業機械・電気電子情報関連製造業，建設，造船・舶用工業，自動車整備，航空，宿泊，農業，漁業，飲食料品製造業，外食業の12分野（2022年現在）。

■3 観光産業の発達　旅行会社，旅館・ホテルからおみやげの製造・販売まで

　交通の発達によって，空間的な移動を伴う観光が発達してきました。もちろ

ん，交通の発達だけでなく，「○○に行ってみたい！」とか「○○に行って，△△を食べてみたい！」など，観光の動機付けには情報通信産業の発達も欠かせませんけどね。

① ツーリズムに行こう！

　経済的な余裕や時間的なゆとりがないと，「観光（ツーリズム：tourism）に行こう！」とはなりませんね。かつては，貴族や富裕層など一部の人だけが，日々の生活から離れ，観光・保養を満喫できたのですが，**20世紀の半ばになると観光が大衆化**してきました。**経済発展が進む欧米先進国では，多くの観光客が国内外へ！** そして，**21世紀になると新興国からも多くの観光客**が訪れるようになったのです。観光の大衆化に伴い，観光の対象が世界中に広がっていきました。先進国，新興国，発展途上国を問わず，熱帯雨林，砂漠，高山などあらゆる場所が観光の対象となったのです。

　20世紀の前半までは，観光産業の比重は一部の国や地域を除いては低く，「観光業なんてたいしたことない」みたいな感じでしたが，現在では観光の発達によって，**運輸業，宿泊・飲食業，流通業，娯楽業などの需要が増加**し，多くの雇用機会を生み出すようになりました。こうなると，国や地域にとって欠かせない産業です。

② インバウンド観光の発展

　交通機関，情報通信産業の発展とともに，世界各地では**インバウンド観光（外国人が自国を訪れる観光）**に力を入れるようになります。「観光なんて…」どころか，世界のサービス貿易の約30％を占めるまでに成長し，「観光に力を入れないと，わが国の経済は危ない！」といわれるまでになったのです。

　先進国では，インバウンド観光と**アウトバウンド観光（自国から外国を訪れる観光）**が同程度に発達するか，アウトバウンド観光がリードするかですが，発展途上国ではまずインバウンド観光が発達します。経済発展が進む先進国では，経済的にゆとりがある人々がたくさんいるので，アウトバウンド観光も発達しますが，発展途上国では海外旅行をするほど経済的に豊かな人は少ないので，観光などの経済が発達し，豊かになった後にアウトバウンド観光が発達するんですね。

③ ヨーロッパでは地中海地方が大人気

　ヨーロッパでは，フランスに代表される**ヴァカンス**（vacances）のように，**夏季に長期休暇をとる習慣**が社会に定着しています。社会人になって夏季に1

か月程度の休暇がとれたら最高ですよね。夢のような話！

　でも，ヨーロッパのヴァカンスもそれほど歴史が古いわけではなく，19世紀頃までは貴族や富裕層の特権的な休暇でした。それが，第二次世界大戦後，一気に大衆化し，連続有給休暇がどんどんのびていきました。**ついには連続5週間！！！！** このような習慣がヨーロッパ全域に広がっていくと，**地中海地方の人気が沸騰！** せっかくの長期休暇の間中，どんよりした天気が続いたらショックですよね？ でも，ご安心を，地中海地方は **Cs**（ちょっと懐かしいでしょう？）です。"summer dry"だから，日本のように旅行に出る前に，天気予報を見て，「旅行期間中ずっと雨だったらイヤだなー」とドキドキする必要がない。ということで，陽光を求めてイギリス，ドイツ，北欧などから地中海地方の**フランス，スペイン，イタリア**（最近では北アフリカのモロッコ，チュニジア も人気）へ向かう観光客が多数です。

表4　世界の観光旅行者受け入れ国

国　名	観光客数（百万人）	％	収入（百億ドル）
フ ラ ン ス	212.0	9.3	7.1
アメリカ合衆国	166.0	7.3	23.4
中　　　　　国	162.5	7.1	…
ス ペ イ ン	126.2	5.5	…
メ キ シ コ	97.4	4.3	2.6
イ タ リ ア	95.4	4.2	5.2
世 界 計	2,280.1	100.0	181.5

※統計年次は2019年。中国にはホンコン・マカオを含まない。
…はデータなし　UNWTO資料により作成。

④ 日本のインバウンド観光とアウトバウンド観光

　第二次世界大戦後の日本では，アウトバウンド観光もインバウンド観光も衰退してしまいました。でも1960年代の高度成長期に入ると，所得水準も上昇し，温泉地などの観光地が息を吹き返します。熱海温泉，別府温泉などの**歓楽地型温泉では**，**旅館やホテルの巨大化**が進みました。さらにこの頃になると新婚旅行が大衆化し，多くの新婚カップルが日本各地に出かけていくことになりました。特に，当時人気だったのは「日本のハワイ」とよばれた宮崎県！

　1970年代から1980年代前半でも，まだまだ日本から海外旅行に行く人は少なく，日本へ観光に来る外国人も少ないという状態でした。ところが，**図11**のように，1980年代後半になると，円高とバブル景気による所得上昇に伴って，**海外旅行が大ブーム！** アウトバウンド観光が著しく発展します。

　ハワイやアジア諸国のように，比較的地理的に近い地域が中心ですが，海外旅行者が急増したのです。1990年代後半以降はバブル崩壊，平成不況など景気後退に伴って，海外旅行者数は停滞します。

　一方，インバウンド観光は**図11**のようにさっぱり…。1970年代以降，**日本**

人の海外旅行者数＞訪日外国人旅行者数という状態が続き，旅行収支もずーっと赤字。これはマズイと判断した日本政府は，観光産業活性化を図ることになりました。そのきっかけとなったのが，2003年，当時の内閣総理大臣小泉純一郎が打ち出した，2010年までに訪日外国人旅行者数を1,000万人まで増加し，**観光立国を目指そう**とする「**ビジットジャパンキャンペーン**」です。官民一体となって訪日外国人旅行者を誘致する事業を展開しました。

そして，ついに2013年には1,000万人を突破，2014年には**旅行収支が黒字転換**，2015年には信じられないことに，**日本人の海外旅行者数＜訪日外国人旅行者数**という大逆転現象が起きました。政府，民間企業，地域の人々が力を合わせた結果です。本当にすごい！

しかし，2020年以降の新型コロナウイルス感染症の世界的な流行により，

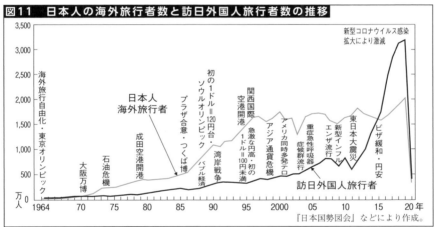

図11　日本人の海外旅行者数と訪日外国人旅行者数の推移

『日本国勢図会』などにより作成。

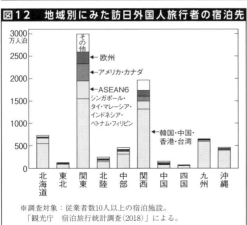

図12　地域別にみた訪日外国人旅行者の宿泊先

※調査対象：従業者数10人以上の宿泊施設。
「観光庁　宿泊旅行統計調査(2018)」による。

表5　日本人の海外渡航先

渡航先	1990年	2018年
アメリカ合衆国	368	349
中　　　国	37	269
韓　　　国	137	295
（台　　湾）	88	197
タ　　イ	42	166
シンガポール	100	83
（ホンコン）		85
ド　イ　ツ	31	61

※単位は万人。アメリカ合衆国にはハワイ，グアムを含む。中国には台湾，ホンコンを含まない。
「出入国管理統計年報」および国連世界観光機関による。

日本内外を問わず，観光地は甚大な被害を受けています。これからは，いかに**感染を防止・抑制しながら，ツーリズムを復活させていくかが大きな課題**です。

　みんなで安心して観光旅行に行ける日が，早く来て欲しい…。

4 **貿易の発達と変化** 世界最大の輸出国・中国と世界最大の輸入国・アメリカ合衆国

　「貿易*」は，**国際的なモノの取引**です。2022年からの急速な円安によって，ただでさえ原油，天然ガスなどのエネルギー価格が高騰し，輸送費が上昇していますから，輸入品の価格が上がってしまって，われわれの日常生活は大きな打撃を受けています。そろそろ落ち着いてもらわないと困ります。

　1960年代の日本の円安は，日本の輸出産業の追い風になりましたから，とっても嬉しいことだったんですけどねえ。当時は，安価な資源を大量に輸入してきて，工業製品を輸出していましたから，円安になると日本製品の価格が相対的に安くなります。つまり**優秀な日本製品を安く輸出**できますから，量的にたくさん売れることによって，企業は大きな収益を得てきたわけです。

　ところが**現在は，機械類や集積回路など多くの工業製品を輸入**していますから，すべて**割高な輸入品を買わざるを得ない**。しかも，高度経済成長期とは異なり，化石燃料の価格が比較にならないほど高いので，これも困りものです。

＊自由貿易とは国家が外国との商品取引に干渉せず，国民が自由に貿易活動を行うこと，保護貿易とは国内産業を保護するために，関税や非関税障壁（輸入課徴金，数量制限，品目制限）などによって，制約を加えることである。貿易の拡大のためには自由貿易を進めていく必要がある。

① 世界貿易の拡大

　経済や交通機関の発達により，国家間の貿易は年々拡大してきました。**かつては，先進国の貿易が世界貿易の大部分**を占めていましたが，**現在は先進国と発展途上国の世界輸出総額が，先進国60：発展途上国40**とかなり接近してきています。それぞれの国は，国産品と外国製品を比

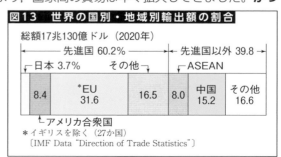

図13　世界の国別・地域別輸出額の割合

総額17兆130億ドル（2020年）

| ←── 先進国 60.2% ──→ | ←先進国以外 39.8→ |

┌日本 3.7%		その他→		┌ASEAN	
8.4	*EU 31.6	16.5	8.0	中国 15.2	その他 16.6

└アメリカ合衆国
＊イギリスを除く（27か国）
〔IMF Data "Direction of Trade Statistics"〕

較して，国産品のほうが安ければ海外で売れるから，輸出しようとしますし，もし輸入品のほうが安ければ，国内でつくらず，輸入に依存しようとします。

(1) 南北貿易と水平貿易

　伝統的な貿易形態の一つは南北貿易（垂直貿易）で，**先進国が発展途上国から原燃料や農産物などの一次産品を輸入し，製品に加工して輸出**する。そして**発展途上国は逆に，農産物，鉱産資源などの一次産品を輸出し，製品を輸入**するものです（**図14**）。このタイプの貿易では，製品を輸出する先進国がどうしても有利なので，**経済格差が拡大**してしまうというデメリットがあります。ただ最近は，工業化が進展した新興国や発展途上国では，主要輸出品が工業製品になり，逆に先進国では自国企業の海外進出に伴って，製品の輸入が増加する

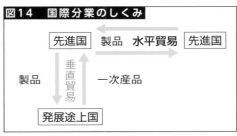

図14　国際分業のしくみ

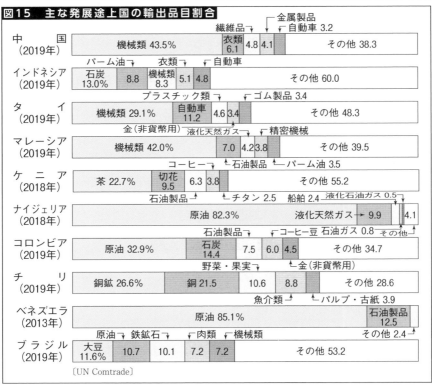

図15　主な発展途上国の輸出品目割合

〔UN Comtrade〕

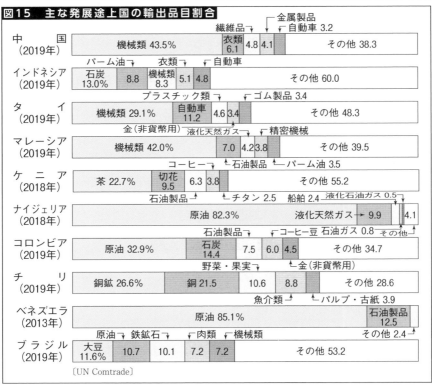

傾向にありますね。

もう一つは**水平貿易**で，主に先進国どうしの貿易，つまり**得意な工業製品や部品を売り買いするタイプ**です（p213**図14**）。たとえば，日本がイタリアに自動車を輸出し，イタリアは日本へ高級服飾品を輸出するという感じです。得意なものが違う製品である場合には，お互いに「あいつは，なかなかいいやつだなぁ」ってなるんですけど，先進国どうしでは，どうしても得意なものが同じ業種である場合が多く，**貿易摩擦**＊が生じやすくなるという課題があります。そして，輸出入のバランスが著しく悪くなると，大量に輸入する側の国の経済を圧迫することになってしまうんですね。

＊特定商品の競争力の差から，いずれかの国の輸入が急増すると，輸入国の国内産業に失業・倒産などの悪影響を及ぼし，国内経済全体を悪化させるなどの軋轢が生じること。1980年代には日米貿易摩擦，2000年代には米中貿易摩擦が深刻化した。

(2)　世界の輸出上位国

　表6の**世界の輸出上位国とその輸出相手国**，ならびに**貿易収支（輸出総額－輸入総額）**を見てください。

　どうですか？　みなさんが学生時代に学んだ（またはおぼえている）国々とおなじでしたか？

　世代によって異なると思いますが，**中国の地位が上昇，日本の地位が低下**しているように感じるのではないかなと推測しながら本書を書いています。

　第二次世界大戦後，**アメリカ合衆国**と**ドイツ**がずっと輸出額の首位を争ってきたのですが，2009年以降は，**中国**が世界最大の輸出国になっています。しかも，中国の輸出総額から輸入総額を引くと，すごい**貿易黒字（輸出超過）**になっていることが読み取れます。

　輸出が2位に転落したアメリカ合衆国ですが，輸出総額と輸入総額を比べてみてください。ものすごい**輸入超過（貿易赤字）**であることがわかると思いま

表6　世界の輸出上位国の輸出相手国と貿易収支

輸出上位国	主要輸出相手国					輸出総額	輸入総額
中　国	アメリカ	（ホンコン）	日　本	ベトナム	韓　国	2,590,646	2,055,612
アメリカ合衆国	カナダ	メキシコ	中　国	日　本	イギリス	1,434,117	2,334,330
＊ドイツ	アメリカ	中　国	＊フランス	＊オランダ	イギリス	1,380,379	1,170,726
日　本	中　国	アメリカ	韓　国	（ホンコン）	タ　イ	641,341	634,431

※統計年次は2020年。単位は百万ドル。＊はEU加盟国。イギリスは2020年にEUを脱退。貿易統計年鑑により作成。

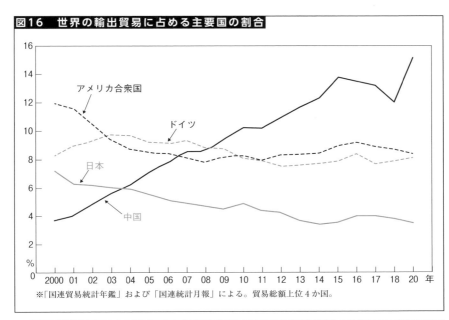

図16　世界の輸出貿易に占める主要国の割合

アメリカ合衆国

ドイツ

日本

中国

※「国連貿易統計年鑑」および「国連統計月報」による。貿易総額上位4か国。

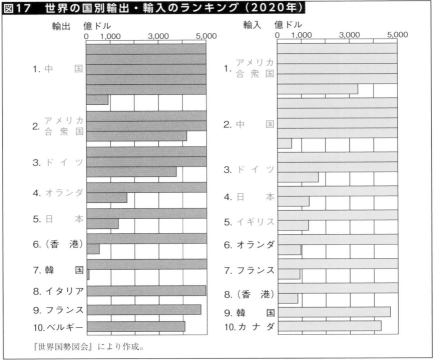

図17　世界の国別輸出・輸入のランキング（2020年）

輸出　億ドル

1. 中　　国
2. アメリカ合衆国
3. ド　イ　ツ
4. オランダ
5. 日　　本
6.（香　港）
7. 韓　　国
8. イタリア
9. フランス
10. ベルギー

輸入　億ドル

1. アメリカ合衆国
2. 中　　国
3. ド　イ　ツ
4. 日　　本
5. イギリス
6. オランダ
7. フランス
8.（香　港）
9. 韓　　国
10. カ ナ ダ

『世界国勢図会』により作成。

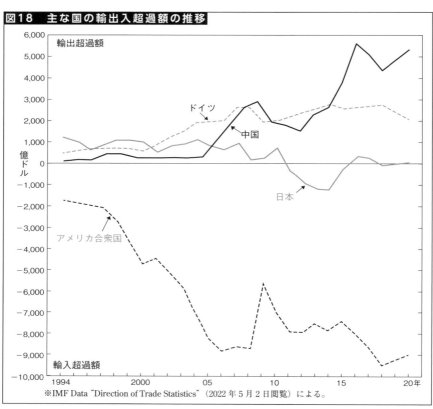

図18 主な国の輸出入超過額の推移

輸出超過額

（縦軸：億ドル）

ドイツ

中国

日本

アメリカ合衆国

輸入超過額

※IMF Data "Direction of Trade Statistics"（2022年5月2日閲覧）による。

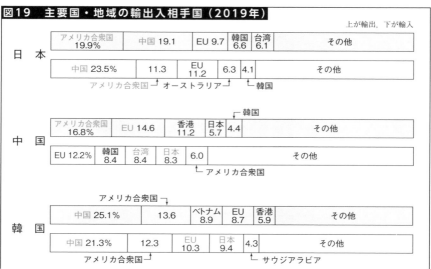

図19 主要国・地域の輸出入相手国（2019年）

上が輸出，下が輸入

日　本

アメリカ合衆国 19.9%	中国 19.1	EU 9.7	韓国 6.6	台湾 6.1	その他

中国 23.5%	11.3	EU 11.2	6.3	4.1	その他

アメリカ合衆国┘　オーストラリア┘　└韓国

中　国

┌韓国

アメリカ合衆国 16.8%	EU 14.6	香港 11.2	日本 5.7	4.4	その他

EU 12.2%	韓国 8.4	台湾 8.4	日本 8.3	6.0	その他

└ アメリカ合衆国

韓　国

アメリカ合衆国┐

中国 25.1%	13.6	ベトナム 8.9	EU 8.7	香港 5.9	その他

中国 21.3%	12.3	EU 10.3	日本 9.4	4.3	その他

アメリカ合衆国┘　└ サウジアラビア

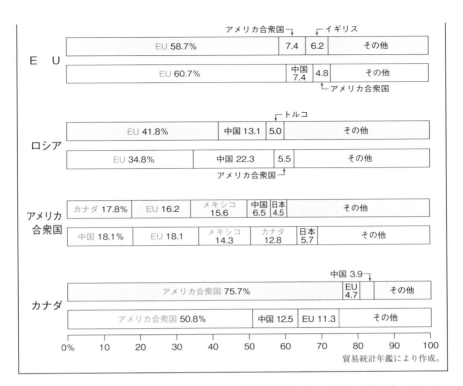

貿易統計年鑑により作成。

す（**図18**）。アメリカ合衆国は，**国民に購買力がある**（輸入の増加）ことと，企業の海外進出が進んだので，**国内産業が空洞化**してしまったことから，輸出より輸入がはるかに多くなっています。カナダ，メキシコへの輸出額が多いのは，**USMCA**（旧 NAFTA *）の影響が大きいですね。**輸入額に関しては，依然としてアメリカ合衆国が世界最大**なので，これはどの世代の方も「学生の時に勉強したとおりだ」となったはず。

　ドイツは，日本より GNI（国民総所得）も人口規模も小さいのに，輸出額がやたら大きいのは，**「EU の市場統合」**の影響ですね。EU 域内では，商品が国内と同様自由に売買できるので，貿易が活発化します。こういうデータの地理的分析って本当に面白いですよね。

＊ NAFTA（北米自由貿易協定）は，アメリカ合衆国，カナダ，メキシコの３か国間で1994年に発効した自由貿易協定で，将来的に加盟国間の関税撤廃，金融や投資の自由化，知的所有権の保護を図ることを目標とし，４億人を超える巨大共同市場の完成を目指してきた。NAFTA の締結によってアメリカ合衆国からカナダ，メキシコへの企業進出は活発化し，カナダ，メキシコとアメリカ合衆国との貿易額は大幅に拡大している。ただし，EU と異なり労働力の移動については自由化されていない。2020年に，新協定の USMCA（United

States-Mexico-Canada Agreement：アメリカ合衆国・メキシコ・カナダ協定）が発効した。

⑶　日本は1980年代からずっと黒字！　ところが…

　日本は，**アメリカ合衆国を除くと中国，韓国などアジア諸国への輸出が多い**ことがp214**表6**から読み取れます。経済的に関係が深いだけでなく，近隣諸国は輸送費が安くすむことも一因です。2001年までは，輸出入相手国ともにアメリカ合衆国が首位だったのですが，中国から輸入額が増加し，2002年から2019年まで輸入は中国が首位，輸出はアメリカ合衆国が首位，2020年には，輸出入相手国ともに中国が首位になりました。

　1980年代以降は，大幅な貿易黒字（輸出超過）が続いていたため，特にアメリカ合衆国との間では貿易摩擦が深刻化しました。でも最近は，中国とアメリカ合衆国の貿易摩擦の方が深刻で，アメリカ合衆国の貿易赤字額は対中国が最大になっています！

　2007－2010年の世界金融危機の影響をもろに受け，日本は輸出入ともに激減し，黒字も縮小しました。そして，2011年の東日本大震災以降の原発停止で**化石燃料（石炭，LNG）の輸入が増加**したこともあって，ついに赤字に転落！！！　以降は，黒字と赤字がしのぎを削っています。しばらくは一進一退が続きそうですね（**図18**）。

② 日本の貿易の変化

　図20を見てください！　**第二次世界大戦前**（1935年のグラフ）は，繊維原料を輸入して，繊維品などの軽工業製品を輸出するという**発展途上国型の貿易**です。つまり，日本は一部の軍需産業を除いて，発展途上国だったのですね。

　第二次世界大戦後は，**重化学工業化**が進んで，**1960年代の高度経済成長期**

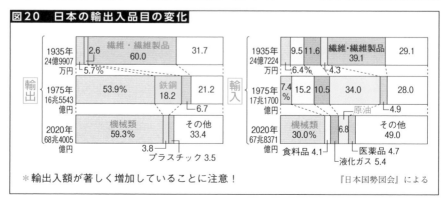

図20　日本の輸出入品目の変化

※ 輸出入額が著しく増加していることに注意！　　　　　　　　『日本国勢図会』による

には原油や鉄鉱石などの原燃料を大量に輸入し，鉄鋼や船舶などを輸出していました。このあたりで，**先進国の仲間入りを果たします！**

でも，**1970年代の石油危機以降**は，自動車，機械類など，より付加価値が高い工業製品の輸出割合が高くなっています。

1980年代半ば以降，高度な技術や知識を必要とする**半導体など先端技術産業**に関わる電子製品などが増加しましたが，近年は韓国，台湾，中国の台頭により，産業や貿易構造の転換を迫られています。先端技術を生み出す研究に力を入れ，**「技術大国」日本を復活させなければ！**

さらに，近年は他国との **EPA** ＊（経済連携協定）締結にも力を注いでいます。TPP ＊＊の話題もしばしば出てきますよね。

＊ FTA（自由貿易協定：Free Trade Agreement）は関税やサービス貿易（運輸，情報通信，金融，旅行，建設などサービス業の国際取引）の制限撤廃を目指すもので，EPA（経済連携協定：Economic Partnership Agreement）はFTAに加え労働市場の開放，投資円滑化，経済協力推進などを含む。日本はEPAの締結を進めている。
＊＊ TPP（Trans-Pacific Partnership Agreement：環太平洋パートナーシップ協定）は，環太平洋諸国の経済自由化を目指すEPA。シンガポール，ブルネイ，チリ，ニュージーランドを原加盟国とし，カナダ，メキシコ，オーストラリア，ベトナム，ペルー，マレーシア，日本，アメリカ合衆国がTPPの会合に参加したが，アメリカ合衆国の離脱によって，残る11か国によりTPP11として合意されたCPTPP（環太平洋パートナーシップに関する包括的及び先進的な協定）がTPPとは別の条約として発効した。

③ サービス貿易とは？

最近はメディアやニュースなどでも，よく耳にするのが「サービス貿易」！サービス貿易っていったいなんでしょうね？

サービス貿易とは，**国際的なモノ以外の取引**のことです。モノ以外，つまり形がないものの売買で，**知的財産権や商標の使用料**，**金融・保険**，**観光**，**運輸**，**通信**など多様です。たとえば，われわれが外国人のアーティストによる東京ドーム公演に行く，日本から電話やメールで外国のコンサルタントを利用する，海外の航空会社を利用してフライトする，海外のホテルに宿泊するなどは，**サービス貿易の輸入**にあたります。つまり，日本人が海外の企業などからサービスを買っているわけです。逆に外国人が日本を訪れ，日本のホテル・旅館に泊まったり，日本のツーリストからサービスを受ければ，**サービス貿易の輸出**ということになります。金額としては，モノの貿易額の方が圧倒的に大きいですが，近年，サービス貿易が大きく増加しています。先進国は，研究開発機能と技術力に優れているので，サービス貿易は輸出額が多くなる傾向にあります。

さまざまな地球的課題

1 食料問題　こんなに食料生産が増加しているのに，なぜ足りない？

　国連食糧農業機関（FAO：Food and Agriculture Organization of the United Nations）によると，**世界における食料生産の増加は，世界の人口増加を上回っています**（**図1**）。ということは，人類みな Happy! のはず。

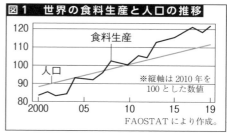

図1　世界の食料生産と人口の推移

※縦軸は 2010 年を 100 とした数値

FAOSTAT により作成。

　ところが，**先進国では過剰な食料を摂取**する飽食が問題になっています。大学入試問題にも，「肥満率」や「糖尿病罹患率」が出題される時代なのです。また，大量の余剰食料が廃棄される「**食品ロス**」の問題も顕在化していますよね。

　先進国の飽食問題や食品ロス問題の一方で，**図2**のように**発展途上国の一部**では，飢餓に苦しんでいる人々も少なくありません。なにかがおかしいですよね。もし，**食料がみんな平等に分配されているなら，こんなことが起こるはずがない！**

図2　国・地域の栄養不足人口割合および第1次産業従事者の割合が高い国・地域と栄養不足人口の多い上位10か国

パキスタン
チャド
リベリア
北朝鮮
バングラデシュ
中国
インド
ハイチ
エチオピア
ウガンダ
フィリピン
ナイジェリア
中央アフリカ共和国
ルワンダ
タンザニア
コンゴ共和国
インドネシア
ザンビア
ジンバブエ
マダガスカル

[2015〜2017 年]
インド　1億9690万人
中国　1億2310万人
パキスタン　3970万人
バングラデシュ　2470万人
インドネシア　2230万人
ナイジェリア　2190万人
エチオピア　2140万人
タンザニア　1720万人
ウガンダ　1650万人
フィリピン　1390万人

栄養不足の人口の割合 [2015〜17年]
■ 非常に高い（35%以上）　■ やや低い（5〜15%未満）
□ 高い（25〜35%未満）　▨ 低い（5%未満）
□ やや高い（15〜25%以上）　□ 資料なし
▨ 第1次産業従事者の割合が 30%以上の国 [2010〜2018年]

FAOSTAT により作成。

① 食料問題の背景には何がある？

図2からも読み取れるように，サハラ以南アフリカ（サブサハラ）は，**世界でも最も栄養不足が深刻な地域**です。

干ばつなどの自然災害や砂漠化の進行，紛争や民族対立などの政治的混乱が食料不足を引き起こすことがあります。紛争や内戦が起こると，農地はめちゃめちゃに荒らされ，農民も農業に専念できなくなります。ただでさえ，先進国ほど生産性が高くないですから，がくんと食料生産の能力が落ちてしまうんですね。また，食料輸送も遮断されてしまうので，価格が上昇すると，貧しい人は以前ならば購入できていた食料を購入できなくなってしまうという最悪な事態を招いてしまうのです。

② 農業が基幹産業の発展途上国なのに，なぜ食料が不足する？

後発の発展途上国では，まだまだ農業生産が産業の中心である場合があります。ときどき生徒たちから耳にするのが，「瀬川先生，発展途上国って農業ばっかりやってるのに，食料が足りないってどういうことですか？」という質問です。確かに，一見そう思えるのも理解できます。

サハラ以南のアフリカなどでは，植民地時代に起源を持つプランテーション農業が，産業や経済の中心である場合があります。プランテーション農業は，**熱帯性の商品作物を輸出して，外貨を獲得することを目的とする農業**です。農家はイモ類や雑穀などの自給用作物を栽培しても，現金収入にはなりませんから，コーヒー豆，カカオ豆，油ヤシ，天然ゴムなどのプランテーション作物の栽培に力を入れます。すると，**農業は盛んなのに，主食が全然足りない！ 商品作物を輸出**して，**米や小麦などの穀物を輸入**するという本末転倒な事態が生じている国もあるのです。

また，近年は食用トウモロコシの不足も問題化しています。トウモロコシについては，農業のテーマのところでかなり詳しい説明をしましたが，世界的な経済発展を受けて，**家畜の飼料用**としての栽培や**温暖化対策のためのバイオエタノールの原料**としての栽培が増加していましたね。食用以外のトウモロコシの需要が急増すると，トウモロコシの価格が高騰します。**トウモロコシの価格が高騰すると，それに伴って他の穀物の価格も上昇**する。すると，所得が低い人々は穀物を容易に入手できなくなってしまうのです。困りました…。

③ 食料不足を解消するために

なんとか食料不足を解消したいということで，これまでもさまざまな取り組

みが行われてきました。農業のテーマのところでもお話しした「緑の革命」です。**米や小麦などの高収量品種の普及**によって，東南アジアや南アジアでは生産性が向上し，**穀物の生産量も増加**しました。しかし，ここでも資金が不足する農家では，高収量品種の導入ができませんから，貧困から抜け出せない零細な農家がまだまだたくさん存在しています。

　発展途上国の農家は，大部分が小規模な零細農家です。かれらが豊かになり，十分に食料を獲得できるようにするためには，**「何をどのように栽培するか？」**，**「何を栽培すれば，十分な収益を得ることができるのか？」**という農業教育の充実が望まれます。もちろん，先進国などからの資金援助，技術協力も必要で，かれらが労働の対価に見合った収入を得ることができるように，フェアトレード＊なども拡大していくべきだと思います。

＊発展途上国で生産された原料や製品を適正な価格で購入することによって，現地の生産者の所得や生活を向上させようとする取り組み。発展途上国の農産物が不当に安く買われるという問題を解決するための試みとして広がっている。

④ 食料問題は，発展途上国だけの問題ではない！

　飽食と飢餓は，食料の量的な問題です。近年は，先進国を中心に，**食料供給の質に関わる問題**も深刻化しています。なかでもわれわれの注目度が高いのは，「食の安全」に関する問題です。2000年代以降，狂牛病とよばれるBSE（牛海綿状脳症），口蹄疫＊や鳥インフルエンザ＊＊などの家畜伝染病が，世界を揺るがせました。これに対応するために導入されたのが，トレーサビリティ（traceability）という，**農畜産物の生産履歴を記録することで食の安全を確保しようとするしくみ**です。「どこで」，「だれが」，「どのような原材料を用いて」などが表示されていると，安心度が増しますよね。生産する方もより責任感が増すはず！　日本でも牛肉と米・米加工品には，トレーサビリティが義務化されています。

　もう一つの心配事は，「遺伝子組み換え作物（GMO：Genetically Modified Organism）」です。遺伝子組み換え作物は，**バイオテクノロジーの技術を用いて，農作物に遺伝子操作**を行ったものです。食用の遺伝子組み換え作物においては，**除草剤耐性，病虫害耐性，貯蔵性向上**など生産者にとっての利点を重視したモノから，栄養価を高めたり，味を向上させたり，有害物質を減少させたりする消費者の利益を優先するモノまでさまざまです。

　遺伝子組み換え作物の導入に対しては，**アメリカ合衆国，カナダ，ブラジル，アルゼンチンなどの新大陸諸国は積極的**で，飼料用の大豆，トウモロコシなど

ではかなりの割合で導入されています。2020年には，アルゼンチンが世界で初めて遺伝子組み換え小麦を承認しました。

一方，**日本やEUはかなり慎重な姿勢**を見せています。日本は生産には慎重なのですが，アメリカ合衆国からかなりの量のトウモロコシや大豆を購入しているため，**遺伝子組み換え作物を飼料として家畜を育てている**なら，人が遺伝子組み換え作物を食べているのと変わりがないではないかという指摘もあるんですけどね。

日本***では，遺伝子組み換え作物を使用した食品については，厚生労働省ならびに内閣府食品安全委員会にて，**安全性が確認されたものについてのみ**，**表示義務**があります。遺伝子組み換え作物の導入には，さまざまなメリットと安全性に対する危惧がつきまといます。

*口蹄疫ウイルスが原因で，牛，豚，山羊，羊，水牛などの偶蹄類などがかかる家畜伝染病。感染力が極めて高い。
**A型インフルエンザに感染して起こる鳥類の感染症。日本では，鳥インフルエンザが発生した場合に，感染した鶏や同一農場の鶏はすべて殺処分される。
***遺伝子組み換え食用作物の商業用栽培は行われていないが，遺伝子組み換え食品は多量に輸入されている。ただし，安全性審査を受けていない遺伝子組み換え食品の輸入・販売は禁止されている。

2 人口問題　人口増加に苦しむ発展途上国と人口減少に苦しむ先進国

現在，世界の総人口は約80億人（2022年）です。

みなさんは，**自分が生まれた年の世界の総人口がどれくらいか知ってますか？**　ちょっと漠然としているでしょうから，次のどれかを選んでみてください。①約25億人，②約30億人，③約37億人，④約44億人，⑤約53億人，⑥約61億人，さぁ，選んでくださいましたか？

①1950年（現在70歳くらい），②1960年（60歳くらい），③1970年（50歳くらい），④1980年（40歳くらい），⑤1990年（30歳くらい），⑥2000年（20歳くらい）が正解です！　80歳以上の方は，もっと少なかったんだなぁということで勘弁してください（笑）。

感想はいかがですか？　なかなかの人口増加率ですねえ。2019年の**人口増加率は年率10.4‰**（**1.04%**）です。約80億人×0.0104＝8,320万人，つまり年間に8,000万人以上増加しているということです。これは，すごい数値ですよね。毎年**ドイツ**（または，**トルコ**，**イラン**）とほぼ同数の人口が増加しているということを示しているのです。「2024年になったら，またドイツが1

つ増えるのか！」って感じ（笑）。

① 人口がこんなに増えたのはなぜだろう？

西暦元年の世界の総人口は2－4億人くらいと推計されていますが，それから1650年後の1650年の人口は約5億人！　ぜんぜん増加していませんよね。今に比べると…。

いつ頃から，人口はどんどん増加するようになったのでしょう？

世界の人口が急増するようになったきっかけは産業革命です。18世紀後半以降，ヨーロッパやアメリカ合衆国を中心に産業革命が始まると，製品の大量生産だけでなく，大量輸送もできるようになりました。産業革命とほぼ同時期に農業革命も起きますから，**農業生産性が高まり食料生産が増加**します。さらに，**新大陸での農業生産も活発化**し，世界の総人口が大幅に増えるようになりました。

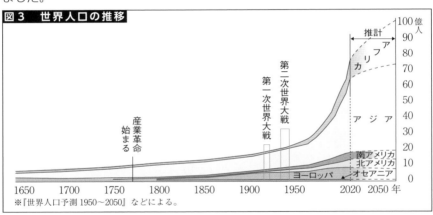

図3　世界人口の推移
※『世界人口予測 1950〜2050』などによる。

② 発展途上国では「人口爆発」が…

20世紀後半になると，アジア，アフリカなどの発展途上国を中心に，「人口爆発」とよばれる人口急増現象が起こります。もともと経済発展が遅れている途上国は，出生率*が高かったのですが，死亡率**も高かった。死亡率の中でも特に乳児死亡率***が高かったのです。だからたくさん生まれてきても，乳児の段階でたくさん死んでしまっていたから，それほど人口は増加しませんでした。**第二次世界大戦後**，国連，WHO（世界保健機構），先進国などからの援助・協力などによって，**栄養状態，公衆衛生などが改善**されるとともに，**医療・医薬品が普及**するようになると，**乳児死亡率が一気に低下**しました。ところが出生率は依然として高かったので，人口が爆発的に増加する現象が生じた

表1　地域別人口推移

地　域	1750	1800	1900	1950	1970	1980	1990	2000	2010	2020
ア　ジ　ア	479	602	937	1,405	2,142	2,650	3,226	3,741	4,210	4,641
ヨーロッパ	140	187	401	549	657	694	721	726	736	748
ア フ リ カ	95	90	120	228	363	476	630	811	1,039	1,341
北アメリカ	6	16	106	173	231	361	280	312	343	369
南アメリカ	6	9	38	169	287	254	443	522	591	654
オセアニア	2	2	6	13	20	23	27	31	37	43
世 界 計	728	906	1,608	2,536	3,700	4,458	5,327	6,143	6,957	7,795

※単位は百万人。World Population Prospects 2021 などにより作成。

のです。

　ここで，一つ疑問が…。**なぜ，死亡率が低下したのに，出生率は高いままだったのでしょう？**　それは，先進国との生活環境の違いです。発展途上国の主な産業は農業です。農地で働くのは誰か？　人を雇う余裕はないので，家族労働が中心です。すると，**子どもは一家を支える重要な農業労働力**となります。所得水準が低いから，多くの子どもを産み，子どもが多くなるから，1人1人の子どもに対して十分な教育を施せない。つまり，「**人口増加と貧困の悪循環**」に陥ってしまうのです。

表2　人口1億人以上の国々

国　　名	人　口（億人）
中　国	14.4
インド	13.8
アメリカ合衆国	3.3
インドネシア	2.7
パキスタン	2.2
ブラジル	2.1
ナイジェリア	2.1
バングラデシュ	1.6
ロシア	1.5
メキシコ	1.3
日　本	1.3
エチオピア	1.1
フィリピン	1.1
エジプト	1.0

※統計年次は2020年。百万人で四捨五入。赤字はアジア。World Population Prospects 2021 などにより作成。

また，先進国と異なり，**老後の生活保障**は子どもの存在にかかっています。子どもから扶養してもらう以外には生きていく方法がない。だったら，できるだけ子どもは多い方が安心ですよね。だから，なかなか多産の傾向から脱出できないのです。

＊人口1,000人当たりの出生数（単位は ‰）で，経済発展に伴い低下していく。合計特殊出生率は，15－49歳までの女性における年齢別出生率を合計したもので，1人の女性が一生のうちに産む子どもの平均値を示す。
＊＊人口1,000人当たりの死亡数（単位は ‰）で，経済発展に伴う乳児死亡率の低下とともに低下するが，高齢化とともに再び上昇する。
＊＊＊出生人口1,000人当たりの死亡数（単位は ‰）で，生後1年未満で死亡する子どもの割合を示す。経済発展と反比例し，経済発展が進むと低下する。

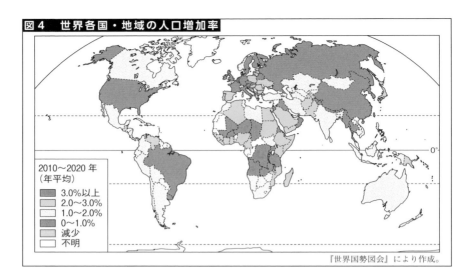

図4　世界各国・地域の人口増加率

2010～2020年
（年平均）
- 3.0%以上
- 2.0～3.0%
- 1.0～2.0%
- 0～1.0%
- 減少
- 不明

『世界国勢図会』により作成。

(1)　発展途上国の人口問題をいかに解決するか

　発展途上国の中には，中国の「**一人っ子政策***」のようにかなり**強制力のある人口抑制政策**を採った国もありますが，なかなかトップダウンによる抑制策で，人々の心をとらえることは難しいのが現状です。

　先進国のように国の政策や国の現状を理解し，人口抑制が国家のひいては人々の生活の豊かさにつながるということを認識してもらうためには，**ある程度の教育レベルが必要**になります。たとえば，「**家族計画**」についても，家族計画を実施することが，貧困の解消や人権尊重につながるということを，国民に理解してもらい，政策に合意してもらわなければならないのです。

　国連も努力しています。**国際人口開発会議**（**ICPD**：International Conference on Population and Development）や**世界女性会議**（**WCW**：World Conference on Women）などは，女性の権利保障や地位向上が人口問題を解決する糸口であると考え，**リプロダクティブ・ヘルス／ライツ****（Sexual and Reproductive Health and Rights：**性と生殖に関する健康と権利**）の考え方を世界中に広げていこうとしています。

*1979年から中国で実施された人口抑制策。一組の夫婦に子どもが一人となることを理想とした政策で，男女ともに計画出産を義務づけた。「一人っ子」を宣言した夫婦は，子どもが14歳になるまでの奨励金受領，託児所への優先入学と学費免除，学校への優先入学と学費補助，医療費の支給，就職の優先，都市部における住宅の優先配分と農村部における自留地の優先配分，年金の加算と割り増しなどの優遇措置を受けることができた。逆に「一人っ子」を宣言しなかった夫婦にはさまざまな罰則が強いられた。しかし，戸籍に登録されない子ど

もの存在，男女比のひずみ，深刻な少子高齢化が懸念されたため，2014年に廃止され，新たに「二人っ子政策」（2015−2020年）に移行したが，効果がほとんど認められなかったため，2021年からは三人目の子どもを認める方針に転換した。

＊＊すべての個人，特に女性が出産について自らの意思で決定するという考え方。1994年にエジプトのカイロで開催された国際人口開発会議において，世界の人口問題を解く鍵として，リプロダクティブ・ヘルス／ライツの必要性が合意された。これによると，人は差別と強制と暴力を受けることなく，性と生殖に関して身体的，精神的，社会的に良質な健康環境（リプロダクティブ・ヘルス）下にあるべきで，人はみなこのような健康環境を享受できる権利（リプロダクティブ・ライツ）を有しているとしている。

③ 先進国の人口問題は，やっぱり少子高齢化！

　先進国では，経済発展とともに出生率がどんどん低下していきました。**乳児死亡率の低下，子どもの教育費・扶養費の負担増，社会保障制度の充実，女性の社会進出と晩婚化・非婚化**など背景は多様です。なんにしろ，少ない子どもを大切に育てて，できるだけ高度な教育を施したいという考え方が定着していきました。こうして少子化が進んでいきます。

　経済発展とともに，医療システムが充実し，医薬品も普及します。健康に対する意識も高まった。これによって，平均寿命がのびていきます。すると総人口に占める高齢者の割合は高くなりますから，高齢化が進んでいくのです。

　少子化と高齢化は切っても切り離すことはできません。少子化が進めば，高齢者の割合は高くなる，高齢化が進めば，少子化が進む。もう，みなさんが日々の生活や就業先で実感されていると思います。ですが，ここでもう一度，日本をはじめとする**先進国では，どのような人口問題が生じていて，どのような対策を講じているのか**を学び直してみましょう。

⑴　**少子高齢化したら，なにがいけないのか？**

　少子化と高齢化は表裏一体だというお話をしましたが，合計特殊出生率（**1人の女性が一生のうちに産む子どもの平均値**）が低下する一方で，**平均寿命がのびる**と少子高齢化が進行します。

　先進国では，かなり以前から出生率の低下による少子化が進んできました。特にヨーロッパ諸国では早かったですね。フランスやスウェーデンなどでは，第二次世界大戦前から出生率が著しく低下していました。日本は，第二次世界大戦後の**第一次ベビーブーム**（**1947−1949年**）をピークに低下し，1980年代からは急速に少子化が進行しました。少子高齢化が進むと，経済活動の担い手である労働人口（生産年齢人口）が減少してしまいます。すると**生産や消費などの経済活動が停滞**します。労働人口の割合が低くなれば，行政にとっては

税収の減少による財政悪化，住民にとっては社会保障費の負担増で生活が苦しくなる。うーん，あんまり楽しい話ではないですねえ。

⑵　人口ピラミッドを学び直してみましょう！

　みなさんは，小学校から高校までのいずれかで，**人口ピラミッド（性別・年齢別人口構成）**について学ばれたと思います。人口ピラミッドは，左に男性，右に女性，縦軸に年齢，横軸に総人口に対する割合（人口数を用いる場合もある）を示しています。これは，極めて重要な資料で，この国・地域には○○歳の人がどれくらいいるのかという現在の年齢構成を示すだけでなく，数年後，数十年後にはどのような年齢構成になるのかを推測する手助けになります。

　人口ピラミッドは，行政だけでなく，企業や個人においても重要な資料で，たとえば○○市の○○地区の人口ピラミッドを作成すれば，「30−40歳代の人が多いのは，19○○年に再開発によってマンションが建ったからだ」とか「あと○年経ったら，この地区には小中学生の数がすごく増えるな」など，都市計画や商業施設の出店計画など多岐にわたって利用できるのです。人口ピラミッドを読めると，われわれの意識も変わってくるかもしれませんね。

　人口ピラミッドを読む際に重要なのは，**年齢三階級区分**を理解しておくことです。**0−14歳**までを**年少人口（幼年人口）**，**15−64歳**までを**生産年齢人口**，**65歳以上**を**老年人口**と区分しています。あくまで

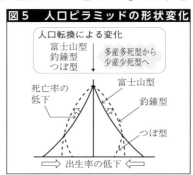

図5　人口ピラミッドの形状変化

人口転換による変化
富士山型
釣鐘型　　多産多死型から
つぼ型　　少産少死型へ

死亡率の低下　　　　富士山型
　　　　　　　　　釣鐘型
　　　　　　　　　つぼ型
出生率の低下

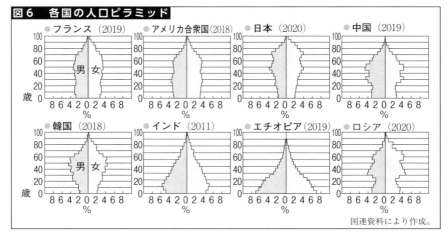

図6　各国の人口ピラミッド

●フランス（2019）　●アメリカ合衆国（2018）　●日本（2020）　●中国（2019）
男　女

●韓国（2018）　●インド（2011）　●エチオピア（2019）　●ロシア（2020）
男　女

国連資料により作成。

228

図7　年齢三階級別人口構成割合

	0〜14歳	15〜64歳	65歳以上
日本 (2020)	12.0%	59.3	28.8
インド (2011)	30.9%	63.6	5.5
中国 (2019)	16.8%	70.6	12.6
イギリス (2018)	17.9%	63.8	18.2
アメリカ合衆国 (2018)	18.6%	65.4	16.0
メキシコ (2019)	26.1%	66.4	7.4
オーストラリア (2018)	18.8%	65.5	15.7

『世界国勢図会』により作成。

も，国際比較をする際の目安なので，「私は，65歳だけどまだまだ現役バリバリ！」，「自分は大学生だから，年齢は20歳だけど，生産年齢人口とはいえないんじゃないか」と，日本の実情に合っていない点もありますが，おおよその傾向は読み取れます。

(3)　1930年頃の日本の人口ピラミッド

　図8で**日本の人口ピラミッドの変化**について見てみましょう。いちばん左は1930年，つまり第二次世界大戦前の日本です。生産年齢人口のうちでも**若い世代の割合が高い**ですね。そして，老年人口（65歳以上）を見てください！なんとたったの4.6%です。**100人中おじいちゃんとおばあちゃんは4－5人しかいない**。生産年齢人口（58.9%）約60人で，老年人口（4.6%）4－5人の高齢者を支えるわけですから，負担は小さいです。もちろん，当時の日本はかなり貧しかったので，それでも大変だったかもしれませんが。

　想像してください！　東京駅に100人の人がいたとします。おじいちゃんとおばあちゃんは4－5人！　みんなで走り寄って荷物を持ってあげたくなりますよね（笑）。

　年少人口の割合はかなり高くて，36.5%です。**100人いたら約37人が子ども**ですから，きっとにぎやかでしょうね。年少人口と老年人口を合わせた人口

図8　日本の人口ピラミッドの変化と将来予測

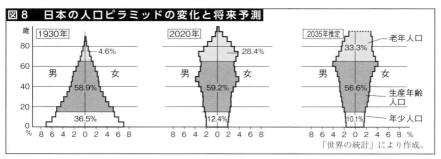

「世界の統計」により作成。

を従属人口といいます。従属人口は，**生産年齢人口から扶養される人口**です。すると，1930年頃では，生産年齢人口の58.9人が，年少人口36.5人と老年人口4.6人を養うわけですから，それなりに大変でしょうけど，今と大きく違うのが，まずは生産年齢人口のうちバリバリ働ける若者が多いこと，そして年少人口はあっという間に生産年齢人口の仲間入りをすることです。老年人口は，生産年齢人口には復活しませんから。気持ちはあっても，データ上は無理です（笑）。つまり，**年を追えば追うほど働き手は楽になっていく時代**です。

⑷　現在の人口ピラミッドは…

　ところが，ところが，真ん中の2020年を見てください。ほぼ現在と同じだと考えていいでしょう。どうですか，人口ピラミッドを見た感想は？

　老年人口は，1930年の4.6% から，28.4% に急増！　年少人口は，1930年の36.5% から，12.4% に激減！　小中学校の統廃合が進められたのも納得の数値です。生産年齢人口は，1930年の58.9% から，59.2%と微増！！！　ほっと一安心，と思ったらとんでもない状況に…。**40歳までの人口が激減**し，50－60歳代の割合が大きくなっている。どんな職業に就いていても，どんな業界でもすさまじい高齢化が進んでいるんですねえ。

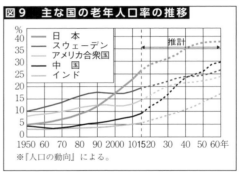

図9　主な国の老年人口率の推移
※『人口の動向』による。

⑸　**日本は，人口が減少！　でも減少していない先進国も…**

　しかも，日本は「人口が減少」しています。1974年以降，合計特殊出生率が2.1を下回っているから，当然といえば当然ですが。

　合計特殊出生率は，1人の女性が一生のうちに産む子どもの平均値を示し，**少子化を表す指標**としては最もポピュラーなものです。仮に A 国では，お父さんとお母さんという2人の人間から，2人の子どもが平均的に産まれるとします。これが，合計特殊出生率2です。2人＋2人＝4人ですから，人口は増えます。50年後にご両親が亡くなったとすると，4人－2人＝2人ですから，人口は維持されます（実際には2人の子どもから，また子どもが産まれるかもしれませんが）。ただし，不慮の事故などもあり得ますから，合計特殊出生率が2.1（日本は2.07）あれば，人口再生産が可能な状態だということになります。この値を人口置換水準とよんでいます。つまり，2.1未満になったからと

いって，突然に人口が減るわけではありませんが，**「将来は必ず人口が減少するから，注意しておきなさいよ」**ということを意味しているのです。

日本は，1974年から2.1を下回っているのですから，それから50年近く経った現在は人口が減少するのはあたりまえ！　ずーっと昔からわかっていたことです。もし，**人口減少を阻止したかったら，それなりの努力をしないと無理**です。やはり，これまでの政府が怠慢だったとしかいいようがない…。もちろん，さまざまな障害はあったと思いますが。

2021年の日本の合計特殊出生率は，**1.30！！！　出生数は，なんと過去最低**になりました。2005年の1.26は上回っていますが，6年連続の低下です（**図10**）。制度を作ったり，支援対策を行っている割にはおそまつな値ではないでしょうか。

もちろん，コロナ禍の行動制限などが結婚の減少に拍車をかけたところもありますが，欧米の一部では手厚い少子化対策によって，回復に向かっていますから，新型コロナウイルスのせいにだけするわけにはいきませんね。

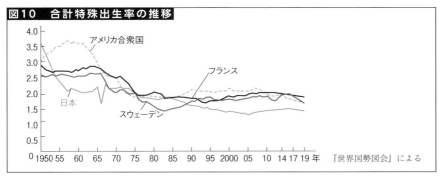

図10　合計特殊出生率の推移

『世界国勢図会』による

（6）　**日本だけでなく，ドイツもイタリアも自然減**

もちろん，人口が減少しているのは日本だけではありません。**ドイツ，イタリア，ギリシャ，ポルトガル**などの先進国の一部でも自然減*は止まりません。そして，2020年からは**韓国**も！　韓国は，合計特殊出生率において，日本を下回る0.81（2021年）です。さらに驚くのは2022年から**中国**も人口が減少したことです。

これらの先進国における人口減少の背景にあるのは，**急速な女性の高学歴化と社会進出に伴う晩婚化・非婚化**です。子どもを育て，高度な教育を施すには，経済的にも，肉体的にも，精神的にも大きな負荷がかかります。みなさんの中にも，すでに経験された方，経験中の方，そして今から経験する方がおられると思います。もちろん，その負荷以上に大きな喜びがあるんですけどね。

年齢がいくと，どうしても子育てをする体力が失われていくので，「子どもは一人でいいかな」とか「二人が限界だ」みたいに，少子化が進んでしまうのです。特に，**女性の高学歴化と社会進出**が進むと，出産・育児をしやすい環境が整っていなければなかなか大変！　きっと，すごく苦

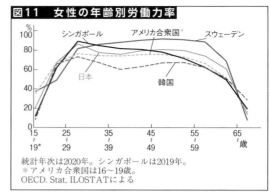

図11　**女性の年齢別労働力率**

統計年次は2020年。シンガポールは2019年。
＊アメリカ合衆国は16〜19歳。
OECD. Stat, ILOSTATによる

労して子育てをされた方もおられるのではないでしょうか。

　ということは，女性の高学歴化が進み，社会進出が活発化しても，十分な子育て支援策を実施すれば，少子高齢化に歯止めがかかり，人口は減少しないかもしれないということになりますね。

＊背景は異なるが，ロシア，ウクライナ，ベラルーシ，バルト三国などの旧ソ連諸国，ルーマニア，ブルガリアなどの東欧諸国でも人口減少が続いている。1990年前後の東欧革命，1991年のソ連解体によって，計画経済から市場経済に転換した際の経済・社会の混乱の影響を受け，出生率の低下，死亡率の上昇が進み，現在ではかなり回復したものの，依然として人口が減少している。

⑺　少子化対策が進む北欧，フランス，イギリス

　スウェーデン，デンマークなどの北欧諸国やフランス，イギリスは，かなり早い時期に少子高齢化が進みました。なかでもフランスやスウェーデンはすごく積極的に子育て支援策（家族支援策）に取り組んできたため，**出生率は回復傾向**にあります。**男女ともに対象となる育児休業制度の充実，子どもの学費・医療費の無料化，有職女性の支援，保育サービスの充実**など社会保障制度全般において，かなり手厚いバックアップが行われているのです。子どもの学費無料とは，もちろん大学までです。国公立だけ無償という国もあれば，私立も実質無償という国も。主に先進国が加盟するOECD（経済協力開発機構）では，加盟国の半数近くが大学まで無償化しています。うーん，これはうらやましい…。

　でも，これだけのサービスを提供するためには，当然ですが**巨額な財源が必要**になります。高額な税金が主要な財源ですから，これは覚悟しなければ実現しません。それから，税収に依存するということは，景気の動向に左右されますから，不景気になればサービスが低下し，出生率にも影響を与えるという問

題点もあります。

「**少子化を止めよう！**」という強い信念と「**誰がどれくらい税金を払うのか**」**という国民的な合意**を得ることが，このような本気の子育て支援策の実現につながるのではないでしょうか。

⑻　**アメリカ合衆国は，世界トップクラスの先進国なのに，少子高齢化しにくい？**

　アメリカ合衆国は，北欧，フランス，イギリスとは違った意味ですが，**先進国の中では少子高齢化があまり進んでいません**。さて，どうしてでしょう？

　背景の一つには，**移民の受け入れ国**というのがあります。移民は，**比較的若い年齢層**が多い。すると，移民後にアメリカ合衆国で結婚して，子どもを産む。**出生率は上がります**よね。もう一つは，**アメリカ合衆国開拓の歴史**に起源があります。ヨーロッパから家族で移民をしてきて，みんなで力を合わせて農業開拓や農場経営を行った。アメリカ人にとって，家族はとってもとっても大切なモノです。もちろん，日本でも家族はすごーく大切で，かけがえのないものですが。アメリカ映画やドラマなどでも，夏季の長期休暇は家族旅行，クリスマスには何世代もの家族が集合，彼女（彼）ができたら家に招待して家族に会わせるなど，とにかく家族との関係を大切にする。だから「**できるだけ家族は多い方がよい**」というのがアメリカ合衆国には根付いています。すると出生率も自然に高めになるのです。

　北欧，フランス，イギリスなどは，少子化対策が功を奏し，出生率が回復傾向です。でも高齢化は依然として進んでいます。アメリカ合衆国には，若い移民が流入し，出生率が高くなる。つまり，若い生産年齢人口と年少人口が増えるので，**日本やヨーロッパ諸国ほど高齢化のスピードが速くない**んですね。もちろん，発展途上国に比べると少子高齢化は進んでいますけど。

3 居住・都市問題　人はなぜ都市に向かうのだろう？

　日本各地で授業をしていると，「瀬川先生，私は○○に住んでいるんですけど，○○は都市ですか？」という質問をたびたび受けます。返答にちょっと困ってしまうときもありますが（笑）。

　そもそも**都市ってなんでしょうね？**　国によってさまざまな定義がなされているようですが，高校までの地理教育では，「人々が集住しているところが集落。集落は，機能によって村落と都市に分類される」と教えているようです。

　村落は，住民が主に農林水産業などの第１次産業に従事していて，**経済基盤が第１次産業にある地域**のことです。**農村**，**山村**，**漁村**をイメージしたらいい

ですね。

　都市は，住民が主に工業などの第2次産業や商業，サービス業などの第3次産業に従事していて，**経済基盤が第2次・第3次産業にある地域**のことを指しています。

① 日本における都市部と農村部の区分は？

　日本では，都市部と農村部を区別したり，数値データを示す場合，**都市部＝市部，農村部＝郡部**という定義を使ってきました。でも，「昭和の大合併」，「平成の大合併」によって，農村部の多くが市に統合されることになったため，都市部＝市部，農村部＝郡部という区分が実情を表さなくなってきました。生徒たちの間でも，「僕は○○郡△△町に住んでるけど，君の住んでいる○○市よりはるかに都会だ！」みたいな楽しい議論が頻発！

表3　都市人口率の推移

地　　域	1950 (%)	1970 (%)	2015 (%)	2030 (%)
世　　　　界	29.6	36.6	53.9	60.4
先 進 地 域	54.8	66.8	78.1	81.4
発展途上地域	17.7	25.3	49.0	56.7
ア ジ ア	17.5	23.7	48.0	56.7
ア フ リ カ	14.3	22.6	41.2	48.4
ヨーロッパ	51.7	63.1	73.9	77.5
アングロアメリカ	63.9	73.8	81.6	84.7
ラテンアメリカ	41.3	57.3	79.9	83.6
オセアニア	62.5	70.2	68.1	72.1

※2030年は将来予測。
※UN, World Urbanization Prospects : The 2018 Revision による。

　そこで新たにうまれたのが，**DID**（Densely Inhabited District：**人口集中地区**）です。日本の国勢調査では，DIDという統計上の地区を設定するようになりました。DIDの定義は，市区町村の区域内で人口密度が4,000人／km^{2}以上の基本単位区が互いに隣接して人口が5,000人以上となる地区です。長たらしくて難しいですが，簡単に言うと「実質的な都市化地域」ということになります。ということで，**都市人口率***などの指標を示す場合に，**市部人口の割合とする場合**と**DID人口の割合とする場合**があるので要注意ですが，他国と比較するような場合は，前者を用いるのが一般的です。

＊国や地域の総人口に占める都市居住者の割合。先進国の平均が78.1%，発展途上国の平均が49.0%（2015年）で，先進国の方が都市人口率は高い。日本は1950年の時点では53.4%であったが，2015年には91.4%と高い割合を示す。

② なぜ人は都市に向かうのか？

　先進国でも発展途上国でも**都市化***は進んでいます。そして，多くの人が都市に移動しようとします。そんなに人を引きつける**都市の魅力って何なのでし**

ょう？

　高校生にこの質問をすると，「遊ぶところがたくさんある」，「美味しい食べ物屋さんがたくさんある」，「おしゃれなお店がいっぱいあるし，かわいい服がたくさん売っている」，つまり商業やサービス業がすごく発展しているという点にみんなの注目が集まります。その通りですが，大学生に聞くとちょっと内容が変わってきます。「企業がたくさん集まっていて，働くところが豊富にある」とか「給与水準が高いし，高所得を得られるチャンスが豊富」というように，雇用機会が豊富であることと高所得を得られるということに着目するようになります。

　人口が都市へ集中するのは，**雇用機会と高所得を求めて**というのが主な背景のようです。このように都市にはさまざまな機能があるのですね。

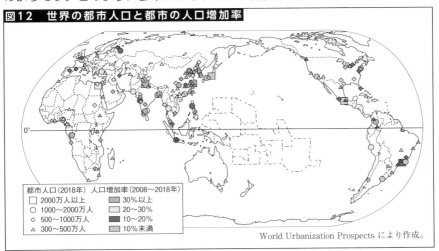

図12　世界の都市人口と都市の人口増加率

都市人口（2018年）　人口増加率（2008〜2018年）
□ 2000万人以上　■ 30%以上
○ 1000〜2000万人　■ 20〜30%
◇ 500〜1000万人　■ 10〜20%
△ 300〜500万人　■ 10%未満

World Urbanization Prospects により作成。

＊都市への人口集中によって，都市が拡大したり，都市の文化・習慣が周辺地域に広がること。

(1)　都市にはさまざまな機能がある！

　都市機能には，中心地機能と特殊機能があります。**中心地機能**＊は，**すべての都市が保有している機能**で，その都市の住民や周辺の住民に，**商品などの財，サービス，雇用を供給**します。そして，大都市になればなるほど中心地機能は大きくなるんですね。日本では，東京・大阪・名古屋などの三大都市圏の中心となる大都市は，中心地機能が極めて大きいことから，多くの大企業はこれらの都市に本社を設置しているのです。

　特殊機能とは，**その都市固有の機能や，その都市の突出した機能**で，**表4**のような都市は，特殊機能が著しく発達しています。

表4　特殊機能が発達している都市	
都市機能からみた分類	都　　市
政治都市	キャンベラ（オーストラリア），ブラジリア（ブラジル），アブジャ（ナイジェリア），オタワ（カナダ），デリー（インド）
宗教都市	メッカ（サウジアラビア），エルサレム（イスラエル），ヴァラナシ（インド）
学術都市	オックスフォード（イギリス），ハイデルベルク（ドイツ），つくば（茨城）
観光・保養都市	ニース，カンヌ（フランス），マイアミ，ラスヴェガス（アメリカ合衆国）

＊中心地機能が及ぶ範囲のことを都市圏という。都市圏は，通勤圏，商圏，サービス圏などに対応する。国家的中心都市の東京，大阪，名古屋，広域中心都市の札幌，仙台，広島，福岡は都市圏が広い。

③ 先進国の居住・都市問題

　先進国の都市化のきっかけとなったのは，**18世紀後半にイギリスで始まる産業革命**です。ヨーロッパではロンドン，パリ，アメリカ合衆国ではニューヨーク，日本では東京のような大都市が成長します。その後，19世紀から20世紀前半にかけて急速に都市化が進みました。

　先進国の都市化要因を「pull型」とよぶことがあります。つまり，先進国では多数の都市が発達し，工業，商業，サービス業など各種の産業がめざましい発展を遂げます。経済の拡大に伴って，多くの労働力が必要となるのですが，いったいどこから労働力を供給するのでしょう？　それは，農村地域です。「**都市が**」農村人口を，"pull（引っ張る）"するのです。

　先進国の都市では，人口増加によって，スラムの拡大や大気汚染，悪臭，騒音など生活環境が徐々に悪化するようになります。アメリカ合衆国やイギリスの大都市では，このような都市問題が深刻化し，**高所得層を中心に生活環境に優れる郊外へ移動**する郊外化（Suburbanization）＊が活発化するようになりました。アメリカ映画によく出てくる，「職場は都心のウォール街で，自宅は郊外の広い戸建て住宅が理想！」みたいな感じです。

　モータリゼーションの進行とともに，郊外化が進むと，高所得層が郊外に集まりますから，消費活動も活発になります。すると，広大な駐車場を備えた大規模ショッピングセンターや通勤先としての工場，オフィスなども郊外に立地するようになったのです（**図13**）。

＊郊外化の進展によって，道路や公園などのインフラが整備されないまま，虫食い状に住宅地が拡大するスプロール（sprawl）現象が頻発するようになり，交通渋滞や農村部の住民と都市に通勤する住民の生活時間帯の違いなどから住民間トラブルも発生するようになった。このため，都市計画に基づいたニュータウンの建設などが進められるようになった。

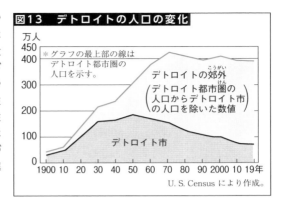

図13　デトロイトの人口の変化

万人

＊グラフの最上部の線はデトロイト都市圏の人口を示す。

デトロイトの郊外
デトロイト都市圏の人口からデトロイト市の人口を除いた数値

デトロイト市

U. S. Census により作成。

(1)　郊外は発展した，でも都心周辺は…

　アメリカ合衆国では，高所得層が集まる郊外の発展に対して，都心周辺部の**インナーシティ**（旧市街地）の衰退が顕著になりました。インナーシティは，やや発展から取り残された地域で，**古くからの商店，工場，住宅が混在**している地域です。都心は，古くなった建物が次々とリニューアルされていくので，常に New という感じなのですが，インナーシティにはそれだけの資本を投下してもなかなか回収できないため，老朽化した建物が多くなります。

　たとえば，老朽化したアパートがあるとします。新築の時はきっとそれなりに高い家賃だったでしょう。でも，これだけ古くなるとその家賃では借り手がいません。そこで極力家賃を安くします。すると，**貧しい新規の移民**などが低家賃を求めて集まってきます。また，高所得層は郊外に流出しましたが，**低所得の高齢者**は郊外へは脱出できないため，インナーシティに取り残されます。低所得層が集まっている地域では，消費行動が活発にはならないので，商店などの商業施設が撤退します。このようにして，低所得層が集住する**スラム**が形成されていったのです。

(2)　都市の再開発

　インナーシティは，都心部に近く通勤にはとっても便利な地域です。ここがスラム化するのは残念！　そこで，インナーシティ問題を解決するために行われたのが**都市再開発**なのです。都市再開発がすべて Happy な状況を生み出すわけではありませんが，欧米では**インナーシティのスラムなどを一掃し，高層マンションなどを建設**することによって，高所得層が回帰する**ジェントリフィケーション**（高級化）の動きもみられます。

　日本の大都市，たとえば東京でも，**1990年代後半以降**，都心のオフィスの

再開発および都心周辺での超高層マンションの建設が行われた結果，ドーナツ化を起こしていた**都心部の人口増加**が進んでいて，これを**都心回帰**＊現象とよんでいます。1980年代から1990年頃の地方からの大学生は，「本当は都心の近くに住みたいけど，とても高くて無理！」みたいなことをよく言ってましたが，今ではそんな話はとんと聞かなくなりました。

　また，郊外化を抑制する動きもあります。都市の機能を中心部に集めることで，自動車依存を抑制し，**徒歩と公共交通機関の利用で生活**していける街をめざす**コンパクトシティ構想**も進められています。

＊日本では，バブル崩壊による地価下落，金融機関の不良債権の放出，行政・企業の遊休地の売却，再開発によるマンションなどの住宅供給量増加によって，東京特別区，大阪都心6区，名古屋都心部の人口が増加している現象。

④ 発展途上国の居住・都市問題

　発展途上国でも第二次世界大戦後，特に1970年代以降，都市人口が急激に増加しています。**発展途上国における都市化要因**は「push型」とよばれることがあります。農村地域で「**人口爆発**」が生じ，農村では生活していけない余剰人口が押し出されるのです。「**農村が**，農村人口を"**push（押し出す）**"するため，このようによばれます。先進国の都市のように，労働力不足を補うため，農村から人口を引っ張るのではなく，それほど都市が欲していないのに，ワラをもつかむ思いで，都市に向かうのです。発展途上国の都市は，先進国ほど発達していません。しかも**産業の発達も不十分**なので，それほど雇用能力も大きくありません。でも，農村から大量の人口が都市へ移動します。

　すると…あたりまえですが**多くの失業者**が生まれます。そして**スラム**が形成され，拡大するのです。先進国の場合には，都市が100人募集していて，90人が移動します。ところが，発展途上国の場合には，都市が10人しか募集していないのに，90人が移動してくるという具合です。

　しかも，都市とはいっても首都くらいにしか投資が行われないため，インフラが整備され，企業が立地する首都のような大都市に人口が一極集中します。だから，発展途上国には**人口や都市機能が突出**する**プライメートシティ**（首位都市）が形成されやすいんですね。タイのバンコク，メキシコのメキシコシティ，ペルーのリマ，チリのサ

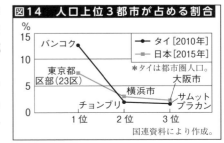

図14　人口上位3都市が占める割合

国連資料により作成。

ンティアゴ，アルゼンチンのブエノスアイレスなどがその典型です（**図14**）。

(1) 生活環境が劣悪なスラム

　さきほどもお話ししたように，発展途上国の大都市では，増加・流入する人口に産業の発達が追いつかず，流入する人々が安定して収入を得られる職に就くのがかなり難しい状況です。すると，家賃なんてとても払えませんから，**鉄道の線路沿い**，**河川沿い**，**山地の斜面**などの住宅立地に適していない所などの**空き地を不法占拠**し，バラックのような簡易な住居を建てて居住するようになります。電気，ガス，上下水道のようなインフラが整備されていないところも多く，教育・医療・福祉などの公共サービスも十分に行き渡りません。かなり**劣悪な生活環境**で，治安も極めて悪い**スラム**が拡大していきます。

　スラムの住民は，ほとんどの人が**インフォーマルセクター**＊という公的な統計に含まれない不安定な職に就いているのです。

＊経済活動が行政の指導で行われず，国家や自治体などの公的な記録に含まれていない非不正規職。路上での物売り，靴磨き，洗車や行商，ゴミ集めなど。

(2) 都市環境の改善に向けて

　このような劣悪な生活環境の**スラムを解消するためには，何ができるでしょうか？**　物理的にスラムを解体し，新たに建築物を造ることはできますが，それでは多くのスラム住民が路頭に迷うことになります。先進国のように，場所を移れば新たに職が見つかるというわけではない。やはり，**国内や都市内の所得格差を少しでも縮小**し，**安価な住宅を供給**するなどの政策が必要になります。また，**農村の近代化による所得向上**を図り，あてがない状態で都市へ流入する人口を抑制しなければなりませんが，発展途上国には十分な予算がないため，かなり苦労しているようです。

　発展途上国では，**地主や資本家など一部の高所得層**と**大多数の低所得層**という「所得の二極分化」が顕著でした。最近は，ちょっと新たな動きが！　それが「新中間層」とよばれる，安定した雇用に就き高所得を得られるようになった人々です。**多国籍企業や外資系の企業に勤める人たち**ですね。このような新中間層が増加することによって，所得格差が縮まって，大多数の人が自分は平均的な所得層だと感じるようになると良いのでしょうけど。

　日本でも一時期「一億総中流」と言われた時代がありました。ちょっと古かったですか？（笑）高度経済成長期後の1970年代に，「ほとんどの人がまぁ似たような生活水準だ」と感じていたのです。現在は，アメリカ合衆国ほどで

はないかもしれませんが，**日本も所得格差が拡大**していると言われています。多少はしかたないかもしれませんが，あまりにも格差が広がると，日本国民の気持ちがバラバラになってしまって，「みんなで日本を盛り上げて，国際社会で胸を張れる国にしよう」と思わなくなることを危惧しています。

4 エネルギー問題　誰もが欲しがる資源！　でも目の前に枯渇が待っている

「化石燃料から再生可能エネルギーへ」，「温暖化防止のために，できるだけ石炭を使わないようにしよう！」，「原子力発電所は稼働すべきか，廃止すべきか」，「日本は原油の確保ができるのか？」など，エネルギー・資源問題についての関心は非常に高いものがあります。ここでは，ひとまずエネルギー消費の変遷について学び直してみましょう！

① エネルギー消費の変遷

人類によるエネルギー利用の歴史は，人力，畜力，薪炭の利用，水車や風車の使用から始まりました。長い年月をかけ，これらのエネルギーを利用して，少しずつ生活を豊かにしていったのです。

ところが，18世紀後半にイギリスで産業革命が起こり，石炭を燃料とする蒸気機関が発明・改良されると，飛躍的にエネルギー消費が増え，19世紀末には石油を燃料とした内燃機関や電力をつくり出す発電機が登場することになりました。

⑴ エネルギー革命が起こる！　でも直後に石油危機が…

石炭は長い間エネルギー消費の中心で，**石油が石炭に代わって主役に躍り出るのはちょっと遅れて1960年代**です！　この大変革のことを「エネルギー革命＊」とよんでいます。

特に資源に乏しい日本などでは，急速に石炭から石油へ移行することになるのですが，1970年代に世界を驚嘆させた大事件が発生！　石油危機（オイルショック）＊＊です。**1973年（第1次石油危機）**，**1979年（第2次石油危機）**の産油国による**原油価格の大幅な値上げ**は，石油危機とよばれる経済危機を招き，消費国側はものすごく大きなダメージを受けました。

そこで，先進国を中心とする消費国側は，原子力発電や天然ガス利用の拡大，石炭の見直しなど石油に代わるエネルギー（代替エネルギー）の開発や研究，エネルギー効率の改善による省エネルギー政策を積極的に進めていったのです。

＊1960年代にエネルギー革命が起こった要因は，多岐にわたるが，①多くの油田開発により，安価で安定した供給が可能になった②パイプラインの敷設や大型タンカーの就航によって，輸送コストが低下した③石油のほうが石炭より熱効率が高かった④自動車など内燃機関が普及した⑤化学工業原料として有用だった，ことなどがあげられる。

＊＊OPEC（石油輸出国機構）を中心とする産油国が行った原油価格の大幅値上げによる経済危機のことで，1973年の第1次石油危機（第4次中東戦争が契機），1979年の第2次石油危機（イラン革命の影響）は，石油消費国には大きな経済的ダメージを与え，石油輸出国には多額の石油収入（オイルマネー）をもたらした。

⑵ 化石燃料から再生可能エネルギーへ

そして現在は，できるだけ環境負荷が小さい再生可能エネルギーへの転換が急がれていて，**カーボンニュートラル（carbon neutral）**＊**とされるバイオマスエネルギー**（木くず，作物のしぼりかす，トウモロコシやサトウキビから抽出したエタノールなど）にも力を入れています。また，**自然エネルギー**（太陽光，太陽熱，地熱，風力，潮力など）**の実用化と低コスト化**にもそうとう積極的に取り組んでいるのが現状です。

＊農作物などの植物は成長過程で大気中の CO_2（二酸化炭素）を吸収するため，その植物を燃焼させたり，植物から抽出した燃料を燃焼させた際に CO_2 を排出しても大気中の CO_2 総量に影響を与えないとみなされる考え方のこと。

② 世界のエネルギー生産と消費

今度は数値データを見ながら，世界全体のエネルギー生産量について，さまざまな変化を読みとってみましょう。意外に面白いですよ。

数値データを読むときは，まず指標や項目をしっかり見ることが大切です！

表5中の固体燃料は石炭，液体燃料は石油，ガス体燃料は天然ガスと考えていいです。そして，この場合の電力は火力発電（石炭，石油，天然ガスを燃焼させて発電する）を除く電力，つまり水力発電や原子力発電などと考えましょう！

世界のエネルギー生産（生産と消費は，ほぼ同じ量なので消費と考えてもよい）は，**1960年から2018年までの約60年間で，5倍以上**になっていることが読みとれます。いやー，すごいですね！ いかに経済活動が活発になり，人々の生活が豊かになっているかがわかります。

今度は1960年と1971年のデータを比較してみましょう。1960年代にエネルギー革命（石炭から石油への転換）が進行していることが目に見えてわかります。**石炭と石油の生産量が逆転**していますし，石油の伸びがとにかくすご

い！

　次は，石炭（固体燃料）の推移を追ってみましょう！　石炭もほぼ一貫して生産が伸びていますね。特に**2000年からの伸びが大きい**です。これは，**中国，インドなどの新興国や発展途上国の経済発展**によって，石炭消費量が急増したからなのです。エネルギー革命によって，消費割合は石油＞石炭になりましたが，石炭の消費量が減ったわけではありません。ただ石炭は，石油や天然ガスに比べると，**硫黄酸化物や窒素酸化物のような大気汚染物質**や二酸化炭素のような温室効果ガスをたくさん排出してしまうので，EUなどでは石炭消費を削減していこうという動きがあります。でも，日本の高性能石炭火力発電所などはそんなに環境負荷が大きくはないんですけどね。

　次は，1980年と1990年の電力を比較してみましょう！　家電製品の普及や，原子力発電などの積極的な利用が図られるようになったため，急増していることが読みとれます。後で詳しくお話ししますが，**環境負荷が小さい天然ガスの伸びが大きい**のも注目するポイントですね。という具合に，単純な数値データの表なのに，けっこういろいろ学べるでしょう？　私は，地理の数値データを読むのが大好きです！（笑）

表5　世界のエネルギー生産の推移

エネルギーの種類	1960	1971	1980	1990	2000	2010	2018	
固体燃料	1,362	1,436	1,800	2,225	2,279	3,546	3,894	27.0%
液体燃料	901	2,552	3,173	3,241	3,703	4,077	4,553	31.6
ガス体燃料	408	903	1,240	1,688	2,060	2,715	3,293	22.8
バイオ*	−	617	741	905	1,024	1,286	1,324	9.2
電　　力**	59	137	347	747	961	1,127	1,358	9.4
計	2,730	5,644	7,302	8,809	10,029	12,808	14,421	100

単位は百万トン（石油換算）。＊バイオ燃料・廃棄物など。＊＊水力，原子力，地熱，太陽光，潮力，波力，風力など。IEA資料により作成。

(1)　国別のエネルギー消費量は？

　次は，**国別のエネルギー消費量**に関するデータを読んでみましょう。まずは**表6**を見た感想はいかがですか？　もしかしたら，「あれー，だいぶん上位国の順位が変わってるな」と思われた方もいらっしゃるかもしれませんね。ただ，ここ数十年では，上位国のメンバーはそれほど変化していません。

　エネルギー消費量が多い国は，どんな国だと思いますか？　やっぱり多いのは，先進国でしょうね。経済活動が活発で，各種産業が発展しています。さらに，国民の生活水準も高いですから，多くのエネルギーを消費しているはずです。

　でも，経済発展がすごく進んでいるからといって，必ずしもエネルギー消費

の上位国に挙がるわけではありません。たとえば，北欧の先進国であるノルウェーを例に考えてみましょう！ ノルウェーは，経済発展のレベルを示す最もポピュラーな指標である

表6　主要国のエネルギー消費量と1人当たりのエネルギー消費量（石油換算）

国　名	1次エネルギー 消費量(百万トン)	1人当たりエネルギー 消費量（トン）	1人当たり GNI（ドル）
中　国	3,463	2.41	9,980
アメリカ合衆国	2,090	6.31	65,897
インド	761	0.55	2,092
ロシア	674	4.62	11,281
日　本	405	3.20	41,513
カナダ	324	8.58	45,935
ドイツ	288	3.44	47,488
韓　国	281	5.48	32,422
ブラジル	286	1.35	8,523
イラン	286	3.40	7,302

※統計年次は2018年。BP統計「Statistical Review of the World 2021」による。千万トンで四捨五入。1人当たりGNIは2019年。

1人当たりGNI＊が80,000ドルを超えています。日本は約42,000ドルですよ（2019年）。日本の倍も1人当たりの年収がある国です。うらやましいくらいすごい！ 当然ですが，豊かな暮らしをしているのでエネルギーは消費します。ところが…，**人口がたったの約540万人！** どんなに1人がたくさんのエネルギーを消費したとしても，人口が少なければその国のエネルギー消費量は少なくなってしまいます。

　すごくシンプルに説明をすると，**国別のエネルギー消費量は，「経済活動のレベル×人口規模」に対応**するということになるのです。ということは，国別エネルギー消費量の上位にくるのは，**経済活動が活発な先進国で，しかも人口規模が大きな国**だということが見えてきます！ **表6**中の**アメリカ合衆国**（3.3億人），**日本**（1.3億人），**ドイツ**（0.8億人）などが先進国の人口大国です。

　ただ，経済活動のレベル×人口規模がエネルギー消費量に対応するとなると，経済活動のレベルがそれほど高くなくても，人口がびっくりするくらい多ければ，エネルギー消費量が多くなるということですよね。それが，**中国，インド**です。中国とインドは近年の経済発展がめざましいですが，まだまだ発展途上国。でも，人口が約14.4億人（中国），約13.8億人（インド）と，とても多いので，エネルギー消費量は大きくなってしまうのです。かつては長らくアメリカ合衆国が最大のエネルギー消費国だったのですが，現在は中国に首位の座を奪われています。

＊ GNI（Gross National Income：国民総所得）は，国・地域の経済規模を示しているが，1人当たりGNIは，国・地域の経済レベルを示す指標。1人当たりの年収とほぼ対応する。

⑵　1人当たりエネルギー消費量が多い国は？

　次は，**表6**中の**1人当たりエネルギー消費量**をチェックしてみましょう！「1人当たり」ということは，人口規模とは関係ないので，まずは先進国で高い数値を示すはずですね。この「1人当たりエネルギー消費量」というのは，入試頻出なので，授業中に生徒に「地図帳を見ながらでいいので，世界197か国のうち，1人当たりのエネルギー消費量がすごーく多いと思う国を2か国，ノートに書き上げてみてください」という問いを投げかけます。頻繁にみかける解答は，「アメリカ合衆国，日本」です。みなさんは，この解答を見てどう思われますか？

　「**先進国**」というハードルはクリアしてますね。**表6**を見ると，カナダとアメリカ合衆国が群を抜いて大きな数値です。カナダとアメリカ合衆国は，ともに**先進国で**，**かつ国土面積が広くて**，**エネルギー資源が豊富にある国**です。国土面積が広いと，人やモノの移動距離がものすごく長くなりますから，エネルギーをたくさん消費してしまいます。さらに，石炭，石油，天然ガスが豊富に産出する国は，国内のエネルギー価格，たとえば電力費やガソリン価格が安くなります（最近は，アメリカ合衆国のガソリン価格の高騰が問題になってますが）。すると，思わずたくさん消費してしまうのです。

　したがって，生徒の解答にある「日本」は書いちゃダメだ！　ということになります。日本は，先進国ですが，**国土面積が狭い！**さらに，国内で産出するエネルギー資源はほとんどありませんから，もともと**省エネ型の経済構造**をしています。だから，日本，ドイツなどは，後発の発展途上国より1人当たりのエネルギー消費量が多いですけれど，**世界のトップクラスになるかといわれると×！！！**　エネルギー消費のデータだけでも，かなりいろいろな理由や背景を読

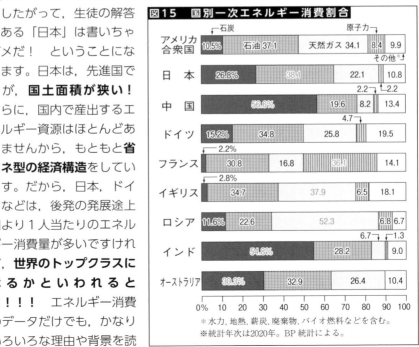

図15　国別一次エネルギー消費割合

※水力，地熱，薪炭，廃棄物，バイオ燃料などを含む。
※統計年次は2020年。BP統計による。

み取ることができるから，楽しいですね！

③ 石炭，石油，天然ガスは化石燃料！

　そろそろ，われわれの暮らしを豊かにしてきてくれた化石燃料の話題に移りましょう。

　石炭，石油，天然ガスは化石燃料とよばれ，古い地質時代に動植物が化石化して形成された燃料です。

　石炭は，大昔の陸生植物が炭化してできたもので，**偏在性が低い**ので，一般に面積が大きい国では産出量が多くなります。もちろん，石炭の質を問わなければということですが。

(1)　石炭の生産と貿易

　表7の石炭生産のデータを見てみましょう！

　中国は**世界最大の石炭生産国**で，なんと世界の石炭生産量の**50％以上**を生産しています。すごいですよねぇ，世界197か国のうちの中国1か国だけで，世界生産の半分以上ですから。

　古くから国内の炭田開発に力を入れてきたので，現在でも中国は，**エネルギー消費量の60％近くを石炭に依存**しています。世界最大の生産国なのに，石炭の輸入も世界最大です。うーん，こんなに生産しても，まだ足りないのかぁ…。

　中国に次ぐのは，**インド，インドネシア，オーストラリア**などですが，だいぶん昔に（笑）地理を学ばれた方は，「インドとかインドネシアとかあったかな

表7　主要な石炭生産国		
国　名	生産量 （百万トン）	割合 （％）
中　国	3,698	54.4
イ ン ド	729	10.7
インドネシア	548	8.1
オーストラリア	411	6.0
ロ シ ア	359	5.3
アメリカ合衆国	326	4.7
南アフリカ共和国	256	3.7
カザフスタン	101	1.5
コロンビア	842	1.2
ポーランド	634	0.9
…	…	…
世界計	6,803	100.0

※統計年次は2018年。『世界国勢図会 2021/22』
　による。

表8　主要な石炭輸出国		
国　名	輸出量 （百万トン）	割合 （％）
インドネシア	429	30.5
オーストラリア	382	27.2
ロ シ ア	219	15.6
アメリカ合衆国	98	7.0
コロンビア	84	6.0
…	…	…
世界計	1,405	100.0

※統計年次は2018年。『世界国勢図会 2021/22』
　による。

ぁ」って思われたはず。近年は，アメリカ合衆国（アパラチア炭田が有名でしたね）の地位が低下していて，インド，インドネシアがかなりがんばっています。

石炭の輸出といえば，これまでず〜っと「**オーストラリア**」がダントツでした。私も，現在40代以上の方が高校生だったときは，「石炭の輸出はオーストラリアがトップ！」と豪語してきましたが，近年は**インドネシア**で産出する火力発電用の安価な石炭が人気で，この10年ほどは，**オーストラリアとインドネシアが毎年首位争い**をしています。

⑵　石油は偏在性が高い！

次は石油の話題です。石油は石炭に比べて，**偏在性が著しく高くて**，中東（西アジアから北アフリカにかけて）に**埋蔵量の約50％**が集中しているのです。

ここで簡単に**石油の開発・生産・消費の歴史**を振り返ってみましょう。

石油の埋蔵を調査し，採掘・精製・流通・販売するには**巨額な資本と高度な技術が必要**になります。だから，いくら石油を埋蔵していても，発展途上国の力では生産ができませんでした。悔しいですねぇ，資本と技術さえあればどんどん生産できて，石油収入も入ってくるのに。

〈オイルメジャー vsOPEC〉

そこで，登場してくるのが**オイルメジャー**（**国際石油資本**）とよばれるアメリカ合衆国やイギリスなど**先進国の多国籍企業**で，かれらは石油を採掘するための資本や技術を持っていますから，**石油産業を独占**してしまったのです。オイルメジャーは，当時セブンシスターズとよばれる7大企業でした（エクソン，モービル，ソーカル，ガルフ，テキサコ，ロイヤルダッチシェル，ブリティッシュペトロリアム）。オイルメジャーは，安い利権料を中東などの産油国に支払い，その代わり油田をほぼ自分のモノにしてしまいます。つまり，石油をものすごく安く仕入れて，格安で世界中に販売し，膨大な利益を得ることになったのです。

これに対して，発展途上の産油国側では「自分の国の資源なのに，先進国ばかり利益を得て，自分たちはぜんぜん豊かにならないじゃないか！」，「このままでは石油が枯渇してしまう！」という不満が起こり，「**資源ナショナリズム**」（**自国の資源を自国の発展のために利用しようという考え方**）が台頭してくることになります。ただ，単独ではオイルメジャーと交渉する力が弱い*ので，1960年に **OPEC**（**石油輸出国機構**）**，1968年に **OAPEC**（**アラブ石油輸出国機構**）***を設立します。そして，1973年には OPEC 主導の下，原油価格の大幅な値上げを実施したのです。これが，**第1次石油危機（オイルショック）**

です。

　続いて1979年には**第2次石油危機**が起こり，これ以降産油国側では，多額のオイルマネー（石油収入）が手に入ったため，「**石油産業の国有化**」を進めていきました。

　一方，支配力を強めたOPECに対抗して，先進国を中心とする消費国側は**代替エネルギーの開発**や**省エネルギー政策**を推し進めていきます。さらに原油価格の高騰で，それまで生産コストが高くて開発が進まなかった国でも「よ〜し，僕も原油生産に力を入れるぞ！」となったため，非OPEC産油国（当時のソ連，イギリス，ノルウェー，メキシコなど）の増産が盛んになり，1980年代後半からは，「**逆オイルショック**」といわれる石油価格の下落が起こりました。

　でもまたまた，**1990年代の後半以降**，**中国**，**インド**など新興国の経済発展によって，石油の需要が増加したため，**石油価格は高騰**を続けています。最近は，確かにガソリン代が高い！　加えて，円安が続くとさすがに辛いですね。

＊1951年，イランは単独で石油国有化にチャレンジするが失敗。
＊＊ OPEC（Organization of the Petroleum Exporting Countries）は，オイルメジャーなどから産油国の利益を守ることを目的として，1960年に結成された資源カルテル。原加盟国は，イラン，イラク，クウェート，サウジアラビア，ベネズエラの5か国であったが，現在はこれに加えてUAE（アラブ首長国連邦），リビア，アルジェリア，ナイジェリア，アンゴラ，ガボン，赤道ギニア，コンゴ共和国の13か国。かつて加盟していた国は，インドネシア，カタール，エクアドル。
＊＊＊ OAPEC（Organization of the Arab Petroleum Exporting Countries）は，アラブ産油国の利益を守り，石油事業を発展させることを目的として，1968年に結成された資源カルテル。対イスラエル石油戦略の意味合いもある。加盟国は，サウジアラビア，アルジェリア，バーレーン，エジプト，UAE，イラク，クウェート，リビア，カタール，シリア。

〈石油生産が多いのはどこの国？〉

　p248**表9**の**原油生産上位国**を見てください。これも生徒からよく質問を受けますが，原油＊と石油はほとんど同じモノと考えていいです。どうですか，上位国の顔ぶれを見た感想は…。

　このあたりでちょっとだけ，**原油生産国の歴史**を！

　石油採掘は，19世紀後半にアメリカ合衆国のペンシルヴェニア州で始められたと言われています。その後，アメリカ合衆国国内の油田が次々と開発され，第二次世界大戦前後は，**アメリカ合衆国**が世界最大の原油生産国でした。

　1970年代には，中東の大規模油田が多数開発され，**サウジアラビア**が最大の生産国になります。さらに，1990年代になると，ソ連の解体（1991年）

表9　主要な原油生産国

国　名	生産量 （百万トン）	割合 （％）
アメリカ合衆国	658	15.1
ロシア	597	13.7
サウジアラビア*	538	12.3
カナダ	241	5.5
イラク*	236	5.4
中　国	227	5.2
ブラジル	172	3.9
アラブ首長国連邦*	170	3.9
クウェート*	141	3.2
イラン*	115	2.6
⋮	⋮	⋮
世界計	4,357	100.0

※統計年次は2020年。『世界国勢図会 2021/22』
による。千万トンで四捨五入。
＊は OPEC 加盟国。

表10　主要な原油輸出国

国　名	輸出量 （百万トン）	割合 （％）
サウジアラビア*	367	16.3
ロシア	260	11.5
イラク*	190	8.4
カナダ	157	7.0
アラブ首長国連邦*	114	5.1
クウェート*	105	4.6
アメリカ合衆国	101	4.5
イラン*	92	4.1
ナイジェリア*	91	4.0
カザフスタン	70	3.1
⋮	⋮	⋮
世界計	2,250	100.0

※統計年次は2018年。
＊は OPEC 加盟国。
『世界国勢図会 2021/22』による。

表11　主要な原油輸入国

国　名	輸入量 （百万トン）	割合 （％）
中国	462	19.7
アメリカ合衆国	383	16.4
インド	227	9.7
韓国	150	6.4
日本	149	6.4
ドイツ	85	3.6
スペイン	68	2.9
イタリア	62	2.6
シンガポール	56	2.4
オランダ	54	2.3
⋮	⋮	⋮
世界計	2,342	100.0

※統計年次は2018年。
『世界国勢図会 2021/22』による。

による経済的な混乱から復興を遂げた**ロシア**の石油生産が回復し，サウジアラビアと首位を争うようになります。

　ところが2000年代に大きな動きがあります。かつては世界最大の産油国であったアメリカ合衆国は，国内油田の劣化によって，年々産油量を減少させていったのですが，2013年頃から急速に産油量が増加し始めました。これこそ「**シェール革命** ＊＊」です。通常の石油より奥深いシェール層に埋蔵されている**シェールオイル**や**シェールガス**を採掘する技術が普及し，商業ベースで生産が可能になりました。これによって，**アメリカ合衆国における原油と天然ガスの生産が急速に拡大**していったのです。2010年頃には，すでに大学生や社会人になられていた方にとっては，「えー！！　**アメリカ合衆国が世界最大の原油生産国**？」って感じかもしれませんね（笑）。

　地理を学んでいると，「**古代からずっと変わらないモノとめまぐるしく変わ**

っていくモノ」があることに気づかされます。 かなり，スリリングです。やっぱり，地理はやめられない！（笑）

＊石油は鉱物資源の名称で，原油は地下の油田から石油を採掘した後に，ガス，水分などをおおまかに除去したもの。石油≒原油と考えてよい。

＊＊従来は採掘が困難であったシェールとよばれる頁岩の層から，石油や天然ガスの抽出が可能になったことにより，世界のエネルギー事情に大きな変化をもたらした。アメリカ合衆国やカナダでの開発が進んでいる。

(3) 化石燃料の中では，なぜ天然ガスの人気が高い？

天然ガスは石炭，石油に比べ汚染物質やCO$_2$の排出量が少なく，地球環境への負荷が小さいことから，先進国では，かなり需要が伸びています。天然

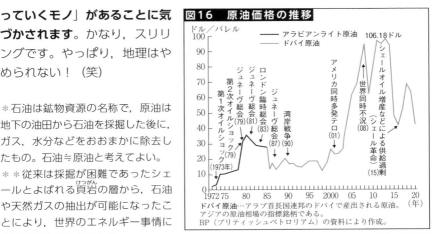

図16　原油価格の推移

ドル／バレル

— アラビアンライト原油
— ドバイ原油

106.18ドル

第1次オイルショック（1973年）
第2次オイルショック（79）
ジュネーヴ総会（79）
ロンドン臨時総会（81）
ジュネーヴ総会（83）
ジュネーヴ総会（87）
湾岸戦争（90）
アメリカ同時多発テロ（01）
世界同時不況（08）
シェールオイル増産などによる供給過剰（シェール革命）（15）

ドバイ原油…アラブ首長国連邦のドバイで産出される原油。アジアの原油相場の指標銘柄である。
BP（ブリティッシュペトロリアム）の資料により作成。

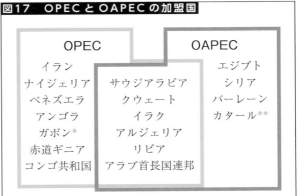

図17　OPECとOAPECの加盟国

OPEC
イラン
ナイジェリア
ベネズエラ
アンゴラ
ガボン＊
赤道ギニア
コンゴ共和国

サウジアラビア
クウェート
イラク
アルジェリア
リビア
アラブ首長国連邦

OAPEC
エジプト
シリア
バーレーン
カタール＊＊

2022年。　＊2016年に再加盟。　＊＊2019年にOPECを脱退。
※インドネシアは2015年12月にOPECに復帰したが，2016年に再び脱退。エクアドルは2020年1月にOPECを脱退。

ガスは，**比較的クリーンなエネルギー**なので，日本でも**都市ガス**などに利用されています。プロパンガスに使用されているのはLPG（Liquefied Petroleum Gas：液化石油ガス）で，これも同様にクリーンなエネルギーです。

　天然ガスは，とってもとっても優れたエネルギーですが，弱点もあります。それはガス体であるということ。固体や液体に比べると運搬しにくいですよね。ヨーロッパ，ロシア，北アメリカなどの**大陸部分やすごく浅い海底である大陸棚**では，**天然ガスパイプライン**とよばれる巨大なガス管を使えば，ガス体のまま運搬が可能です。でも，日本のような周囲を深い海に囲まれているところでは無理！　うーん，困りましたねえ。

天然ガスは，自然界に存在する可燃性ガスの総称で，大部分が CH₄（メタン）からなります。**メタンの沸点は−162℃で，ここまで冷却すると液化**します。さらに**体積は1/600に！！！**　これが，LNG（Liquefied Natural Gas：液化天然ガス）なのです。LNG に加工し，LNG のまま輸送できる LNG タンカーを使用することになります。まぁどちらにしろ石油などより輸送コストが高くなるというのが弱点です。

　天然ガスの分布も偏りが大きく，**アメリカ合衆国**と**ロシア**で世界の約40％を生産しています。最近は，非在来型化石燃料の天然ガスといわれるシェールガスの開発がアメリカ合衆国やカナダで進められていて，特にアメリカ合衆国の天然ガス生産が増加しています。

⑷　日本のエネルギー自給率は，めちゃめちゃ低い！

　日本は，石炭，石油，天然ガスともに需要のほとんどを輸入に依存しています。**表12**にあるように，**一次エネルギー*自給率12.0％**，石炭0.4％，石油0.3％，天然ガス2.3％ と韓国と並んで，自給率が低いですねえ。天然ガスだけは，わずかですが新潟県，千葉県，北海道，秋田県，宮崎県で生産が行われています。

　石炭は**オーストラリア**（59.6％），**インドネシア**（15.9％）から，石油は**サウジアラビア**（40.1％），**UAE**（アラブ首長国連邦）（31.5％），カタールな

表12　主要国のエネルギー自給率

（2019年）（％）

	日本	韓国	中国	インド	サウジアラビア
一次エネルギー	12.0	17.3	80.2	61.9	298.3
石炭	0.4	0.6	94.5	68.8	—
原油	0.3	0.6	28.1	14.0	267.2
天然ガス	2.3	0.4	59.4	45.7	100.0
	ドイツ	イギリス	フランス	イタリア	ロシア
一次エネルギー	35.5	71.3	54.1	23.1	198.0
石炭	52.8	23.9	—	—	202.5
原油	3.6	88.3	1.7	6.8	191.2
天然ガス	5.8	50.8	0.0	6.4	151.1
	アメリカ合衆国	カナダ	メキシコ	ブラジル	オーストラリア
一次エネルギー	104.4	175.3	81.3	106.6	345.5
石炭	125.8	208.4	42.0	14.0	722.2
原油	77.7	242.2	252.5	161.4	75.8
天然ガス	107.8	135.4	39.9	72.9	344.0

IEA, Data and Statistics（2022年3月23日閲覧）より作成。

ど西アジアから，天然ガス (LNG) は**オーストラリア**，マレーシア，カタール，ロシア，アメリカ合衆国などからの輸入が多いです（2020年）。

ただちょっと気になるのは，**図18**にあるように，**ものすごく原油の中東依存度が高い**こと。もし中東地域でトラブルがあったら，そうとう

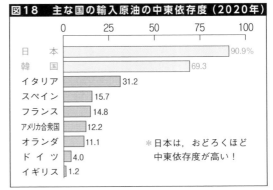

図18　主な国の輸入原油の中東依存度（2020年）

日　本　90.9%
韓　国　69.3
イタリア　31.2
スペイン　15.7
フランス　14.8
アメリカ合衆国　12.2
オランダ　11.1
ド　イ　ツ　4.0
イギリス　1.2

＊日本は，おどろくほど中東依存度が高い！

ピンチです！　ある程度の備蓄はありますが，本当はもう少し輸入先を分散させたいですねぇ。

＊石炭，石油，天然ガスなどに加え，水力，原子力，太陽光，風力，地熱，薪炭など，ほとんど加工されないで供給されるエネルギー。

④ 電力は，安全で取り扱いが容易だけれども…

電力は，われわれにとってもすごく便利なエネルギーです。だからこそ，世界中に家電製品が普及していったのですね。電力のメリットは，**安全で取り扱いが易しく**，**消費過程ではクリーンなエネルギー**であることです。家の中を見回してください！　ほとんどの製品が電力で動いているはず。

もちろん，デメリットもあります。電力は石炭・石油・天然ガスのように自然の状態で地中に埋まっているわけではなく，人間が加工してつくっているのです。自然界の電力をそのまま利用できれば最高ですけど…。また，**長時間の蓄電が困難**ですよね。たとえば，夏の電力需要がピークになったときに，春の余剰電力を使うということができないのが残念です。さらに**送電ロスが莫大**なので，長距離輸送すると，みるみるうちに電力が減少していきます。

ということで，電力を生産するためには，別のエネルギーを利用して，電気エネルギーに転換しなければなりません。代表的な発電方法が**水力発電，火力発電，原子力発電**です（**表13**）。最近は，地球環境に優しい地熱，太陽光，風力などの再生可能エネルギーを利用した発電にも力が注がれています。

(1)　日本の電力供給は？

第二次世界大戦後，多くのダム（水力発電所）が建設されたため，**1950年代**は**水力発電**が中心でした！　今では考えられませんけどね。**1960年代**にな

ると，高度経済成長期における電力需要を満たすため，火力発電所が多数建設
され，火力発電が主で，水力発電が従になりました。ちょうど，1960年代は
エネルギー革命が進行していて，原油価格が安かった時代です。

　1970年代の石油危機以後，脱石油化を目指し，火力発電の燃料を石炭や
LNGに移行させながら，原子力発電所の建設を進めたため，日本の電力構成
比は，火力（66.7％），原子力（24.9％），水力（7.8％）の順になっていた
のです（2010年）。

　ところが…，2011年3月に東北地方太平洋沖地震（東日本大震災）による，
福島第一原子力発電所の事故によって，既存原発の安全基準の見直しなどが図
られたため，多くの原発が停止され，2019年では，火力（81.7％），水力（8.9
％），原子力（6.3％），再生可能エネルギー（3.1％）になっています（図19）。
多様な意見があると思いますが，国民一人一人がエネルギー問題に関して，真

表13　主な発電形式

		水　力	火　力	原子力
電　源		流水	石炭・石油・天然ガス	ウラン
立　地		有効落差が得られる山間部	大消費地付近	地方の臨海部
経　費		ダム建設費・送電費が高いが，料料費は無料。	設備費・送電費が安いが，燃料費は高い。	設備費・補償費が高いが，燃料費は安い。
問題点		森林等の水没など自然環境破壊ダムの堆砂	大気汚染・酸性雨・地球温暖化	事故の際の放射能汚染・放射性廃棄物の処理問題
依存度が高い国		ノルウェー・ブラジル（ともに降水量が多い）	アメリカ合衆国・日本など先進工業国の大部分	フランス（総発電量の約80％）

図19　日本の発電源別発電電力量

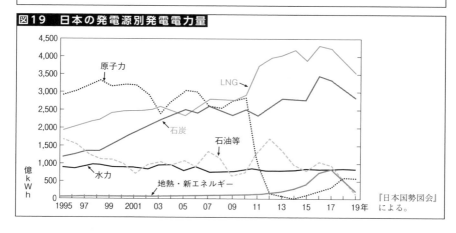

『日本国勢図会』による。

剣に考える時期が来ています！

⑵ 化石燃料から再生可能エネルギーへ

　これまで，発電は化石燃料や原子力発電に大きく依存してきました。しかし，火力発電の燃料として使用される化石燃料の燃焼は，CO_2や大気汚染物質を排出するし，原子力発電の燃料のウランだって，いずれは枯渇する可能性があります。そこで，再生可能エネルギー*が注目されるようになったのです。

図20　日本の火力発電の燃料消費量の割合

その他 0.4
LPG 10.2
都市ガス 21.9%
灯油 16.2
2018年度 1831 千兆ジュール
電気 51.3

『日本国勢図会』による。

　再生可能エネルギーというのは**非枯渇性**で，**地球環境への負荷が小さい**ところはすごく大きなメリットです。デメリットとしては，化石燃料に比べ**大量性で劣り**，**高コストが解決できていない**点です。このデメリットが解消できれば，間違いなく再生可能エネルギーが主役に躍り出ると思います。

　数ある再生可能エネルギーの中でも，地球環境に優しい風力発電，太陽光発電，地熱発電などの自然エネルギーやトウモロコシ，サトウキビ，ヒマワリ，油ヤシなどからとれるバイオエタノールやバイオディーゼルなどの**バイオマスエネルギー**の利用が積極的に進められています。

　風力発電は，エネルギー変換効率が高いので，**水力を除く再生可能エネルギーの中では最も発電量が多い**ですね。広大な用地に恵まれる**中国**，**アメリカ合衆国**，インドや偏西風を効率よく利用できる**ドイツ**，**スペイン**，イギリス，デンマークなどのヨーロッパ諸国で盛んに行われています。

　日本は，**太陽光発電**に力を入れてきました。太陽光発電は，パネル設置場所さえあれば，**専用の用地を必要としません**。つまりビルや住宅の屋根・壁などを利用できること，**小規模でも発電効率が変わらない**ことなどがメリットです。ただし，夜間は発電できないし，雨天は極端に発電量が少なくなるのがデメリット。

　地熱発電は，**火山国が有利**なので，アメリカ合衆国（西部），インドネシア，日本が地熱資源量トップ3といわれています。日本でも，さらなる地熱発電所の建設が検討されています。上手に使えるようになるといいですね！

＊風力発電（設備容量ベース，2018年）は，中国，アメリカ合衆国，ドイツ，インド，イギリス，太陽光発電（設備容量ベース，2018年）は，中国，アメリカ合衆国，日本，ドイツ，インド，イタリア，地熱発電（2018年）は，アメリカ合衆国，フィリピン，インドネシア，ニュージーランド，トルコ，メキシコ，イタリアなどで盛んに行われている。

おわりに

▶地理は，最高に面白い学問であり，教科

　楽しかったみなさんとの時間もいよいよ終わりです。本書を手に取る前から，地理に興味があったり，地理が好きだった方，そしてまったく地理に興味がなかったり，むしろ嫌いだった方，最後までおつきあいくださってありがとうございました！

　ほんのひとかけらでもいいので，「**地理って面白いな**」，「**もうちょっと勉強してみようかな**」，「**地理の本を読んでみようかな**」，「**子どもにも地理を薦めてみようかな**」とか思われたら，私はとっても幸せです！

　これまで，数十万人の生徒たちと地理で出会い，今でも多くの子ども（もう大人ですね）たちと**地理でつながれています**。今回はみなさんとハートがつながったと信じています。まだまだ，書きたい話はたくさんあります（特に**地誌分野**）が，今回はここで筆を置きます。

　地理は，学際的ですが，実学です！　**今日から，地理がみなさんの人生を支える手助けをしてくれるはず**。

　大昔から現在に至るまでの教え子のみなさん，今回初めてお会いした方々，**読者全員の人生を心から応援しています**♥

　YouTube チャンネル「**瀬川聡と伊藤彰芳のジオラジ**」も配信中です。ぜひ遊びに来てください！

瀬川　聡

主な参考文献（ウェブサイト含む）

『世界国勢図会　2022／23』（矢野恒太記念会）
『日本国勢図会　2022／23』（矢野恒太記念会）
『データブックオブ・ザ・ワールド　2023』（二宮書店）
『地理データファイル　2022年度版』（帝国書院）
『データでみる県勢2023』（矢野恒太記念会）
『日本のすがた2022』（矢野恒太記念会）
『国際連合世界統計年鑑』（国際連合統計局）
『国際連合世界人口年鑑』（国際連合統計局）
『国際連合世界人口予測』（国際連合経済社会情報・政策分析局人口部）
『世界森林白書』（FAO〔国連食糧農業機関〕）
『ILO労働統計年鑑』（国際労働事務局）
『人口の動向』（厚生統計協会）
『出入国管理統計年報』（法務省）
FAOSTAT（FAO Statistical Databases）http://faostat.fao.org/

参考とした教科書

『新詳地理B』（帝国書院）
『新編 詳解地理B　改訂版』（二宮書店）
『地理B』（東京書籍）
『地理総合』（二宮書店）
『地理総合』（東京書籍）

瀬川　聡（せがわ　すなお）
　　西南学院高等学校教諭を経て、現在、河合塾地理科講師。東京書籍・文部科学省検定教科書『地理総合』『地理探究』編集協力者。
　　大学入学共通テスト対策から東大対策の授業まで幅広く担当。毎週、全国の校舎を飛び回るも、疲れは一切見せず、どの校舎でも熱意あふれる授業を展開。
　　また、全国に配信されている「河合塾マナビス」での映像授業にも出講し、夏期講習、冬期講習は毎年必ず満員御礼となるなど、絶大な人気と実績を誇る「地理」受験指導の第一人者。河合塾の授業以外にも模試作成、テキスト執筆に加え、全国の高校地理教員研修（河合塾、教育委員会、私学協会、地理部会）、各種講演会など活動は多岐にわたる。
　　著書は、『改訂版　大学入学共通テスト　地理Bの点数が面白いほどとれる本』『瀬川聡の　大学入学共通テスト　地理B［系統地理編］超重要問題の解き方』『瀬川聡の　大学入学共通テスト　地理B［地誌編］超重要問題の解き方』『瀬川＆伊藤のSUPER GEOGRAPHY COLLECTION 01 大学入試　カラー図解　地理用語集』（以上、KADOKAWA）、『大学入学共通テスト　地理Bが1冊でしっかりわかる本［系統地理編］／［地誌編］』（かんき出版）、『大学入学共通テスト　瀬川聡地理B講義の実況中継［系統地理編］／［地誌編］』（語学春秋社）、『地理用語完全解説G』（共著、河合出版）など多数。
　　また、多くの人々に地理の楽しさ・面白さを伝えるためのYouTubeチャンネル『瀬川聡と伊藤彰芳のジオラジ』を配信中。

大人の教養　面白いほどわかる地理

2023年3月29日　初版発行

著者／瀬川　聡

発行者／山下　直久

発行／株式会社KADOKAWA
〒102-8177　東京都千代田区富士見2-13-3
電話　0570-002-301（ナビダイヤル）

印刷所／株式会社加藤文明社印刷所

●お問い合わせ
https://www.kadokawa.co.jp/（「お問い合わせ」へお進みください）
※内容によっては、お答えできない場合があります。
※サポートは日本国内のみとさせていただきます。
※Japanese text only

定価はカバーに表示してあります。